人力资源管理综合实训

主　编◎李亚慧　韩　燕
副主编◎刘　华　刘丽莎

首都经济贸易大学出版社
Capital University of Economics and Business Press
·北　京·

图书在版编目（CIP）数据

人力资源管理综合实训/李亚慧，韩燕主编. --北京：首都经济贸易大学出版社，2023. 12

ISBN 978-7-5638-3577-5

Ⅰ. ①人… Ⅱ. ①李… ②韩… Ⅲ. ①人力资源管理 Ⅳ. ①F241

中国国家版本馆 CIP 数据核字（2023）第 166760 号

人力资源管理综合实训

RENLI ZIYUAN GUANLI ZONGHE SHIXUN

主　编　李亚慧　韩　燕

副主编　刘　华　刘丽莎

责任编辑　佟周红　胡　兰

封面设计　砚祥志远·激光照排　TEL：010-65976003

出版发行　首都经济贸易大学出版社

地　　址　北京市朝阳区红庙（邮编 100026）

电　　话　（010）65976483　65065761　65071505（传真）

网　　址　http：//www. sjmcb. com

E - mail　publish@ cueb. edu. cn

经　　销　全国新华书店

照　　排　北京砚祥志远激光照排技术有限公司

印　　刷　北京建宏印刷有限公司

成品尺寸　170 毫米×240 毫米　1/16

字　　数　399 千字

印　　张　21

版　　次　2023 年 12 月第 1 版　2023 年 12 月第 1 次印刷

书　　号　ISBN 978-7-5638-3577-5

定　　价　48.00 元

图书印装若有质量问题，本社负责调换

前言

人力资源管理是组织中最为重要的管理活动，仅通过理论知识的学习较难理解企业中的人力资源管理实践工作。本教材是帮助学生将人力资源管理理论知识应用于管理实践的参考书。很多高校都设置了人力资源管理实验和实践课程，或借助平台软件（如金蝶人力资源信息系统、精创人力资源管理智能仿真对抗竞赛平台），或设计一些接近现实的实验项目，或利用“请进来”“走出去”的形式帮助学生了解人力资源管理实践，其总体目的都是为了提高学习者的人力资源管理实践技能，将理论知识进行深化与运用。把理论知识与企业人力资源管理实际相结合，利用一些方便可行的实训项目，不仅能让学生深化理解理论知识，通过实训项目锻炼人力资源管理思维、实际技能和沟通、组织、协调等能力，还可以在实训过程中传递正确的价值观和良好的职业道德观念。

本教材主要用于人力资源管理和其他管理类专业学生的实训课程学习，学生通过自主操作与学习，理解、体会、掌握人力资源管理知识在实践中的具体运用。本教材的实训内容包括人力资源管理的各大模块职能。在实训过程中，可利用本教材熟悉工作流程、实验目的、实验内容、实验相关知识、实验结果，进一步掌握人力资源管理相关知识、技能、流程，提高人力资源管理实践的技能水平。

本书总共十章内容，分别为工作分析、人力资源规划、人力资源招聘、人员素质测评、人力资源培训、职业生涯管理、员工绩效管理、员工薪酬管理、员工福利管理、员工劳动关系管理。每一章都由概述与具体实验构成，每一节是一个主要的实验，包括实验目的、基本知识要点、实验内容、实验组织方法与步骤、实验思考与作业、附录等部分，内容全面丰富，旨在让学生系统梳理理论知识的同时，能够按照人力资源管理实训的组织方法与流程，通过实验操作实现对人力资源管理相关实际操作流程和方法的深度理解与掌握。每一章都保证了课程思政与实验教学内容的有机融合，让党的二十大报告精神和习近平新时代中国特色社会主义思想进教材、进课程、进实验。每一章首先进行理论知识的梳理，然后在此基础上设计相关的实践环节，保证学生对于实践能力的学习和掌握正确的价值导向。

本教材由内蒙古财经大学人力资源研究所首席专家李亚慧教授负责教材大纲设计、编写组织与指导、统稿与完善等工作。具体编写分工如下：第二章、第五章和第六章由韩燕负责编写；第一章、第三章、第四章由刘华负责编写；第七章、第八章由李亚慧负责编写；第九章和第十章由刘丽莎负责编写；郑文丽、张怡雯、麦丽丝、赵亚文、任泽萱和李东泽参与了资料的收集、整理、校对以及其他工作。

本书在编写过程中参考了国内外大量的教材、专著、相关文章及网络平台资料，在此向相关作者表示诚挚的谢意！同时对所有在本书编写及出版过程中给予帮助的老师表示衷心感谢！

由于作者水平有限，本教材在编写过程中会存在一些不足之处，恳请广大读者批评指正，不吝赐教，提出宝贵意见，以便日后进行修订与完善。

本书编者

2023 年 5 月

目　录

第一章 工作分析

本章学习目标

- 了解工作分析的过程和基本流程
- 熟悉工作分析组织与实施的基本过程，制订工作分析的实施计划
- 掌握工作分析的方法，开展调查研究，客观全面地获取工作分析所需要的资料和信息
- 熟悉工作说明书的内容，能够编写岗位工作说明书

工作分析是现代人力资源管理中最为基础，也是最为核心的一项工作。几乎所有的人力资源管理活动都以全面、深入的工作分析为基础。工作分析决定着组织定岗定编定员、招聘选拔、培训与职业发展、薪酬福利体系设置、绩效管理等各项管理内涵和职能。

本章着重讲述工作分析的组织与实施，工作分析所需资料和信息的获取方法，编写工作说明书，以便用于指导人力资源管理各环节的实践活动。通过本章学习，了解工作分析的基本流程，掌握制订工作分析的实施计划，灵活运用适当的方法获取分析资料和数据，并形成最终的工作说明书。本章学习思路如图 1-1 所示。

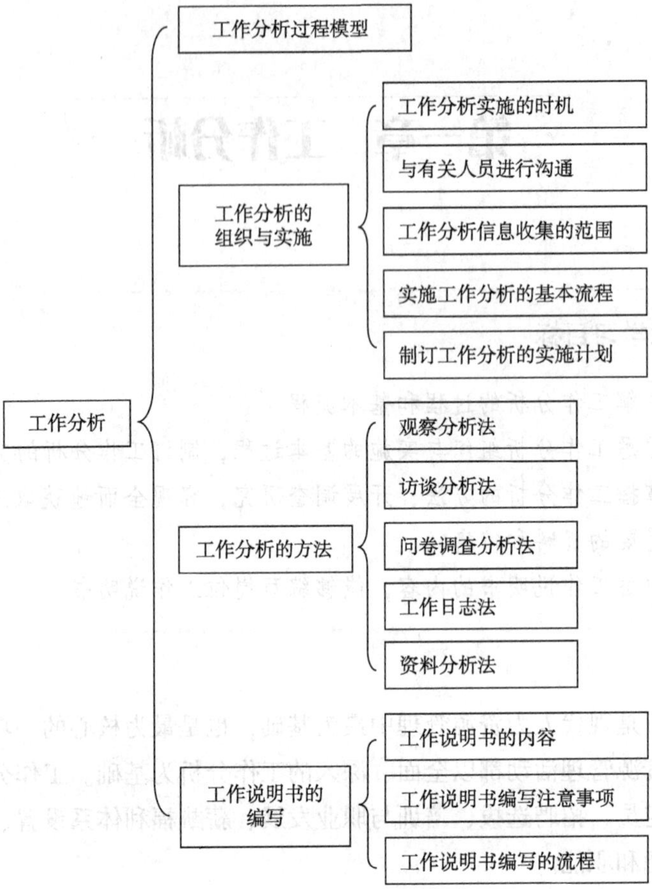

图 1-1　本章思维导图

第一节　工作分析过程模型

工作分析是指采用专门的方法获取组织内岗位的重要信息，并以特定格式把此岗位相关信息描述出来，从而使其他人了解该岗位的过程。

具体来说，工作分析就是要为管理活动提供与工作有关的各种信息，这些信息可以用 6W1H 来概括。

具备什么资格条件的人能完成这些工作（Who to do it）？

这一岗位具体的工作内容是什么（What to do it）？

工作的时间安排是什么（When to do it）？

这些工作在哪里进行（Where to do it）？

从事这些工作的目的是什么（Why to do it）？

这些工作的服务对象是谁（For whom to do it）？

如何进行这些工作（How to do it）？

工作分析最终解决的是“某一岗位应该做什么”和“什么样的人来做最适合”的问题。这两个问题的回答是人力资源管理各项其他职能活动的基础，是最基本的一项人力资源管理职能。

工作分析是一项技术性很强的工作，需要做周密的准备，同时还要有科学、合理的操作流程。为了便于从整体上把握工作分析的流程，本节通过工作分析的过程模型来阐明工作分析过程中各个环节之间的关系，见图 1–2。

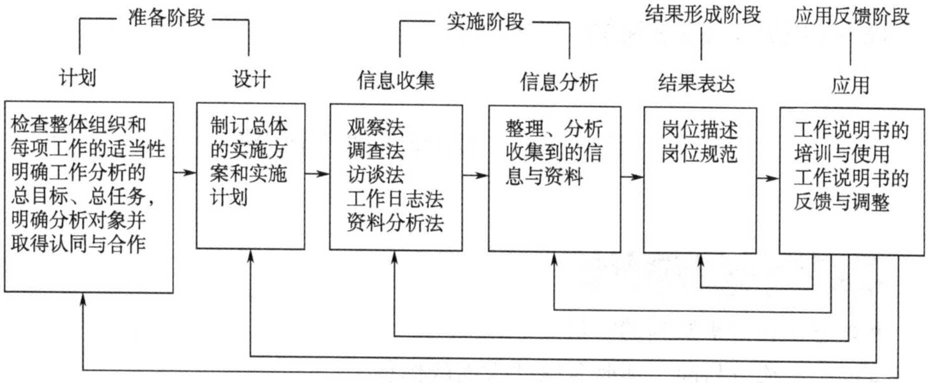

图 1–2　工作分析的过程模型

要想进行工作分析，首先要明确每一项工作如何嵌入组织的整体结构中，以及目前工作分析的总目标和总任务，也就是通过工作分析主要想解决什么问题以及获取工作分析信息的用途是什么。这直接决定了进行工作分析的重点，决定了在进行工作分析的过程中需要获取哪些信息，以及用什么方法获得这些信息。

然后还要确定所要分析的岗位有哪些，因为当一个组织中的岗位特别多时，常常需要选取具有代表性、典型性的岗位进行分析。由于工作分析涉及诸多部门及人员，因此还需协调好各部门及其管理者之间的关系，取得各部门认同并建立起友好的合作关系。

进行一次完整的工作分析活动，往往需要调动大量的资源，花费相当长的时间，需要统合来自各个方面的人员。因此，为了保证这样一个比较复杂的活动能够有计划、有条理地展开，需要在实施之前制订一个方案，这个方案同时也是工作分析的蓝图。工作分析的总体实施方案通常需要包含以下方面的内容：①工作分析的目的和意义；②工作分析所需收集的信息内容；③工作分析所提供的结果；④工作分析项目的组织形式与实施者；⑤工作分析实施的过程或步骤；⑥工作分析实施的时间和活动安排；⑦工作分析所需的背景资料和相关配合工作。

获取工作分析的资料和信息，可以参考国家职业分类标准或者组织现有的岗位工作说明书，还可以通过观察、调查、访谈、工作日志等方法收集工作分析的信息，并对收集到的资料和信息进行记录描述、分解、比较、衡量、综合归纳与分类，经多次讨论、反馈和修订，直至形成最终的工作说明书。将工作分析的结果运用于人力资源管理以及企业管理的相关方面，让工作分析及工作说明书真正发挥作用。需要强调的是，工作分析作为人力资源管理的一项活动，是一个连续不断的动态过程。所以对工作分析绝不能有一劳永逸的思想，不能认为做过一次，以后就可以不用再做了，而应根据企业的发展变化随时开展这项工作，要使工作说明书能够及时反映岗位的变化情况。

第二节　工作分析的组织与实施

一、实验目的

- 熟悉工作分析实施的时机
- 明确工作分析时需要收集哪些方面的信息
- 掌握工作分析的实施流程，设计工作分析调查方案
- 制订工作分析的实施计划

二、理论知识要点

（一）工作分析实施的时机

工作分析虽然是一项常规性工作，但是在以下三种情况下，工作分析就显得格外必要和迫切。

1. 组织的有效运行受到阻碍

任何一个组织的战略或者目标最终都要分解到每一个具体的工作岗位上，通过每个岗位的具体工作任务来保证战略目标的实现。然而有些时候，组织中的高层管理者可能会发现，组织的战略计划或者战略目标得不到有效的落实，组织中的管理体系或者业务流程运行不畅。当然，造成这种情况的原因很多，但是其中一个重要的原因就是工作岗位的职责设置出了问题。

例如，缺乏明确的、完善的书面岗位说明，员工对岗位的职责和要求不清楚，这样就导致某些重要的工作没有人去做，特别是组织运行中的一些关键控制点没有

人去负责。在有些情况下，虽然有岗位职责规定，但还是会经常出现推诿扯皮、效率低下的现象。例如，某公司有三个不同的岗位按照规定都承担对客户服务的信息系统进行维护的责任，但是在实际工作中常常会发生与客户有关的数据不一致，或者客户出现问题时不知道该由哪个岗位来负责的情况，从而严重影响了客户满意度。在这种情况下，就需要通过工作分析来进一步厘清不同岗位的职责。

2. 组织发生变革或技术进步

许多组织都曾经做过工作分析，并且也形成了较为系统的书面工作说明书。但是工作分析并不是一劳永逸的，应该随着组织的发展而与时俱进。当组织中进行了组织机构和工作流程的变革、调整或者引入新技术以后，原有的工作说明书就会与实际工作情况不符，很难按照它继续实施，因此就需要重新进行工作分析。

3. 人力资源管理的各项工作缺乏科学依据

工作分析是人力资源管理体系的基石和信息平台，工作分析的结果在人力资源管理各项工作中发挥着不可或缺的作用。然而有时候，当需要招聘某个岗位的新员工时，发现很难确定用人的标准；当需要对员工绩效进行考核时，发现没有根据岗位确定的考核标准；当需要建立新的薪酬体系时，无法对各个岗位的价值进行准确评估。这时，就需要进行工作分析了。

（二）与有关人员进行沟通

由于工作分析需要深入到每个具体的工作岗位上，在进行这项工作的过程中必然要同大量的工作任职者和管理者建立联系，因此赢得他们的理解和支持是非常必要和重要的。

在开始实施工作分析时，需要与涉及的人员进行沟通。这种沟通一般通过召集员工会议的形式进行，在会上可以由工作分析小组对有关人员进行宣传和动员，让参与工作分析的人员了解工作分析的目的与意义，消除内心的疑虑和压力，争取在收集信息时获得他们的支持与合作；还需要让参与工作分析的人了解工作分析大致需要进行多长时间，大概的时间进度是怎样的，便于事先做好工作安排，留出足够的时间来配合工作分析。

（三）工作分析信息收集的范围

工作分析信息收集的范围很广，既包括企业的外部相关信息，也包括企业的内部相关信息。综合起来有三大类：一是工作的背景信息，二是与工作相关的信息，三是与岗位任职者相关的信息。

1. 工作的背景信息

工作的背景信息包括企业愿景，战略目标，企业文化特征，企业长、中、短期规划，年度经营目标，计划与预算，企业的组织结构，业务流程，管理流程，人力资源管理制度，产品与服务，核心技术，行业信息，客户信息，供应商信息，顾客信息，市场信息以及竞争对手信息等。

2. 与工作相关的信息

与工作相关的信息包括岗位设置，岗位在组织中的地位与作用，岗位具体工作内容，岗位职责、工作权限、工作负荷、内部沟通关系（上下级关系、横向同部门岗位、同事关系等）、外部沟通关系（客户、供应商、顾客、行业组织、政府与社会组织等）、工作条件（使用设备、工具，工作环境，岗位特征，工作地点），其他工作特征（岗位对组织贡献度，过失损害程度，履行职责所承担的风险，工作的难易程度，工作的独立性、创新性）。

3. 与岗位任职者相关的信息

与岗位任职者相关的信息包括任职者的受教育经历（学历、专业背景、培训经历、实习经历），职业经历，岗位相关工作经历，性别、年龄、健康状况、岗位资格证书，基本技能（语言表达能力、文字书写能力、电脑水平、软件使用熟练度、外语水平、工具使用水平等），业务知识（与岗位有关的必须掌握的专业知识），管理知识（从事本岗位管理必需的管理知识），个人特质（分析判断能力、逻辑思维能力、统筹策划能力、执行力、创新力、组织能力、领导力、应变能力等）。

（四）实施工作分析的基本流程

工作分析是一个非常复杂的、完整的过程。一般来说，实施工作分析需要经过 4 个阶段，即准备阶段、实施阶段、结果形成阶段及应用反馈阶段。每一个阶段又包括若干步骤。

1. 准备阶段

工作分析的准备阶段，是整个工作分析的基础性阶段。前期准备得越充分，以后各项工作就越主动，越便于开展。

准备阶段的主要任务是：

（1）明确工作分析总目标、总任务，并根据总目标、总任务对企业现状进行初步分析。

（2）设计调查方案，包括明确调查目的、确定调查单位和对象、确定调查项目、确定调查表格和填写说明，以明确调查时间、地点、方法等。

（3）选择信息来源，如以往的工作说明书、岗位在职工作人员、上级管理者、顾客、工作分析人员等。

（4）选择工作分析人员。工作分析人员应具有一定的经验与专业性，同时应保持工作分析人员开展活动的独立性。

（5）选择信息收集的方法和分析信息适用的系统。

（6）取得认同和确立合作。在计划实施前，应该把工作分析方案和计划向上级领导报告并争取他们的同意，取得中层管理者的支持，同时，必须与有关员工进行解释和讨论，征求各方面的意见并获得认同和支持。

2. 实施阶段

实施阶段的主要任务是根据总体方案，制订工作分析实施的具体工作计划，对每项工作的内容、过程、工作环境及工作人员等方面进行全面细致的调查研究。在具体实施工作分析时，应灵活运用观察法、访谈法、问卷调查法等，广泛收集与工作有关的各种资料信息，具体包括与有关人员沟通、制订实施计划、实际收集和分析工作信息。

3. 结果形成阶段

结果形成阶段的主要任务是对各个工作岗位进行全面深入的分析、整理和综合，从而揭示各种工作的主要活动和关键性的影响因素，最终形成工作说明书。

4. 应用反馈阶段

工作分析结果形成后，就要被应用于具体的管理活动中，因为只有在应用的过程中才能发现其中存在的问题；针对出现的问题，要及时反馈。这一活动始终贯穿于组织的经营管理活动之中，具体包括工作说明书的培训与使用、工作说明书使用的反馈与调整。

实施工作分析基本流程范例如表 1-1 所示。

表 1-1　某公司××××年度工作分析实施程序

阶　段	主要任务
准备阶段 （4 月 10 日—4 月 20 日）	1. 对现有资料进行分析研究 2. 选择待分析的工作岗位 3. 选择工作分析的方法 4. 设计调查用的工具 5. 制订总体的实施方案
实施阶段 （4 月 21 日—5 月 21 日）	1. 召开员工大会，进行宣传动员 2. 向员工发放调查表、工作日志表 3. 实地访谈和现场观察
结果形成阶段 （5 月 22 日—6 月 1 日）	1. 对收集所得信息进行归纳与整理 2. 与有关人员确认信息 3. 编写工作说明书

续表

阶　段	主要任务
应用反馈阶段 （6月2日—6月10日）	1. 将工作分析所得结果反馈给员工及其直接主管 2. 获取他们的反馈意见 3. 对工作说明书的内容进行调整和修改

（五）制订工作分析的实施计划

进行一次完整的工作分析活动，往往需要调动大量的资源，花费相当长的时间，需要统合来自各方面的人员。因此，为了保证这样一个比较复杂的活动能够有计划、有条理地展开，需要在实施工作分析之前制订一个具体的实施计划。制订工作分析实施计划应注意以下几点。

第一，岗位分析工作涉及的范围很广，需要各个部门主管与岗位任职人员的密切配合才能完成。如果时间安排不合理，甚至与他们的工作有冲突的话，就很难保证岗位分析如期按时完成。因此，必须与部门主管事先沟通，实施计划应取得各部门主管支持并达成共识。

第二，岗位分析计划出台后，一定要组织对岗位分析工作内容进行说明，特别是应收集的资料、文件、制度、流程等，尽可能列出一份详细的清单，给责任人（组织者）以明确的指导。

第三，计划的实施必须进行过程控制才能落实。因此，需要有岗位分析小组组长，切实按计划去追踪计划完成情况，及时发现问题，主动帮助解决问题，只有这样才能保障计划顺利进行。

第四，应注意工作质量，不能为完成任务而忽视信息收集的完整性、有效性、准确性。当对某些具体任务不明确或标准不清晰时，一定要向岗位分析专家（资深管理者、HR 管理者、顾问师）咨询，切忌资料、信息收集完成了，可是与岗位分析工作的目标与方向却南辕北辙。

这一具体的实施操作计划，在执行的过程中可能还会做出一定的调整，一旦计划发生改变，应及时通知相关的人员。

三、实验内容

- 设计工作分析调查方案
- 制订工作分析实施计划

四、实验准备

- 某组织的组织结构图
- 该组织的岗位设置背景资料和信息

- 工作分析的总目标与总任务

五、实验组织方法及步骤

- 实验前准备阶段：教师讲解相关理论，布置实验内容与实验要求
- 学生分组，每组 4~6 人为宜
- 各小组根据组织结构图及岗位情况，制订岗位调查方案及工作分析实施计划
- 教师组织各小组展示和分享本组的实验成果，并组织学生进行讨论，提出改进意见
- 教师总结小组活动并进行点评
- 个人总结并撰写实训报告

六、实验思考与作业

- 详细阐述工作分析的组织和实施过程
- 工作分析调查方案的主要内容有哪些
- 制订工作分析实施计划需要注意哪些方面的问题

七、范例

××企业工作分析实施计划草案

一、工作时间

2021 年 10 月 21 日—2021 年 11 月 30 日

二、小组成员

组长：×××

副组长：×××

组员：×××、×××、×××、×××

三、工作计划（表 1-2）

表 1-2　××企业工作分析实施计划

时间	任务	负责人	工作成果
10 月 21 日—10 月 28 日	1. 拟定访谈提纲和工作日志 2. 小组成员进行工作任务分配		1. 访谈提纲 2. 工作日志 3. 工作任务分配计划
11 月 1 日—11 月 8 日	填写工作分析问卷和工作日志		填写工作分析问卷和工作日志
11 月 9 日—11 月 15 日	小组成员阅读问卷、准备岗位访谈、选定典型岗位		详细的岗位访谈计划

续表

时间	任务	负责人	工作成果
11月16日—11月19日	对典型、重要的岗位进行访谈		访谈报告
11月20日—11月23日	组织编写工作说明书		工作说明书
11月24日—11月25日	对每一个工作说明书进行讨论		比较规范的工作说明书
11月26日—11月28日	工作说明书提交专家审阅		
11月29日—11月30日	修改工作说明书		规范的工作说明书

第三节　工作分析的方法

一、实验目的

- 通过实验，理解并掌握工作分析的常用方法
- 熟悉问卷分析法和访谈分析法的实施流程，能够设计调查问卷和访谈提纲
- 熟练运用问卷分析法和访谈分析法获得工作分析的信息和资料

二、理论知识要点

工作分析的方法是针对搜集与岗位有关的信息而言的，主要有定性的方法和定量的方法。在实践中，往往要根据不同的目的选择不同的方法。每种方法各有利弊，因此要将有关的方法结合起来使用，以保证搜集的信息准确、全面，为信息分析以及工作说明书的编写奠定良好的基础。常用的工作分析的方法有观察分析法、访谈分析法、问卷调查分析法、工作日志法、资料分析法等。

（一）观察分析法

观察分析法是指工作分析人员直接在工作现场或借助辅助设备，根据事先制定的观察提纲或任务观察清单，对一个或多个观察对象的劳动过程、劳动环境以及劳动工具的使用情况等进行细致的观察和全面记录，对所收集到的相关信息进行分析、加工和整理，最终形成相关文档资料的过程。

这种方法的特点是能够在自然状态下较全面和深入地了解岗位工作人员的基本活动，一般适用于工作内容简单或重复、操作标准化程度高、以体力劳动为主的岗位，如前台接待员、停车场管理员、流水线作业工人、标准件生产加工工人等。观察分析法不适用于业务岗位、管理岗位，更不适用于需要脑力劳动或具有实践创新性质的工作岗位，如销售代表、部门经理、软件开发工程师等。

（二）访谈分析法

访谈分析法又称面谈法，是工作分析人员按照事先准备的访谈提纲，对岗位任职者、岗位任职者的上级或下属、与岗位工作联系紧密的其他岗位人员或精通岗位工作特征的外部专家进行面对面的交流沟通，以获取岗位工作目标、工作性质、工作内容以及工作责权等相关信息的方法。

访谈分析法是一种应用广泛的工作分析方法，适用于工作行为不易直接观察的工作，其工作任务周期长。通过访谈可以了解任职者的工作态度、工作动机等较深层次的内容，有助于发现一些关键的信息。此外，在访谈过程中，访谈者可以和受访者进行密切的交流沟通，有利于人力资源管理者了解员工的思想动态，有效传递企业战略目标和企业文化。访谈主要包括个人访谈、群体访谈和职务上司访谈等三种访谈方式。

1. 访谈内容

访谈的内容主要包括：工作目标，即组织为什么设立这一岗位，根据什么确定这个岗位的报酬；工作内容，即任职者在组织中有多大作用，其行为对组织产生的影响有多大；工作的性质和范围，这是访谈的核心，工作分析人员主要了解该职务在组织中的关系，其上下属的职能关系，所需的一般技术知识、管理知识、人际关系知识，需要解决问题的性质及自主权。

2. 访谈分析法的操作流程

完整的访谈分析法包括五个阶段，即准备阶段、开始阶段、主体阶段、结束阶段和整理阶段。

（1）准备阶段。在准备阶段，工作分析者需要做如下工作：制订访谈计划、培训访谈人员、编制访谈提纲。

首先，制订访谈计划要明确以下内容：①明确访谈目标；②确定访谈对象（要求是工作任职者的直接上级或者从事本岗位工作 6 个月以上的任职者）；③访谈方法（访谈的结构化程度以及访谈的形式）；④访谈的时间和地点（时间安排以不打搅任职者正常的工作为宜，地点应保持安静和整洁）；⑤访谈所需的材料和设备。

其次，还需要对访谈人员做如下培训：①访谈的目的和意义；②访谈原则和技巧；③访谈计划；④组织和指导访谈人员收集目标岗位的相关背景信息。

最后，访谈者根据现有的资料，编制访谈提纲，以防止在访谈过程中出现严重的信息缺失，确保访谈过程的连贯性。访谈提纲中的问题分为通用性问题和个性化问题。通过通用性问题收集各方面信息，通过个性化问题收集与岗位相关的职责和任务，作为启发被访谈者思路的依据。

(2) 开始阶段。此阶段的重点是让被访谈者保持信任的心态。

首先，访谈者可以通过以下途径营造轻松和舒适的访谈气氛：①采取随意简单的方式让被访谈者进行自我介绍；②尝试发现被访谈者喜好的话题，从这些话题出发开展访谈；③在话题开始时，采取欣赏和适度赞扬等方式表达对被访谈者的欢迎。

其次，向被访谈者介绍本次访谈的流程以及对被访谈者的要求，如果在访谈过程中需要使用录音和录像等手段，应向被访谈者事先说明。

再次，重点强调本次工作分析的目的、预期目标、所收集信息的用途，以及对本次工作分析相关技术问题的处理方法（尤其是标杆岗位的抽取、被访谈者的抽取方式）。

最后，向被访谈者说明本次访谈已经征得其上级同意，并且参与访谈的全部人员将保证访谈内容除了作为分析基础外，将对其上级和组织中的任何人完全保密。

(3) 主体阶段。访谈主体阶段的任务包括寻找访谈“切入点”、询问工作任务以及询问工作任务的细节。

首先，寻找访谈“切入点”。访谈的“切入点”通常是询问被访谈者所在部门与组织中其他部门的关系，或者目标工作与部门外的联系，或者询问工作环境。

其次，询问工作任务。询问任职者工作任务时，可以向其提供事先准备的任务清单初稿，与被访谈者就任务清单中所列项目逐条地讨论和核对。在讨论与核对时，可以询问以下问题：我们对这项任务的表述是否准确清晰？我们对这项工作任务的描述、所用术语是否正确，是否还有其他更为专业的表述？任务清单是否包含你的全部工作内容？整个任务清单中是否有相互矛盾和逻辑混乱的地方？各项任务表述是否相互独立？哪些内容可以合并或者需要拆分？如果访谈前没有准备任务清单，可以通过以下问题启发被访谈者：通常，你每天工作时要做的第一件事是什么？接下来你会做什么？你的工作主要由哪些板块构成？各板块分别包含哪些任务及职责？

最后，询问任务细节。可以运用流程分析的思想，从“投入”、“行动”以及“产出”三个角度询问工作任务的细节。

(4) 结束阶段。工作分析人员应该根据访谈计划把握访谈进程，若需要超过计划时间，应及时与被访谈者及其上司沟通，征得他们的同意。在访谈结束阶段，访谈者应该就如下问题与被访谈者再次沟通：允许被访谈者提问；追问细节，并与被访谈者确认信息的真实性和完整性；重申工作分析的目的与访谈收集信息的用途；如果以后需要继续访谈，应告知下次访谈的内容；感谢被访谈者的帮助与合作。

（5）整理阶段。访谈结束后，及时整理访谈记录，为下一步信息分析提供清晰的和有条理的信息记录。

（三）问卷调查分析法

问卷调查分析法是根据工作分析目的、内容等编制问卷，由任职者填写，回收后整理、提取有关工作信息的方法。其适用范围很广，是工作分析中最常用的方法之一。一份完整的岗位分析问卷一般包括的调查项目有：任职者基本资料、工作时间要求、工作内容、工作职责、工作所需的知识和技能、劳动强度、工作环境等。问卷法的优点在于费用较低、速度快、节省时间，并可让被调查者在工作之余填写，不至于影响工作。

1. 问卷的内容

问卷一般由封面信、指导语、工作基本信息、问题与选项等内容构成。封面信，也叫开场白，是向被调查者介绍和说明调查者的身份、调查的内容、调查的目的和意义等内容；指导语，是用来指导被调查者填写问卷的一组说明，作用是对填表的方法、要求、注意事项等做一个总的说明；工作基本信息，主要是任职者目前的基本信息，包括姓名、工作名称、所在部门、学历、工作经历、年龄、薪资水平等；问题与选项，是问卷的主体部分，问题所涉及的内容主要包括工作目的、工作职责、绩效标准、工作联系、组织架构、工作特征、任职资格、所需培训、职业生涯等方面。

在设计问卷时首先要考虑其用途，然后根据问卷的用途选择收集适当的信息内容。问卷的问题一般可分为开放式问题和封闭式问题两类。开放式问题，指不为被调查者提供具体选项，而由被调查者自由填答的问题。开放式问题的优点是被调查者可充分自由地按自己的方式表达意见，不受限制；缺点是要求回答者具有较高的知识水平和文字表达能力，其问卷填写和信息的归纳整理所花时间和精力都很多，且只能进行定性分析，难以进行定量统计的分析和处理。封闭式问题，指在提出问题的同时，也给出若干个选项，要求被调查者进行选择性回答。封闭式问题的优点是填写方便，对被调查者的文字表达能力没有过高要求，易于进行定量统计分析；缺点是没有开放式问题的丰富多样的回答内容。因此，一般的问卷都是将这两种方法结合起来，以封闭式问题为主，开放式问题为辅。

2. 问卷调查分析法的操作流程

问卷调查分析法的操作流程通常包括五个环节，依次是问卷设计、问卷试测、样本选择、问卷发放及回收、问卷处理及运用。

（1）根据工作分析的目的和用途，设计个性化的调查问卷。问卷设计主要考虑问卷包含的项目、填写难度、填写说明、填写者文字水平、阅读难度、问卷长度等内容。

（2）问卷试测。对于设计的问卷初稿在正式调查前应选取局部工作岗位进行试测，针对问卷试测过程中出现的问题及时加以修订和完善，避免正式调查时出现严重的结构性错误。

（3）样本选择。针对某一具体工作岗位进行分析时，若目标工作岗位任职者较少（3人以下），则全体任职者均为调查对象；若任职者较多，则应选取适当调查样本，选取样本时要注意典型性和代表性。出于经济性和操作性的考虑，样本以3~5人为宜。

（4）问卷发放及回收。在对选取的工作分析样本进行必要的工作分析辅导培训后，工作分析人员通过组织内部通信渠道（文件、OA系统、企业微信等）发放工作分析调查问卷。在问卷填写过程中，工作分析人员应及时跟踪相关人员填写状况，解答填写过程中出现的疑难问题，并通过中期研讨会的形式组织目标工作任职者交流填写心得，统一填写规范。问卷填写完毕后，工作分析人员按照工作分析计划按时回收问卷。

（5）问卷处理及运用。对于回收的问卷，工作分析人员应进行分析整理，剔除不合格问卷或对其重新进行调查；然后将相同工作岗位的调查问卷进行比较分析，提炼正确信息，编制工作说明书。

（四）工作日志法

工作日志法又称工作写实法，是由岗位任职者在规定的时间周期内，通过填写工作日志表单，记录各项岗位工作内容，收集各种工作信息的方法。工作日志法主要适用于收集有关工作职责、工作内容、工作关系以及劳动强度等方面的原始工作信息，为其他工作分析方法提供信息支持。但它的使用范围较小，适用于分析周期较短、工作状态稳定的工作，费用相对比较低，比较经济有效。

（五）资料分析法

资料分析法是一种经济而有效的信息收集方法。它是指通过查阅、参考、系统分析现存的与工作相关的文献资料来获取工作信息的一种工作分析方法。这种方法是对现有资料的分析提炼和总结加工，无法弥补原有资料的空缺，也无法验证原有描述的真伪。因此，资料分析法一般用于收集工作岗位的原始信息，编制任务清单初稿，通常由资料分析法所得的信息都需通过其他方法进一步验证。

三、实验内容

- 设计和编写人力资源经理的工作分析调查问卷
- 设计和编制人力资源经理的工作分析访谈提纲
- 运用访谈分析法,根据个人获取资料的便利性，选取某一工作岗位的访谈对象，编制访谈提纲，模拟一次访谈，搜集工作分析所需的信息

四、实验准备

- 工作分析实施计划
- 工作分析调查问卷
- 工作分析访谈提纲

五、实验组织方法及步骤

- 教师讲解相关理论，布置实验内容与实验要求
- 学生分组，每组 4~6 人，每组自己联系现实中的某一单位，选取某一岗位作为工作分析对象
- 各小组设计该岗位的调查问卷或是访谈提纲，并讨论问卷设计和访谈的技巧和策略
- 运用问卷调查分析法和访谈分析法对该岗位进行工作分析
- 各小组向全班同学分享小组访谈提纲及访谈过程中的体验（调查问卷设计及调查过程），访谈中遇到的问题，以及完善和改进之处；各小组展示分析的结果，并阐述工作分析过程的体验，教师组织讨论并进行点评
- 个人总结并撰写实训报告

六、实验思考与作业

- 习近平总书记指出，“调查研究是谋事之基、成事之道，没有调查就没有发言权，没有调查就没有决策权。调查研究是我们做好工作的基本功”。在获取工作分析的相关信息时可以使用的收集信息的方法有哪些？分别有什么特点
- 访谈分析法的访谈内容及其操作流程
- 问卷分析法及其操作流程
- 请选择某公司人力资源部某一岗位的在职人员，运用访谈分析法进行工作分析，设计访谈提纲，并进行访谈记录

七、范例

使用表单工具可参考表1-3、表1-4、表1-5和表1-6。

表1-3　某公司前台接待员工作分析观察提纲

岗位任职者姓名：	观察日期：
观察者姓名：	观察时间：
所属部门：	工作类型：

观察内容：

1. 上午开始工作时间：AM ________。
2. 上午工作时间：________小时。
3. 上午接待来访人员数量：________人次。
4. 上午接转电话数量：________个。
5. 上午接收快递数量：________个。
6. 上午发送快递数量：________个。
7. 上午离开前台次数：________次。原因：________。
8. 上午休息次数：________次，每次休息时长________分钟。
9. 中午就餐时间：________分钟。
10. 下午开始工作时间：PM ________。
11. 下午工作时间：________小时。
12. 下午接待来访人员数量：________人次。
13. 下午接转电话数量：________个。
14. 下午接收快递数量：________个。
15. 下午发送快递数量：________个。
16. 下午离开前台次数：________次。原因：________。
17. 下午休息次数：________次，每次休息时长________分钟。
18. 其他观察到的工作：________

____

总体描述：________

____

____

表 1-4　工作分析访谈提纲

一、基本信息类
1. 您所在的岗位名称是什么？ 2. 本岗位属于哪个部门？部门主管是谁？ 3. 您从事本岗位多长时间，您在本单位工作多长时间？ 4. 在本部门内与本岗位平级的岗位还有哪些？ 5. 您本人参加工作多长时间？是否一直从事本岗位工作？
二、岗位职责类
1. 您所负责的日常工作有几大方面？ 2. 这几块工作中最核心的工作是什么？ 3. 这几块工作中难度最大的工作是什么？ 4. 您所在的岗位还管辖哪些岗位？ 5. 除了对本岗位工作负责外，哪些工作出了问题也需要您负责？ 6. 您的工作是定时的，还是不定时的？是否存在负荷不均？
三、任职条件类
1. 您认为从事本岗位工作需要什么样的学历水平？ 2. 您认为从事本岗位工作需要什么样的经验水平？ 3. 您认为从事本岗位工作需要什么样的专业技术水平？ 4. 您认为从事本岗位工作还需要什么样的能力特点？ 5. 您本人在学历、经验、专业技术水平及能力方面的现状是什么？
四、沟通关系类
1. 您对谁直接负责，对谁间接负责？ 2. 您管理的人员和岗位有哪些？ 3. 在本部门内部，与您合作密切的岗位是什么？ 4. 在本单位内，与您合作密切的跨部门岗位是什么？ 5. 您是否需要与本单位以外的单位发生直接联系，双方关系是什么？
五、工作条件类
1. 您从事本岗位工作在室内外工作时间的比例如何？ 2. 您在工作中能否采用比较舒适的工作姿态？ 3. 您主要使用脑力劳动还是体力劳动？ 4. 本岗位工作使用什么样的设备？ 5. 本岗位工作环境中存在什么样的不良因素？ 6. 从事本岗位工作是否会有职业病？

表 1–5 工作分析访谈提纲

1. 请问您的姓名、职务名称是什么？
2. 请问您在哪个部门工作？您所做的是一种什么工作？
3. 您所在岗位的主要工作职责是什么？请举一些实例。
4. 请您尽可能详细地讲讲您昨天一天的工作内容。
5. 做这项工作所需具备的教育程度、工作经历、技能是怎样的？它要求您必须具有什么样的文凭或资格证书？
6. 您真正参与的活动有哪些？哪些事情有决策权，哪些事情没有决策权？
7. 请问您在工作中需要接触到哪些人？
8. 请问您的工作环境和工作条件是怎样的？您希望哪些方面得到改善？
9. 请问您需要哪些设备和工具来开展您的工作？其中哪些是常用的，哪些是偶尔使用的？
10. 请问您的工作对身体的要求是怎样的？需要哪些知识，哪些能力素质和心理素质？
11. 您觉得这个工作岗位的价值和意义有多大？
12. 请问您认为怎样才能更好地完成工作？
13. 工作对安全和健康的影响如何？
14. 在工作中您有可能受到身体伤害吗？您在工作时会暴露于非正常的工作条件之下吗？
15. 您还有什么要补充的？

表 1–6 工作日志示例

工作日志

感谢您在繁忙的工作中抽出时间配合本次工作分析，本次工作分析的主要目的是确定此岗位任职者的培训需求。您填写的工作日志将有助于我们全面界定您所在岗位的主要职责。

在接下来的一个月里，请您如实、及时并全面地填写工作信息，在填写过程中，请您注意以下几点：

1. 请在每天工作开始前将工作日志放在手边，按工作活动发生的顺序及时填写，切忌在一天工作结束后一并填写。

2. 请严格按照表格要求进行填写，不要遗漏那些细小的工作活动，以保证信息的完整性。

3. 请提供真实的信息，以免损害您的利益。

4. 请注意保留，防止遗失。

5. 请于______年______月____日前将填写的工作日志交至公司人力资源部×××。

当您在填写过程中遇到困难或问题时，请及时与我们联系，电话××××××××。

再次感谢您的真诚合作！

××公司工作分析项目组

续表

一、工作日志基本信息
姓名：
年龄：
岗位名称：
所属部门：
直接上级：
本岗位任职工龄：
填写日期：自______月______日至______月______日
二、工作日志内容
______年______月______日
工作开始时间：________________
工作结束时间：________________

序号	工作活动名称	工作活动内容	工作活动结果	工作活动起止时间	工作地点	工作关系	工作性质	备注
1								
2								
3								
…								

填表人（签字）：________________
审　核　人：________________

第四节　工作说明书的编写

一、实验目的

- 了解工作说明书的内容及编写要求
- 掌握编写工作说明书的流程和步骤

二、理论知识要点

工作说明书是工作分析的直接结果之一。工作说明书的编写并没有一个标准化的模板，可以根据不同的目的和用途，以及适用的对象不同而选取不同的内容和形式。大多数的工作说明书包括两部分的内容：一是工作描述，反映岗位的工作情况，是关于岗位所从事或承担的任务、职责以及责任的目录清单；二是岗位要求，反映岗位对承担这些工作活动的人的要求，是人们为了完成这些工作活动所必须具备的知识、技能、能力和其他特征的目录清单。

（一）工作说明书的内容

一般来说，一个内容比较完整的工作说明书需要包括以下几个具体的项目。

1. 岗位标识

岗位标识是该岗位与组织中其他岗位相区分的显著标志，包括岗位编号、岗位名称、所属部门、直接上级、岗位薪点。

2. 岗位概要

用一句或几句比较简练的话来说明这一岗位的主要工作职责。岗位概要一般以动词开头描述工作任务，并且只需包括最关键的工作任务即可。例如，某公司“数据处理操作监督员”的岗位概要可以写为：指导所有的数据处理，进行数据控制及按要求准备数据。公司前台的岗位概要可以这样描述：承担公司前台服务工作，接待安排客户的来电、来访，负责报表、报刊、信件的管理和发放，并维护公司良好的形象。

3. 岗位职责

岗位职责是岗位概要的具体细化，要描述出这一岗位承担的职责以及每项职责的主要任务活动。一般应包含对日常工作和例行工作进行描述，以及对上级分配任务的执行责任进行描述。通常按照动宾短语句式来描述，即按照“动词+宾语+目的状语”的句式来进行描述。例如，“监督和控制部门年度预算，以保证开支符合业务计划要求”，这里“监督和控制”是动词，“部门年度预算”是宾语，“以保证开支符合业务计划要求”是目的状语。在使用动宾短语进行描述时，要准确使用动词，一定要能够准确地表示出员工是如何进行该项任务的以及在这项任务上的权限，不能过于笼统。

4. 业绩标准

业绩标准指岗位上每项职责工作业绩的衡量要素和衡量标准。

5. 工作关系

工作关系主要是指某一岗位在正常工作的情况下主要与企业内部哪些部门和哪些岗位发生工作关系，以及需要与企业外部哪些部门和人员发生工作关系，包括所属岗位的直接上级岗位、直接下级岗位、可晋升和平调的岗位等。

6. 使用设备

使用设备指工作过程中需要使用的各种仪器、工具、设备等。

7. 工作环境和工作条件

工作环境描述主要包括对工作的物理环境和心理环境的描述，一般应包括工作场所、工作时间、工作环境的危险性、职业病、工作均衡度、员工的舒适度等内容。对工作环境进行测定有时需要借助一些外部机构进行认证，工作分析者需要以测点的结果为基础，制定或调整相应的人力资源管理政策，如高温津贴、健康补助等。

8. 任职资格

任职资格属于岗位规范的范畴，是指任职者在相应工作岗位上应该具备的个人特质方面的要求，是为了完成岗位的工作，并且保证良好的工作绩效而对任职者提出的一系列特征要求。一般来说任职资格应包括所学的专业、学历水平、资格证书、工作经验、必要的知识和能力、身体状况等。

9. 其他信息

这是指其他需要说明但是不属于岗位描述和岗位要求范围内的信息。

（二）工作说明书编写注意事项

1. 明确界定岗位职责

工作说明书不应是简单的对目前岗位工作任务的要求和描述，而应该通过工作说明书的撰写达到明确各岗位的职责权限，规范工作流程，实现科学管理的目的。在编制工作说明书之前，必须进行详细的工作分析和调查，了解每一个岗位的工作任务、工作目标、工作条件、上下级的关系、任职资格等因素。

2. 用语规范、准确

很多企业的工作说明书没有注意到描述用语的选择，笼统地使用“负责”“管理”等词语，导致对岗位职责的描述流于一般化、普遍化，出现“千岗一面”现象，或者对岗位职责描述过小或者过大。因此，岗位职责的描述应能准确、清晰、真实地界定岗位承担的责任、所具有的权限和岗位工作必须达到的目标、规范的责权利关系。

通常采用“动作行为（动词）+具体对象（宾语）+职责目标”的表达方式来描述工作职责。动词的选择可参照表 1-7 和表 1-8。宾语表示该项任务的对象，即工作任务的内容；职责目标表示通过此项工作的完成要实现的目标，常用“确保”“保证”“争取”“推动”“促进”等词语连接。例如，人力资源部部长负责人力资源战略工作可描述为：负责组织制定人力资源战略和人力资源规划，保证为公司的发展战略提供有效的人力资源支撑。对职责目标的表述也可不加连接词，如对某公司车间主任的“成本核算”这一职责的描述：组织开展车间成本核算，审核原材料、动力、能源消耗，不断降低生产成本，提高经济效益。还可在此结构之前再加上动作依据，采用“动作依据+动作行为（动词）+具体对象（宾语）+职责目标”的表达方式。例如，对某公司行政总监的“计划管理”

这一职责可描述为：根据公司的阶段性目标和年度计划，制定所属部门目标、计划、措施，保障公司业务正常运作。

表 1–7　根据作用对象分类的工作职责常用动词

动词作用的对象	相应的动词
针对计划、制度、方案、文件等	编制、制订、拟定、起草、审定、审核、审查、转呈、转交、提交、呈报、下达、备案、存档、提出意见
针对信息、资料	调查、研究、收集、分析、归纳、总结、提供、汇报、反馈、转达、通知、发布、维护管理
某项工作（上级）	主持、组织、指导、安排、协调、指示、监督、分配、控制、牵头负责、审批、审定、签发、批准、评估
直接行动	组织、实行、执行、指导、带领、控制、监管、采用、生产、参加、阐明、解释
上级行为	许可、批准、定义、确定、指导、确立、规划、监督、决定
下级行为	检查、核对、收集、获得、提交、制作
其他	维持、保持、建立、开发、处理、执行、接待、安排、监控、汇报、经营、确认、合作、协作、获得、核对、检查、联络、设计、测试、建造、修改、执笔、起草、引导、传递、翻译、操作、保证、预防、解决、介绍、支付、计算、修订、承担、谈判、商议、面谈、拒绝、否决、监视、预测、比较、删除、运用

表 1–8　根据职责主题及性质分类的工作职责常用动词

	管理职责	业务职责
决策层	主持、制定、筹划、指导、监督、协调、委派、考核、交办	审核、审批、批准、签署、核转
管理层	组织、拟定、提交、制定、安排、督促、布置、提出	编制、开展、考察、分析、综合、研究、处理、解决、推广
执行层	策划、设计、提出、参与、协助、代理	编制、收集、整理、调查、统计、记录、维护、遵守、维修、办理、呈报、接待、保管、核算、登记、送达

3. 积极宣传并获得领导和员工的支持

在工作说明书编写之前，人力资源经理应与相关的高层领导进行讨论，认清规范岗位职责的意义，明确工作说明书的定位，并取得领导的理解和支持。在工作说明书实施过程中，高层领导应率先树立岗位责任意识，对各项工作实行归口管理。

在编写工作说明书时，应由各部门主管负责，人力资源部门为各部门主管提供格式和方法，并加以及时的指导和审核。而且人力资源部门应做好充分的准备工作，给员工宣讲制定工作说明书的意义和各项内容的含义，在编制过程中必须得到全体员工的支持，让大家积极参与。

4. 及时更新工作说明书

一般而言，工作说明书每 1~2 年应修订一次，根据行业的发展和职责的变化情况灵活进行选择。当企业发生重大组织变革和战略调整时，应及时修订工作说明书。

（三）工作说明书编写的流程

首先，获取工作分析的资料和信息。

其次，分析和处理所获取的资料和信息，根据预先设计的工作说明书所需要的信息要素，分类和整理已有的信息，逐条列出各要素的相关内容。

最后，完成工作说明书的撰写：

（1）讨论工作说明书初稿，所制定的工作说明书是否完整、准确；

（2）根据讨论的结果，最后确定一份详细的、准确的工作说明书；

（3）最终形成的工作说明书应清晰、具体、简明扼要。

三、实验内容

- 对工作分析过程中搜集的信息进行整理与归纳
- 撰写内容完整、用语规范的工作说明书

四、实验准备

- 上一节工作分析的方法中搜集到的各种岗位信息资料
- 通过网络或其他渠道所查阅到的相关岗位的工作说明书

五、实验组织方法及步骤

- 实验前准备阶段：教师讲解相关理论，布置实验内容与实验要求
- 学生分组，每组 4~6 人，阅读工作分析过程中搜集到的各种资料，如工作日志、调查问卷、访谈记录等
- 对各种信息进行整理和归纳，充分讨论后形成工作说明书的初步框架
- 确定岗位的主要工作职责及所需具备的资格条件
- 撰写工作说明书初稿，各小组对工作分析与工作说明书撰写进行总结和评

估，教师总结小组实验活动并进行点评

• 个人总结并撰写实训报告

六、实验思考与作业

• 什么是工作说明书？工作说明书的主要内容

• 撰写工作说明书时需要注意哪些问题

• 有人说："工作说明书不是一成不变的。"你同意这种说法吗？请论述原因

• 编制"计算机技术服务人员"工作说明书

• 某学院因为工作的需要，需要增加"计算机技术维护员"一名。该技术维护员的基本职责是在实训室机房和教师办公室为机房和教师提供技术支持。具体任务包括：配置计算机硬件系统；硬件维护；安装软件；为教学现场的突发硬件、软件故障提供技术支持

• 根据给定的情境资料，参照工作说明书的编制要求及格式，自行编制工作说明书

• 根据以下有关酒店、饭店接待员的工作任务要素与工作行为要素的分析，编写接待员的任职资格要求

（1）工作任务：处理客人到达时的问题。

（2）任务要点：开、关车门；帮助客人上、下车；问候客人；开、关旅馆大门；把行李运到前厅；引导客人到服务台；标明行李运到的房间号；储存较贵重的物品或行李。

（3）素质要求：理解、读写、计算和表达的能力；快速而有效的搬运能力；处理较大的旅游团体的能力；具备表示敬意的问候与常识；熟记旅馆及其环境分布与功能知识；熟记旅馆及房间设备的知识；熟记登记的程序知识；熟记团体接待的步骤（电话、旅游公司介绍）；敏捷、热情。

七、范例

工作说明书（范例一）

一、基本资料

岗位名称：	岗位编号：
所属部门：	定员标准：
直接上级：	工作地点：
分析日期：	分析人：

二、工作描述

1. 工作概要

2. 工作职责（表 1-9）

表 1-9　工作职责

职责名称	内容及流程	责任 （全责/部分/支持）	工作联系		工作标准
			公司内	公司外	
1.					
2.					
3.					
……					

3. 监督与指导关系

所施监督：

所受监督：

4. 岗位权限

5. 工作难度

6. 工作性质、条件与时间

7. 使用的仪器、工具与设备

三、任职资格

1. 学历与专业

2. 工作经验

3. 综合素质和心理素质

4. 知识和专业技能

（1）担任本岗位所必备的知识和专业技能

（2）本岗位要求的核心技能及其等级

（3）招聘本岗位应考核的内容

（4）上岗前应接受的培训内容

5. 身体条件

工作说明书（范例二）

表 1-10　工作说明书

一、基本情况

单位		岗位名称		岗位编号	
部门		分部		编制日期	
直接上级		直接下级		部门人数	

二、岗位职责说明

岗位目的

岗位职责定义

编号	职责范围 按重要顺序依次列出每项职责及其目标	负责程度 全责/部分/支持	衡量标准 数量、质量
1			
2			
3			
……			

三、工作关系

所受监督	
所施监督	
协同	

四、任职要求

学历		年龄		性别		职称	

专业知识	
所需工作经验及技能	

一般能力要求	计划能力	组织能力	激励能力	人际能力	协调能力	沟通能力	开拓能力	信息能力	领导能力	指导能力
需求程度（满分 5 分）										
考核标准										

续表

<table>
<tr><td colspan="3">五、其他</td></tr>
<tr><td colspan="2">使用及保管的物品/商品/财产</td><td>工作失误带来的影响</td></tr>
<tr><td colspan="2"></td><td></td></tr>
<tr><td colspan="3">六、职业生涯规划</td></tr>
<tr><td rowspan="3">岗位关系</td><td colspan="2">直接晋升的岗位：</td></tr>
<tr><td colspan="2">相关转换的岗位：</td></tr>
<tr><td colspan="2">升迁至此的岗位：</td></tr>
<tr><td>理论支持</td><td colspan="2"></td></tr>
</table>

注：根据岗位的具体情况列出相关职责。

第二章　人力资源规划

本章学习目标

- 熟悉人力资源需求和供给的预测方法及操作步骤
- 掌握人力资源规划的程序和编制人力资源规划的方法
- 掌握人力资源供需失衡的种类及以及实现人力资源供需平衡的措施

人力资源规划是人力资源管理的重要组成部分，要做好人力资源管理工作，必须要做好人力资源规划。本章学习主要内容包括人力资源需求预测的方法及操作步骤、人力资源供给预测的方法及操作步骤，以及根据供给和需求预测的结果进行综合平衡。通过本章的学习，要求学生掌握人力资源供需预测的方法并进行人力资源规划的编制。本章学习思路如图 2–1 所示。

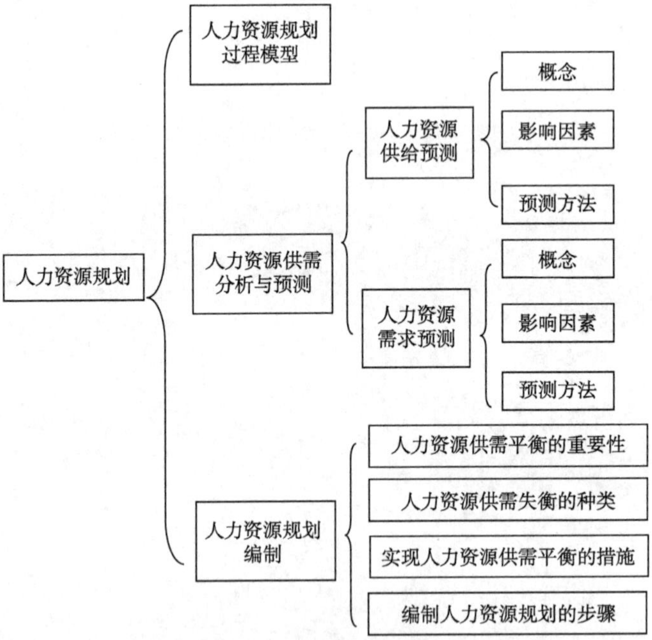

图 2–1　本章思维导图

第一节　人力资源规划过程模型

人力资源规划是一项系统的战略工程，它以企业发展战略和经营规划为指导，对企业现有人员供给和需求状况进行预测，并根据预测的结果采取相应的措施来平衡人力资源的供需，实现人力资源合理配置，为实现企业的战略目标和长期利益提供人力资源支持。

为了达到预期的目的，在进行人力资源规划时要按照一定的程序来进行，具体见图 2-2。

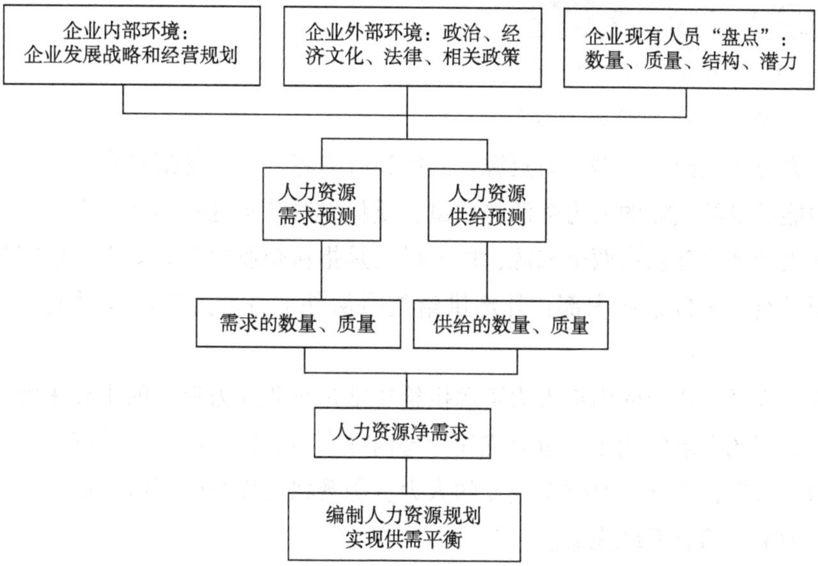

图 2-2　人力资源规划过程

由图 2-2 看出，在编制人力资源规划的过程中，必须先充分掌握相关信息，对组织所处的内外部环境有清晰的认知，要在明确企业战略目标和经营规划的基础上，对企业现有人力资源状况包括数量、质量、结构和潜力等进行盘点。只有及时准确地掌握现有人力资源状况，人力资源规划才是有意义的。全面掌握企业人力资源状况后根据企业的具体情况，选择合适的预测方法，对企业的人力资源供给和需求做出预测，得出人力资源的净需求，在此基础上编制人力资源规划。

第二节　人力资源供需分析与预测

一、实验目的

- 明确人力资源供给预测和需求预测的概念
- 了解影响人力资源供给和需求的主要因素
- 掌握人力资源供给预测和需求预测的方法
- 掌握人力资源供给预测和需求预测的程序，能够完成人力资源供需分析和预测工作

二、理论知识要点

（一）人力资源供给预测

1. 人力资源供给预测的内涵

人力资源供给预测是人力资源规划的核心内容之一，是指对在未来某一特定时期内能够供给企业的人力资源的数量、质量以及结构进行估计。人力资源供给有外部供给和内部供给两个来源，内部供给是指从企业内部劳动力市场提供的人力资源供给，来自企业内部；外部供给是指从外部劳动力市场提供的人力资源供给。

总的来说，企业的内部人力资源供给通常是企业人力资源的主要来源，所以企业人力资源需求的满足，也应优先考虑内部人力资源供给。要做好内部人力资源供给的预测，必须先对整个企业的人力资源现状有详细的了解，通常可借助企业的人力资源信息系统完成。

2. 影响人力资源供给的因素

一般来说，影响外部供给的因素主要有外部劳动力市场的状况、人们的就业意识、企业所在地对人才的吸引程度、企业薪酬福利对人才的吸引程度等。与内部供给相比，企业对外部人力资源供给的可控性是比较差的，因此人力资源供给预测主要侧重内部的供给。

影响企业人力资源内部供给的因素有企业员工的自然减员（如伤残、退休、死亡）、企业员工的内部流动（如晋升、降职、平调）、企业员工的外部流动（如跳槽、辞职、合同到期解聘）、企业员工的培训状况等。

3. 人力资源供给预测的方法

企业内部人力资源供给预测首先要考察企业现有的人力资源存量，然后在假定

人力资源管理政策不变的前提下，结合企业内外部条件，对未来的人力资源供给数量进行预测。常用的预测方法包括技能清单法、马尔科夫预测法、人员替换法等。

（1）技能清单法。技能清单是一个反映员工工作能力特征的列表，这些特征可以包括员工的教育背景、工作经历、培训情况、所掌握的技能及相应的证书等内容，见表 2-1。技能清单是对员工能力的一种描述，可以帮助人力资源管理人员判断现有员工调换工作岗位的可能性大小，估计有哪些员工可以补充企业岗位的空缺。企业人力资源规划的目的既要保证企业空缺岗位有合适的人员填充，还要保证这些员工的质量，因此有必要建立员工的工作能力记录，记录包括操作层员工的技能和不同管理层人员种类及其能力水平。

表 2-1　技能清单

<table>
<tr><td colspan="2">姓名</td><td colspan="2">职位</td><td>部门</td></tr>
<tr><td colspan="2">出生年月</td><td colspan="2">婚姻状态</td><td>到职日期</td></tr>
<tr><td rowspan="4">教育背景</td><td>类别</td><td>学校</td><td>毕业日期</td><td>主修科目</td></tr>
<tr><td>大学</td><td></td><td></td><td></td></tr>
<tr><td>硕士</td><td></td><td></td><td></td></tr>
<tr><td>博士</td><td></td><td></td><td></td></tr>
<tr><td rowspan="3">工作经历</td><td colspan="2">任职年限</td><td>职位</td><td>主要成就</td></tr>
<tr><td colspan="2"></td><td></td><td></td></tr>
<tr><td colspan="2"></td><td></td><td></td></tr>
<tr><td rowspan="3">培训情况</td><td colspan="2">训练主题</td><td>训练机构</td><td>训练时间</td></tr>
<tr><td colspan="2"></td><td></td><td></td></tr>
<tr><td colspan="2"></td><td></td><td></td></tr>
<tr><td rowspan="3">技能</td><td colspan="2">技能种类</td><td colspan="2">所获证书</td></tr>
<tr><td colspan="2"></td><td colspan="2"></td></tr>
<tr><td colspan="2"></td><td colspan="2"></td></tr>
<tr><td rowspan="4">志向</td><td colspan="2">你是否愿意担任其他类型的工作</td><td>是</td><td>否</td></tr>
<tr><td colspan="2">你是否愿意到其他部门去工作</td><td>是</td><td>否</td></tr>
<tr><td colspan="2">你是否接受工作轮换以丰富工作经验</td><td>是</td><td>否</td></tr>
<tr><td colspan="2">如有可能，你愿意承担哪种工作</td><td colspan="2"></td></tr>
<tr><td rowspan="2">你认为自己需要接受何种训练</td><td colspan="4">改善目前的技能和绩效</td></tr>
<tr><td colspan="4">晋升所需要的经验和能力</td></tr>
<tr><td colspan="5">你认为自己现在可以接受哪种工作指派</td></tr>
</table>

（2）马尔科夫预测法。马尔科夫预测法也称转移矩阵法，是一种内部人力资源供给的统计预测方法，用来预测具有相等时间间隔（一般为一年）的时刻点上各类人员的分布状况。它根据组织以往各类人员的流动比率，推断未来各类人员数量的分布。该方法运用的前提是：组织内部人员的转移是有规律的，因此其人员转移率也有一定的规律。马尔科夫预测法的关键是确定人员转移率，它不仅可以处理员工类别简单的组织中的人力资源供给预测问题，也可以解决员工类别复杂的大型组织中的内部人力资源供给预测问题。

采用马尔科夫预测法预测组织内部人力资源供给的一般步骤是：首先，根据组织的历史资料，计算出每一类职务上的每一职员流向另一类职务或另一级别的平均概率；其次，根据上述平均概率，建立一个人员变动矩阵表；最后，根据组织年底的各类人员的数量和变动矩阵表，预测第二年组织可供给的人数。

（3）人员替换法。人员替换法是对企业现有人力资源的状况做出评价，然后对他们晋升或调动的可能性做出判断，以此预测企业潜在的内部供给。当某一职位出现空缺时可以及时进行补充，如图 2–3 示例。

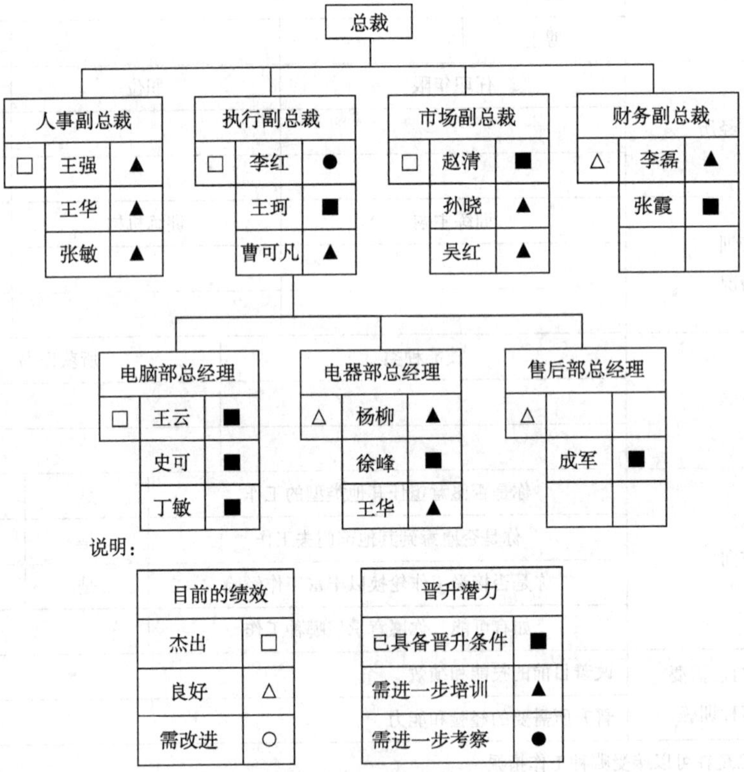

图 2–3　人员替换法示例图

在图 2–3 中，每个职位下的方框为职位候选人，空框为缺少候选人，方框的层次说明了候选人填补职位（晋升）的可能性的大小，越往上的方框内候选人晋升的可能性越大，越往下可能性越小。通过这个人员替换图我们可以清楚地看到该组织内人力资源的供给与需求情况，这为人力资源规划提供了依据。

4. 人力资源供给预测的步骤

人力资源供给预测是一个比较复杂的过程，具体预测步骤如下。

第一步，核查。了解组织员工状况，对现有的人力资源存量进行核查。

第二步，了解组织人力资源调整情况。包括分析组织的职务调整政策和员工职务调整的历史数据，统计出员工职务调整的比例，同时了解各部门可能出现的人事调整情况。

第三步，汇总。通过第一步和第二步调查统计，做出组织内部的人力资源供给预测。

第四步，分析影响组织外部人力资源供给的因素。包括区域性因素，如组织所在地区的劳动力市场状况、同地区其他组织对人力资源的需求情况、人们的就业意识等；影响外部人力资源供给的全国性因素，包括国家有关的就业政策和法规，全国范围内该行业的人才供需状况等。通过这两方面的分析，可以做出组织外部人力资源供给预测。

第五步，编制人力资源供给预测。将组织内部人力资源供给预测和组织外部人力资源供给预测汇总，做出组织人力资源供给的整体预测。

（二）人力资源需求预测

1. 人力资源需求预测的内涵

人力资源需求预测是指为实现企业既定目标而对未来某一特定时期所需人力资源的数量、质量和结构进行估计。人力资源需求预测的重点包括：首先，预测要在分析内部条件和外部环境的基础上做出，必须符合现实情况；其次，预测是为企业的发展规划服务，这是预测的目的；再次，应该选择恰当的预测方法，预测要考虑科学性、经济性和可行性，综合各方面做出选择；最后，预测的内容是未来人力资源的数量、质量和结构，应该在预测结果中体现。

2. 影响人力资源需求的因素

在企业的人力资源需求预测实践中，影响企业人力资源需求的因素可以分为三类，即企业外部环境因素、企业内部因素以及企业人力资源状况。

（1）企业外部环境因素。企业外部环境因素包括社会的经济、政治、法律环境，新技术和科技的发展以及企业竞争者的状况等，社会整个经济的发展态势，政治环境的稳定以及相关法律的变化等，都对企业未来人力资源的需求产生很大影响。另外，对于越来越依赖技术和科技的现代企业来说，是否能跟上新技术和科技的发展已经成为一个决定成败的重要因素。最后，“知己知彼，百战不殆”，对竞争者未来战略和发展状况的了解也是一个不容忽视的因素。同时还要关注直接影响人力资源供给和需求的信息，例如外部劳动力市场的供求状况、政府的职业培训政策、国家的教育政策、本行业的发展趋势等。

（2）企业内部因素。影响人力资源需求的内部因素主要包括企业的发展战略和经营规划、企业规模、技术和设备条件、人力资源培训、人员稳定性，这些因素的调整或变化会影响到企业某一特定时期内的人力资源需求。企业战略和经营规划的变化，会对人力资源需求的数量和结构产生影响；组织规模的变化主要体现在原有服务范围内规模扩大或缩小，或者增加新业务及放弃旧业务。通常来讲，扩大组织规模和开展新业务会增加对人力资源的需求，缩小组织规模或放弃某项业务会减少对人力资源的需求；随着组织技术水平提高，设备的自动化程度越强，对人员的需求就越少，二者呈反比例关系；另外企业重视培训，人员素质、技能提高，对人员的需求也会降低。

（3）企业人力资源状况。企业人力资源状况包括：现有员工的数量、质量和工作状况，可能的员工流动比率及原因、自然减员比率（如退休、死亡）等。还应当包括员工的基本情况、受教育情况、工作经历、工作业绩记录、工作能力和态度、员工职业发展规划状况、员工工作满意度等方面的内容。很明显，这些因素都直接影响了企业的人力资源需求。

3. 人力资源需求预测的方法

对人力资源需求预测的方法有很多，这里我们选取几种有代表性的方法进行介绍。需要指出的是在预测过程中，不可能只采用某一种方法，而应当将多种方法结合起来使用，这样预测的结果才会更准确。

（1）德尔菲法。德尔菲法是一种进行人力资源需求预测的经典方法，是由20世纪40年代美国兰德公司提出的一种主观预测方法，并在现实中得到了广泛的使用。使用该方法的目的是通过综合专家们各自的意见来预测某一方面的发展。

德尔菲法的特征是：①吸收专家参与预测，充分利用专家的经验、学识，预测过程中各位专家以书面形式提出各自对企业人力资源需求的预测结果；②采用匿名或背靠背的方式，让每一位专家独立自主地做出自己的判断，专家之间不能以任何方式进行互相讨论或交换意见；③预测过程中通过几轮反馈，使专家的意见逐渐趋同，最终得出大家都认可的一个结论。

这种预测方法具有可操作性，且可以综合考虑社会环境、企业战略和人员流动三大因素对企业人力资源规划的影响，因而运用比较普遍。但其预测结果凭借的是专家的经验，因此具有主观性和模糊性。

（2）统计预测法。统计预测法是通过对过去某一时期的数据资料进行统计分析，寻找、确定与企业人力资源需求相关的因素，确定相关关系，建立起数学公式或模型，从而对企业未来的人力资源需求进行预测的人力资源规划的方法。统计预测法是以过去的事实为依据的预测方法，包括多种方法，其中常用的是趋势分析法、比率分析法和回归分析法。

①趋势分析法。趋势分析法是根据过去一定时间的人力资源需求趋势来预测未来需求的方法。作为人力资源预测的一种工具，趋势分析法是很有价值的，但仅仅使用该方法还是不够的，因为一个组织的人力资源使用水平很少只由过去的状况决定，而其他因素（例如销售额、生产率变化等）也会影响到组织未来的人力资源需求。因此，该方法得出的结果可以作为一种趋势来参考，而不能被机械地加以应用。

②比率分析法。比率分析法是通过计算某种组织活动的影响因素和该组织所需人员数量之间的比率来确定未来人力资源需求的数量与类型的方法。例如，教育部门的师生比、销售数量和销售人员数量比、单位食堂炊事人员与就餐人员比，等等。一些大企业有严格的劳动定员管理标准，这些标准也可以用于比率分析法。

③回归分析法。回归分析法是通过绘制散点图寻找、确定某一事物（自变量）与另一事物（因变量）之间的关系，从而预测组织未来对人力资源需求数量的方法。如果两者是相关的，那么一旦组织能预测出其业务活动量，就能预测自身的人员需求量。当自变量只有一个时，称为一元回归；当自变量有多个时，称为多元回归。

（3）经验预测法。组织各级领导根据自己的经验和直觉，对未来所需的人力资源的数量和结构做出估计。在实际操作中，一般先由各个部门的负责人根据本部门未来一定时期内工作量的情况，预测本部门的人力资源需求，然后再汇总到组织最高领导层进行平衡，以确定组织最终的人力资源需求。这种方法适用于组织规模较小、结构简单和发展均衡稳定的企业的短期预测。

4. 人力资源需求预测的工作流程

一般来说，人力资源需求预测分为对现实人力资源需求预测、对未来人力资源需求预测和对未来流失人力资源需求预测三部分。具体人力资源需求预测的步骤如下：

（1）梳理整个企业各个部门的职务，根据职务分析结果，确定职务编制和人员配置。

(2) 进行人力资源盘点，确定企业人数及分布情况，确定企业是否缺编、超编及现在各编制的岗位是否符合职务资格要求。

(3) 把上述两个步骤的统计结果与相关部门管理者进行讨论，并修正统计结果，最后的这个结果就是现实人力资源的需求情况，见表 2-2。

(4) 现实人力资源的需求得出以后，需要预测未来人力资源的需求，根据企业整体的发展规划和策略，确定各部门工作量，并根据工作量的增长情况，确定各部门还需要增加的岗位及人数，并进行汇总统计。

(5) 汇总结果与各部门和企业管理者进行讨论，最终确定的结果即未来人力资源需求，见表 2-3。

(6) 统计预测期内退休的人员，通过各部门的领导协助统计有离职意向或可能被劝退的人员，或者根据历史数据，估计未来可能发生的离职情况。把统计和预测结果进行汇总制成相关表格，得出未来流失的人力资源需求，见表 2-4。

(7) 将现实人力资源需求、未来人力资源需求和未来流失人力资源需求汇总，制成相关表格和汇总表，即可以得到整体的人力资源需求预测。

三、实验内容

- 结合本章理论知识点并查阅相关书籍，明确人力资源供给预测的概念，了解影响人力资源供给预测的主要因素，掌握人力资源供给预测的方法和程序，能够完成人力资源供给分析和预测工作，并在实践中应用
- 结合本章理论知识点并查阅相关书籍，明确人力资源需求预测的概念，了解影响人力资源需求预测的主要因素，掌握人力资源需求预测的方法和程序，能够完成人力资源需求分析和预测工作，并在实践中应用

四、实验准备

- 多功能教室
- 虚拟或真实企业的人力资源情况或者具体的案例
- 现实人力资源需求预测表（表 2-2 ）
- 未来人力资源需求预测表（表 2-3 ）
- 人力资源净需求统计总表（表 2-4）
- 人力资源需求数量预测表（表 2-5）
- 人力资源内部供给变化预测表（表 2-6）

五、实验组织方法及步骤

人力资源需求预测和人力资源供给预测是人力资源规划的两大关键点，因此，在编制人力资源规划前，对组织的人力资源供需预测尽量做到科学准确。可以按照如下方法和步骤操作本次实验：

第一步，查阅相关书籍，理解人力资源供需预测的概念、影响人力资源供需预测的主要因素，掌握人力资源供需预测的方法。

第二步，以小组（6~8 人）为单位对人力资源供需预测的常用方法进行研讨，每人发表个人观点。

第三步，对各种观点进行分析、归纳，特别要明确常用的供需预测方法的使用前提或使用条件。

第四步，学习本章案例 2-1 或者选择所熟悉的组织，采用适当的方法对其人力资源供给和需求进行预测，并且说明选用此种方法的原因和优缺点。

第五步，总结并编撰实训报告，并选取一人做简单报告。

六、实验思考与作业

根据案例 2-1，思考并完成以下问题

- 分析 A 公司的人力资源规划与其公司战略之间的关系
- 分析影响 A 公司人力资源供需预测的因素有哪些
- 可采用哪些分析计算技术进行 A 公司人力资源供需预测
- 对于 A 公司出现的人力资源供需失衡状态，一般可以采取哪些策略
- 结合国家《“十四五”数字经济发展规划》提出的数据要素是数字经济深化发展的核心引擎、数字化服务是满足人民美好生活需要的重要途径，请思考：数字经济对人力资源管理产生何种影响，给企业带来的哪些挑战和机遇，数字经济时代如何解决人力资源供需适配问题

案例 2-1

A 公司的人力资源规划①

A 公司是一家主要生产经营家具、纺织品等产品的制造厂。公司主要有家具部、纺织品部和纤维部三个生产部门，其中纺织品部下辖六个分厂，分别生产服装、地毯以及其他工业用纺织品。A 公司近几年取得了长足的发展，员工人数达 900 多人，管理人员也增加至 140 人，此外还有产品开发与设计人员 10 人，营销人员 20 名。A 公司的总经理王明从公司成立伊始，就被公司董事会任命为总经理。

① 资料来源：根据 www. xiexiebang. com 人力资源规划案例改编。

王明从一开始就强调公司包括管理人员在内的所有员工的受教育程度和学历很重要。公司制定了详细的规章制度，为管理人员和员工的培训和学习提供了有利的条件。王明本人也经过两年多的在职学习，获得了工商管理硕士学位。在A公司，有过受教育和培训的经历是员工进行工作流动升职的必要条件。A公司的这些举措收到了明显效果。公司的员工都热爱自己的工作，乐意通过提高自己的素质和技能来提高工作的质量和效率。员工之间的人际关系十分融洽。由于公司的效益良好，因此，员工的报酬也很丰厚。每个员工都为自己是A公司的一员而自豪。

但是在2018年，公司的效益出现了大幅度的滑坡。2019年年底的财务报表显示，公司已经出现了严重的亏损，而导致公司衰退的原因是多方面的。从公司的外部环境来说，日益加剧的竞争，令很多曾是公司拳头产品的市场逐渐萎缩，消费需求的下降也是公司产品销路不畅的一个原因；从公司内部的原因来看，产品的质量问题一直是困扰王明的难题。前几年，公司因为产品畅销，产品的质量问题就被忽略了，迟迟没有得到彻底解决。如今，随着竞争加剧，许多竞争对手生产的价廉物美的产品赢得了消费者的青睐，相比之下，A公司的产品更显得质次价高。另外，产品缺乏创新也是A公司日渐失去消费者的原因所在。处于窘境中的A公司总经理王明向董事会提出了精简组织结构以及裁员的报告，并得到了董事会的同意。但是究竟应该保留多少员工？这是王明面临的一个难题。在前几年，由于公司发展迅速，人力资源部的主要任务是不断为新增加的职位招聘员工，并且为公司所有员工的薪酬福利等事务服务。而人力资源规划上的问题，从来没有提到人力资源部经理的议事日程上。

经过董事会和公司管理部门的多次开会讨论，最终确定了裁员后的公司组织结构，新的公司有两个主要的生产部门：家具部主要生产各类家庭及办公用家具；纺织品部有两个分部：一个分部生产地毯；另一个分部以来料加工方式制作各类服装。这样重组后公司将保留一线员工625人，其中家具部400人，地毯分部125人，服装分部100人。此外，公司将削减管理人员至88人，产品研发人员的数量增加至32人，营销人员为36人。王明深知在具体执行减员的过程中，一定还有诸多困难。

七、范例

表2-2　现实人力资源需求预测表

部门	目前编制	人员配置情况			人员需求
		超编	缺编	不符合岗位要求	
生产部					

续表

部门	目前编制	人员配置情况			人员需求
		超编	缺编	不符合岗位要求	
销售部					
……					
合计					

表 2-3　未来人力资源需求预测表

预测期	预测期				
	第一年	第二年	第三年	第四年	第五年
行政辅助职系					
技术职系					
增加的岗位及人数					
备注					

表 2-4　人力资源净需求统计总表

人力资源净需求		生产部	销售部	技术部	……	合计
人员需求	年初人数					
	年内增减数					
	年底需求数					
人员内部	年初人数					
	晋升人数					
	平调人数					
	解雇人数					
	辞职人数					
	退休人数					
	年底供给数					
年底余缺数（净需求量）						

表 2–5　人力资源需求数量预测表

部门	需求人员	现有人员	差数	结论
人力资源部	专员			
财务部	管理人员			
生产部	车间工人			
研发部	技术人员			
……				

表 2–6　人力资源内部供给变化预测表

	预测依据	计算公式	结论	
退休				
辞职				
淘汰				

第三节　人力资源规划编制

一、实验目的

- 进一步理解人力资源供给与需求平衡的重要性，融会贯通相关知识点
- 了解人力资源供需失衡的种类
- 掌握实现组织人力资源供需平衡的手段措施
- 掌握编制人力资源规划的具体步骤和方法

二、理论知识要点

（一）人力资源供需失衡的种类及对策

在组织人力资源供需预测的动态之中，产生了人力资源供需的平衡问题。人力资源供需平衡不仅包括数量上的大致相等，还包括质量、结构及成本水平上的协调。实际上，组织在运营过程中，人力资源的多数情况处于供需失衡状态。组织在发展时期，人力资源需求旺盛，人力资源供给不足；组织在稳定时期，人力资源表面上可能稳定，但实际上仍然存在着退休、离职、晋升、降职、补充空缺、不胜任岗位、职务调整等情况，即处在结构性失衡状态；组织在停滞时期，人力资源需求过剩。总之，在整个发展过程中，组织的人力资源供需都不可能自

然处于平衡状态。

人力资源管理部门的重要工作之一，就是进行人力资源动态管理，使组织的人力资源供给和需求不断取得平衡。只有这样，才能有效地提高人力资源利用率，降低企业人力资源成本。一般来说，针对三种人力资源供需失衡情况，组织可以采取不同的措施。

当供给大于需求，可以采取的措施包括：扩大经营规模，或者开拓新的增长点，以增加对人力资源的需求；鼓励员工提前退休；冻结招聘；缩短员工的工作时间、实行工作分享或者降低员工的工资等方式减少供给；对富余员工进行培训。

当供给小于需求，可以采取的措施包括：内部招聘和外部招聘；雇用临时工；提高现有员工的工作效率；加班，延长工作时间；降低员工的离职率并进行内部调配；业务外包。

当供给和需求总量平衡但结构不匹配，对于人力资源结构失衡的调整办法通常是上述两种方法的综合运用，具体措施包括：通过晋升、调动、降职等形式进行人员内部的重新配置；有针对性地对现有人员进行培训、人员置换等。

（二）人力资源规划编制流程

1. 准备阶段

进行信息的收集和调查，具体包括：

（1）外部环境信息。包括两个方面：一是经营环境的信息，例如社会的政治、经济、文化、法律环境等；二是直接影响人力资源供给和需求的信息，例如外部劳动力市场的供求状况、政府的职业培训政策、国家的教育政策、竞争对手的人力资源管理政策等。

（2）内部环境信息。包括两个方面：一是组织环境的信息，例如企业的发展战略、经营规划、生产技术、产品结构等；二是管理环境的信息，例如企业的组织结构、企业文化、管理风格、管理结构、人力资源管理政策等，这些因素都对企业人力资源的供给和需求有直接影响。

（3）现有人力资源的信息。对企业现有人力资源的数量、质量、结构和潜力等方面的信息进行“盘点”，包括员工的基本情况、受教育情况、工作经历、工作业绩记录、工作能力和态度等方面的信息。

2. 预测阶段

这个阶段最关键难度也最大。这一阶段的主要任务就是要在充分掌握信息的基础上，采用有效的预测方法，对企业在未来某一时期的人力资源供给和需求做出预测，确定人力资源净需求。

3. 实施阶段

在供给和需求预测出来后，对供给和需求进行比较，根据比较结果，通过人力资源的总体规划和业务规划，制定并实施平衡供需的措施，使企业对人力资源的需求得到满足。

4. 评估阶段

人力资源规划的评估包括两方面：一是在实施的过程中，要随时根据外部环境的变化修正供给和需求的预测结果，并对平衡供需的措施进行调整；二是对预测的结果以及制定的措施进行分析，对预测的准确性和措施的有效性做出评价，找出存在的问题以及有益的经验，为今后的规划提供借鉴和帮助。

（三）编制人力资源规划的原则

编制人力资源规划要遵循三大原则。

一是全面性，要全面地考虑企业各个部门人力资源现状及发展、培训及需求等情况；

二是客观性和公正性，对各个部门的实际情况和人力资源情况进行客观、公正的评价和考虑；

三是协作性，制定人力资源规划时需要各个部门密切配合，人力资源部门要协调好与各部门的关系和工作。

人力资源规划的内容包括人力资源总体规划和人力资源业务规划。总体规划是对计划期内人力资源规划结果的总体描述，业务规划是总体规划的分解和细化，包括人员补充计划、人员配置计划、人员接替和提升计划、人员培训与开发计划、薪酬激励计划、员工关系计划和退休解聘计划等内容。

三、实验内容

• 结合本实验内容查阅有关书籍，从理论上了解人力资源数量不平衡和结构不平衡时可采取的手段措施，学会编制人力资源净需求表，并能够在实践中熟练操作

• 实地考察。有条件的同学最好能够深入企业，实地考察企业解决人力资源供给需求不平衡问题或者结构失衡问题的办法和措施

• 结合本实验内容查阅有关书籍，了解组织人力资源规划编制的原则与内容及撰写人力资源规划的步骤等，并能够在实践中熟练操作

四、实验准备

• 多功能教室

• 虚拟或真实企业的人力资源情况或者具体的案例

- 人力资源需求数量预测表和人力资源内部供给变化预测表
- 人力资源净需求数量表

五、实验组织方法及步骤

人力资源规划的编制是在对人力资源供需预测的基础上进行的，根据供给和需求预测的结果，通过人力资源的总体规划和业务规划，制定并实施供需平衡的措施。在本节实验中，需要按照以下步骤进行。

第一步，查阅有关书籍，了解人力资源供需失衡的种类及解决对策，掌握人力资源规划编制的流程和具体做法，有条件的同学可以深入企业人力资源部门，了解企业人力资源规划的内容及撰写人力资源规划的步骤等。

第二步，分组讨论，以小组（6~8 人）为单位组织讨论，总结人力资源规划的重要性以及编制人力资源规划的方法，每个小组出一名同学发表小组观点。

第三步，根据案例 2-2，或者选择一个熟悉的企业，采用合适的方法对其供给和需求进行预测，在此基础上编制人力资源规划。

第四步，总结陈述，并选取一人做简单报告。

案例 2-2

苏澳玻璃公司的人力资源战略规划①

苏澳公司曾为人员空缺所困惑，特别是经理层次人员的空缺常使得公司陷入被动的局面。苏澳公司最近进行了公司人力资源规划。公司让四名人事部的管理人员收集和分析了目前公司对生产部、市场与销售部、财务部、人事部四个职能部门的管理人员和专业人员的需求情况以及劳动力市场的供给情况，并估计在预测年度，各职能部门内部可能出现的关键职位空缺数量。

上述结果用来作为公司人力资源规划的基础，同时也作为直线管理人员制定行动方案的基础。但是在这四个职能部门里制定和实施行动方案的过程（如决定技术培训方案、实行工作轮换等）是比较复杂的，因为这一过程会涉及不同的部门，需要各部门通力合作。例如，生产部经理为制定将本部门某员工的工作轮换到市场与销售部的方案，需要市场与销售部提供合适的职位，人事部做好相应的人事服务（如财务结算、资金调拨等）。职能部门制定和实施行动方案过程的复杂性给人事部门的人力资源规划也增添了难度，这是因为有些因素（如职能部门间的合作的可能性与程度）是不可预测的，它们将直接影响到预测结果的准确性。

---

① 资料来源：根据吴国华、崔霞的《人力资源管理实验实训教程》中的案例改编。

苏澳公司的四名人事管理人员克服种种困难，对经理层的管理人员的职位空缺做出了较准确的预测，制定详细的人力资源规划，使得该层次人员空缺减少了50%，跨地区的人员调动也大大减少。另外，从内部选拔工作任职者人选的时间也减少了50%，并且保证了人选的质量，合格人员的漏选率大大降低，使人员配备过程得到了改进。人力资源规划还使得公司的招聘、培训、员工职业生涯计划与发展等各项业务得到改进，节约了人力成本。

苏澳公司能取得上述进步，不仅仅是得益于人力资源规划的制定，还得益于公司对人力资源规划的实施与评价。在每个季度，高层管理人员会同人事咨询专家共同对上述四名人事管理人员的工作进行检查评价。这一过程按照标准方式进行，即这四名人事管理人员均要在以下14个方面做出书面报告：各职能部门现有人员；人员状况；主要职位空缺及候选人；其他职位空缺及候选人；多余人员的数量；自然减员；人员调入；人员调出；内部变动率；招聘人数；劳动力其他来源；工作中的问题与难点；组织问题及其他方面（如预算情况、职业生涯考察、方针政策的贯彻执行等）。同时，他们必须指出上述14个方面与预测（规划）的差距，并讨论可能的纠正措施。通过检查评价，一般能够对下季度在各职能部门应采取的措施达成一致意见。

在检查评价结束后，这四名人事管理人员则对他们分管的职能部门进行检查。在此过程中，直线经理重新检查重点工作，并根据需要与人事管理人员共同制定行动方案。当直线经理与人事管理人员发生意见分歧时，往往可通过协商解决，并将行动方案上报上级主管审批。

六、实验思考与作业

- 列出影响人力资源规划编制的主要因素
- 根据案例2-2，讨论该企业是如何达到人力资源综合平衡的
- 根据案例2-2，分析编制人力资源规划的工作程序

第三章　人力资源招聘

本章学习目标

- 了解人力资源招聘的基本流程和环节
- 编写招聘计划，指导实际招聘活动
- 熟练掌握校园招聘和网络招聘两种常用招聘渠道
- 通过知识学习和实践操作，培养公平意识和竞争意识，树立甄选过程中“德才兼备，以德为先”的价值观

人力资源管理的一项重要功能就是要为组织获取合格的人力资源，尤其是在人才竞争日趋激烈的今天，能否吸纳到优秀的人才已成为企业生存和发展的关键。因此，人力资源招聘是组织人力资源管理过程的第一步，是组织人力资源形成的关键，它是人力资源进入组织或具体岗位的重要入口，它的有效实施不仅是人力资源管理系统正常运转的前提，也是整个组织正常运转的重要保证。掌握人力资源招聘的基本理论与方法，成为现代企事业单位管理人员的必备能力之一。

本章节着重讲述人力资源招聘环节中的实践训练，以招聘过程模型、招聘计划的编制、招聘渠道的选择、招募广告的设计与发布、校园招聘和网络招聘设计为主要内容。本章学习思路如图 3-1 所示。

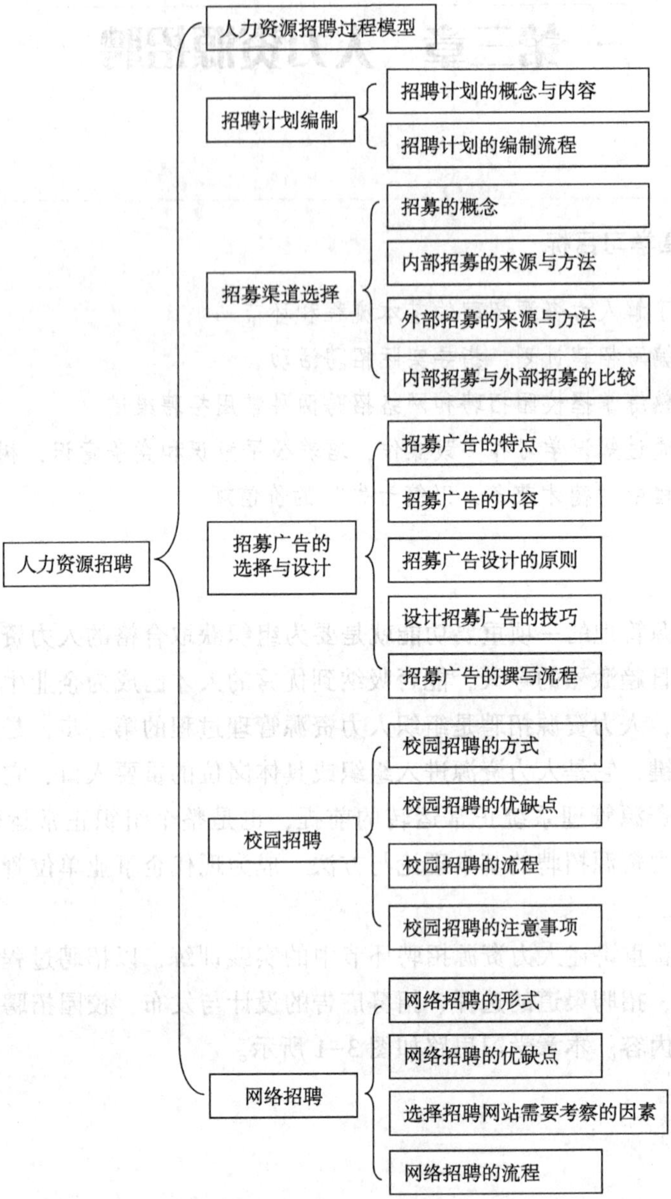
人力资源招聘
人力资源招聘过程模型
招聘计划编制
招聘计划的概念与内容
招聘计划的编制流程
招募渠道选择
招募的概念
内部招募的来源与方法
外部招募的来源与方法
内部招募与外部招募的比较
招募广告的选择与设计
招募广告的特点
招募广告的内容
招募广告设计的原则
设计招募广告的技巧
招募广告的撰写流程
校园招聘
校园招聘的方式
校园招聘的优缺点
校园招聘的流程
校园招聘的注意事项
网络招聘
网络招聘的形式
网络招聘的优缺点
选择招聘网站需要考察的因素
网络招聘的流程

图 3–1　本章思维导图

第一节　人力资源招聘过程模型

人力资源招聘是指在企业总体发展战略规划的指导下，根据人力资源规划所确定的人员需求制定填补岗位空缺的计划，采用多种科学的方法及渠道，广泛吸引具备相应资格的人员向组织应聘，从中甄选出需要的人员并予以录用的过程。招聘是联系组织与潜在员工的桥梁，应聘者可以通过招聘过程了解组织，并决定是否愿意为其服务，组织则通过招聘环节，从众多应聘者中发现自己的“千里马”。

人力资源招聘的程序是指从出现岗位空缺到候选人正式进入组织工作的整个过程，通常包括根据人力资源规划和工作说明书确定招聘计划、招募、甄选、录用、评估等一系列环节，如图 3-2 所示。

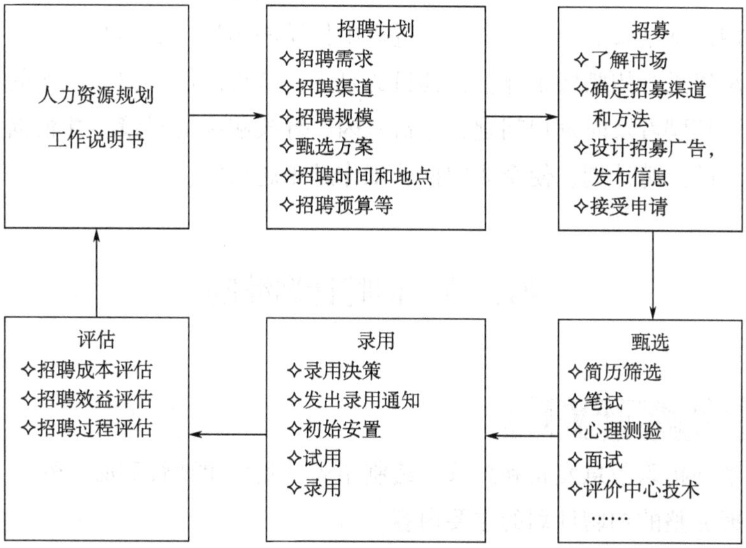

图 3-2　人力资源招聘过程模型

招聘计划是将招聘工作的各环节目标化和具体化的过程，即通过对各环节制定相应的计划，使招聘工作得以具体实施。

人力资源招聘包括招募、甄选与录用三个环节。招募是招聘中的一个重要环节，目的在于吸引更多的人来应聘，使组织有更大的选择余地，以获得更多适合的优秀的空缺岗位候选人的过程。员工招募具体包括招募渠道和招募方法的选择，招募广告的设计及发布，接收应聘者提交的申请。在征召环节吸引到足够数量的合格应聘者，对组织的员工选拔计划和留用计划会产生良好的效果。

人员甄选是指通过运用一定的工具和手段对已经招募到的应聘者进行素质测评，区分个性特点和技能水平、预测未来工作绩效，从而最终挑选出适合的岗位空缺填补者。甄选是员工招聘中最关键的一环，也是技术性最强的一个环节，其目的是将不合乎岗位要求的应聘者排除掉，最终甄选出最符合企业要求的人员。常用的甄选工具有：简历筛选、笔试、心理测验、面试、评价中心技术、背景调查等。关于员工甄选的内容，会在第四章做更为详细的介绍。

完成甄选环节后，招聘者就得到了关于应聘者整体表现的信息，据此可以做出初步的录用决策。录用的过程往往需要由若干不同部门的主管来共同决定。一般来说，应当包括空缺岗位的直接上级主管、人力资源部门的管理人员以及企业的高层管理者。经过他们的共同评议，录用决策才相对更具科学性、合理性。做出录用决策后，招聘者通过电话或信函的方式与被录用者联系，将岗位状况、职责和薪酬等告知被录用者，并讲清楚报到时间、报到地点以及报到应注意的事项等。

在录用活动结束后要对整个招聘过程中招聘的结果、成本与收益、录用人员和招聘方法等进行招聘效果评估，其目的是进一步提高后续招聘工作的有效性和效率，帮助招聘者及时发现问题、分析原因、寻找解决的对策，并根据问题修改和调整之后的招聘计划，使企业的招聘工作越来越科学。

第二节　招聘计划编制

一、实验目的

- 理解在招聘信息发布和甄选前编制招聘计划的重要性和必要性
- 掌握完整的招聘计划的主要内容
- 熟悉招聘计划编制的流程，能够根据组织的人员需求，编制合理的招聘计划，提高编写技能

二、理论知识要点

（一）招聘计划的概念和内容

招聘计划是人力资源部门根据用人部门的人员需求申请，结合企业的人力资源规划和工作说明书，明确一定时期内需招聘的岗位、人员数量、资质要求等因素，并制定具体的招聘活动的执行方案。招聘计划包括：①此次招聘的岗位、人员需求量、每个岗位的具体要求；②招募信息发布的时间、方式、渠道与范围；

③招聘对象的来源与范围；④甄选方法；⑤招聘小组人员；⑥招聘预算；⑦招聘结束时间与新员工到位时间。制订招聘计划是项复杂的工作，通常由用人部门制订，然后由人力资源部门进行复核，特别是要对人员需求量、费用等项目进行严格复核，签署意见后交上级主管领导审批。

招聘计划按不同的划分标准，可以分为不同的类型。招聘计划按照时间划分，可以分为年度招聘计划、季度招聘计划和月度招聘计划；按照目标群体划分，可以分为校园招聘计划、猎头招聘计划、社会招聘计划；按照工作性质划分，可以分为全职招聘计划和兼职招聘计划。

（二）招聘计划的编制流程

1. 确定招聘需求

根据各部门提交的人员需求申请，结合人力资源规划和岗位工作说明书，明确招聘人员的数量、质量等因素，确定招聘需求，参考表 3-1。

表 3-1　人员需求申请表

申请日期：

<table>
<tr><td colspan="2">申请部门</td><td></td><td>现有编制</td><td></td></tr>
<tr><td rowspan="8">申请增加人员要求</td><td>人数</td><td></td><td rowspan="8">增加理由、人员岗位和任务说明</td><td></td></tr>
<tr><td>学历要求</td><td></td><td></td></tr>
<tr><td>专业要求</td><td></td><td></td></tr>
<tr><td>年龄要求</td><td></td><td></td></tr>
<tr><td>性别要求</td><td></td><td></td></tr>
<tr><td>工作经验</td><td></td><td></td></tr>
<tr><td>到位时间</td><td></td><td></td></tr>
<tr><td>其他要求</td><td></td><td></td></tr>
<tr><td colspan="2">人力资源部意见</td><td colspan="3"></td></tr>
<tr><td colspan="2">分管领导意见</td><td colspan="3"></td></tr>
<tr><td colspan="2">总经理意见</td><td colspan="3"></td></tr>
<tr><td colspan="2">相关说明</td><td colspan="3"></td></tr>
</table>

2. 确定招聘规模

招聘规模是指组织准备通过招聘活动吸引多少应聘者，数量太多会给选拔工作造成过大的压力，太少则容易导致筛选的范围过窄而不利于挑选出合适的人才，因此需要控制在一个合适的规模。一般来说，可以通过金字塔模型来确定招聘规模。

例如：某公司某岗位的空缺是 10 个人，该公司确定面试与录用的比例为 3 : 1，需要 30 人来参加面试；公司又确定笔试与面试的比例为 10 : 3，因此需要有 100 人来参加笔试；最后确定应聘者与参加笔试的比例为 10 : 1，所以企业需要吸引

1 000 名应聘者，因此可以确定招募规模为 1 000 人，如图 3–3 所示。

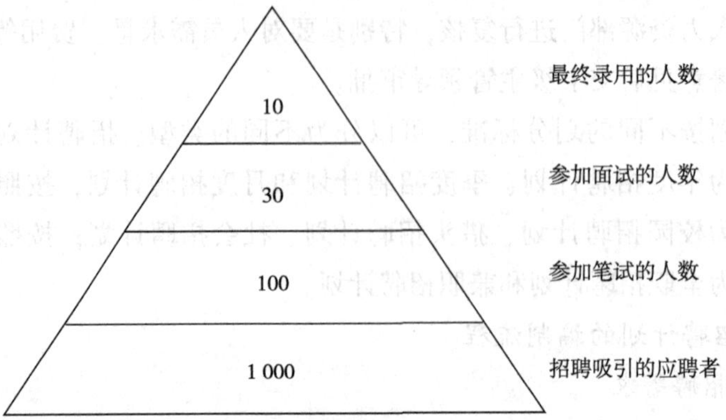

图 3–3　招聘录用的金字塔模型

3. 确定招募渠道及信息发布范围

确定从何种渠道招聘人员，如内部招募还是外部招募。这两种渠道各有优缺点，组织应根据招聘岗位不同、人员素质要求不同、到岗时间不同等特点，选择合适的招聘渠道。

在确定招募信息的发布范围时，要注意既不能过窄也不能过宽。招聘范围太小，会制约招聘的效果，而招聘范围过大又会增加招聘的成本。因此组织确定招聘范围时，需要考虑两个主要因素：一是空缺岗位的类型。层次较高或性质特殊的岗位，需要在较大的范围内进行招聘；层次较低或比较普通的岗位，可以在较小的范围内招聘。二是当地劳动力市场的状况。当地劳动力市场供给较为紧张时，相关岗位的人员供给也就相对较少，招聘的范围要扩大；劳动力市场供给充足时招聘的范围可以相对缩小。另外还要考虑潜在应聘者寻找工作的行为、组织的位置、人才分布规律以及招聘成本等因素。

4. 制定甄选方案

甄选是招聘中最关键的一个环节，甄选质量的高低直接决定选出来的应聘者是否能达到组织的要求。一般而言，甄选主要是通过素质测评技术和手段来实现的，包括：简历筛选、证件核验、笔试或心理测试、面试、评价中心、背景调查、体检等（如何应用这些方法，我们将在第四章详细介绍）。

5. 确定招聘时间

组织应根据人员需求计划，结合招聘时段分析的结果等，明确何时进行招聘，进而明确招聘各关键环节的时间节点。选择适当的招聘时机，要考虑招聘的岗位，如基层人员招聘所需的时间短于中高层岗位；招聘岗位的热门度和人才市场供给的季节性和招聘过程所需时间，要将招募工作耗费的时间、选拔录用的时间和岗前培训的时间都纳入考虑。

6. 确定招聘预算

对招聘经费预算进行估计，可以防止招聘过程中某一环节过多地占用资金，也可以防止因经费不足而影响招聘工作的顺利进行。

招聘经费预算需要结合市场调查进行，常用的招聘经费支出项目包括人工费用（招聘人员的工资、福利、补贴等）、业务费用（交通费、场地费、通信费、广告费、资料费、咨询经费等）和其他费用（水电物业），参考表 3-2。

表 3-2　某企业内部招聘预算表

<table>
<tr><th colspan="2">科　目</th><th>说　明</th><th colspan="2">金　额</th></tr>
<tr><td colspan="2">招聘信息发布</td><td>将招募广告张贴于各部门公告栏中，共需（　）份</td><td colspan="2">（　）份/元×（　）份=（　）元</td></tr>
<tr><td rowspan="2">笔试成本</td><td>试卷印刷</td><td>试卷印刷费用</td><td colspan="2">（　）份/元×（　）份=（　）元</td></tr>
<tr><td>监考成本</td><td>监考员的人工成本</td><td colspan="2">（　）元/日/人×（　）日×（　）人=（　）元</td></tr>
<tr><td colspan="2">面试成本</td><td>面试考官的人工成本</td><td colspan="2">（　）元/日/人×（　）日×（　）人=（　）元</td></tr>
<tr><td colspan="2">培训费</td><td>对招聘人员进行培训的费用</td><td colspan="2">培训费（　）元+招聘人员人工成本（　）元=（　）元</td></tr>
<tr><td colspan="2">办公用品费用</td><td>在招聘过程中消耗的办公用品费用</td><td colspan="2">（　）元</td></tr>
<tr><td colspan="2">核算人</td><td></td><td>总计</td><td>（　）元</td></tr>
</table>

7. 确定招聘小组人员，并进行必要的培训

招聘工作是一个双向选择的过程，外来者认识企业的窗口之一就是招聘小组的工作人员，优秀的招聘者会成为吸引人才留下的一个重要因素，也是招聘工作顺利进行的重要条件。一般而言，招聘小组人选应该遵循高于应聘者岗位原则和德才兼备原则。

8. 编制人力资源招聘计划书

在确定了上述各项要求后，即可编制人力资源招聘计划书，使人力资源招聘计划形成书面形式，以指导具体招聘流程的进行，参考表 3-3。

表 3–3 某公司季度招聘计划表

<table>
<tr><td>招聘目的</td><td colspan="6">为及时填补因公司业务的扩大和内部人员离职产生的岗位空缺，保证经营目标的顺利实现，人力资源部特制订本计划表</td></tr>
<tr><td rowspan="4">人员需求情况</td><td>招聘岗位</td><td>所属部门</td><td>招聘人数</td><td>工作经验</td><td>学历</td><td>专业</td></tr>
<tr><td>人事助理</td><td>人力资源部</td><td>1 人</td><td>1 年以上</td><td>大专以上</td><td>人力资源管理</td></tr>
<tr><td>车间主任</td><td>生产部</td><td>1 人</td><td>3 年以上</td><td>大专以上</td><td>生产管理类</td></tr>
<tr><td>生产工人</td><td>生产部</td><td>20 人</td><td>不限</td><td>高中以上</td><td>无要求</td></tr>
<tr><td>招聘时间安排</td><td colspan="6">1. 发布招聘时间： 月 日—月 日
2. 筛选简历时间： 月 日—月 日
3. 选拔录用时间： 月 日—月 日
第一阶段甄选实施安排（第一轮面试）： 月 日— 月 日
第二阶段甄选实施安排（第二轮面试）： 月 日—月 日
4. 拟到岗时间
人事助理拟到岗时间： 月 日
车间主任拟到岗时间： 月 日
生产工人拟到岗时间： 月 日</td></tr>
<tr><td>招聘小组</td><td colspan="6">1. 负责人：人力资源部经理
2. 小组成员：人力资源部招聘专员、生产部经理</td></tr>
<tr><td>招聘渠道</td><td colspan="6">在当地人才网发布招募信息、参加人才招聘会</td></tr>
<tr><td>甄选方式</td><td colspan="6">简历筛选、面试、体检</td></tr>
<tr><td>招聘费用预算</td><td colspan="6">1. 网络广告费： 元
2. 印刷广告费： 元
3. 参加招聘会费用： 元
4. 人力成本： 元
合计： 元</td></tr>
<tr><td>录用后相关工作</td><td colspan="6">新人入职必须证件齐全有效；办理入职手续后，即安排相关培训计划，培训计划应由各部门提出并与人力资源部讨论确定</td></tr>
</table>

三、实验内容

- 根据人力资源规划及用人部门人员需求申请，确定需招聘的岗位及人员数量和任职要求
- 根据给定的背景资料，编制详尽、合理的人力资源招聘计划

四、实验准备

- 人员需求申请表
- 岗位工作说明书或胜任素质模型
- 人力资源招聘计划书

五、实验组织方法及步骤

- 实验前准备阶段：教师讲解相关理论，布置实验内容与实验要求
- 学生分组，每组 4~6 人
- 发放实验材料，学生收集资料，在规定时间内讨论，撰写人力资源招聘计划书
- 小组展示本组计划书，教师组织讨论，根据各小组的报告情况和计划书的编制情况进行点评
- 根据招聘计划书编写的完整和合理程度评定各小组实训成绩
- 个人总结并撰写实训报告

六、实验思考与作业

- 人力资源招聘是否为填补岗位空缺的唯一方法
- 人力资源招聘计划的主要内容
- 阅读以下案例材料，并根据给定的信息，选取该企业未来 5 年人员需求计划表中的 4~5 个岗位（其中必须包含生产人员、人力资源部人员和销售人员），制定年度招聘计划

案例 3-1

大华公司人力资源规划方案

一、企业背景介绍

大华公司是一家主要生产奶制品的企业，经过 10 多年的发展，企业经营业绩稳步上升，在业内有了一定的市场占有率和稳定的客户。随着市场竞争的日益加剧，大华公司面临的内外部环境与当初企业制定的中长期发展规划已经发生了很大的变化。为了企业更快更好地发展，企业现制定了较为完善的人力资源规划，并在此基础上制定职务编制、人员配置、人员培训与开发、薪酬制度和绩效考核等方面的人力资源管理方案的全局性计划，使企业在持续发展中保持较强的竞争力，为企业发展提供人力资源的保障和服务，为企业未来的发展提供坚实的基础。

二、企业近5年的发展战略目标

1. 产品市场份额逐年提高5个百分点；

2. 建设产品品牌，力争建成当地奶制品的前三名；

3. 向周边市场辐射和拓展业务。

三、企业近5年的人力资源规划

1. 持续大力引进优秀人才，大约需要新增人员近50人，争取实现本科以上学历人才的比例达到70%；

2. 管理和销售人员的储备和培养；

3. 加强员工培训、争取达到每个员工都掌握1~2门专业技术；

4. 企业的薪酬福利制度。

四、人员需求计划

根据各职能部门提交的人员需求计划表和企业发展规划的需求，制订未来5年的人员需求计划表，如表3-4所示。

表3-4 人员需求计划表

部门	岗位	所需人数
决策层	总经理	2
	副总经理	3
财务部	财务部经理	1
	会计	3
行政部	行政部经理	2
	行政文员	2
人力资源部	薪酬专员	2
	招聘专员	1
生产部	高级技术人员	5
	车间主任	3
	生产人员	20
销售部	销售主管	2
	销售业务员	10

第三节　招募渠道选择

一、实验目的

- 了解人员招募的内部招募渠道和外部招募渠道的来源与方法
- 调查了解本地的外部招募渠道中可用的具体招募方法
- 掌握不同渠道的优点和缺点，并能根据实际情况做出合理的选择

二、理论知识要点

（一）招募的概念

招募是组织采取多种措施吸引候选人来申报空缺岗位的过程。组织的招募渠道有两个：内部招募和外部招募。对于组织来说，内部招募和外部招募是同等重要、相辅相成的。无论是从内部选拔人才，还是去组织外部寻找候选人，都有其利弊。在具体的实际招聘工作中，组织应当根据市场供给、组织的人力资源政策和岗位的要求等来选择招募渠道。

（二）内部招募的来源与方法

内部招募是当组织出现空缺岗位，首先从组织内部进行吸纳，挑选合适的人员来填补空缺。

1. 内部招募的来源

在进行内部招募时，通常招募的来源有三个：一是下级岗位上的人员，主要通过晋升的方式来填补空缺岗位；二是同级岗位上的人员，填补空缺的方式主要是工作调换或工作轮换；三是上级岗位上的人员，主要通过降职的方式来填补空缺岗位。但是在实践中，应用第三种方式的非常少，因此内部招募的来源主要就是前两种。

2. 内部招募的方法

内部招募的方法主要有三种：一是布告法；二是档案法；三是推荐法。

（1）布告法。布告法的目的是让组织中的全体员工都了解到某些职务空缺，需要补充人员，使员工感觉到组织在招募人员工作中的透明度与公平性，并认识到在本组织中，只要自己有能力，通过个人的努力，是有发展机遇的。这有利于提高员工士气，培养积极进取精神。布告法是在确定了空缺岗位的性质、职责及其所要求的条件等情况后，将这些信息以布告的形式，公布在组织中一切可利用的墙报、布告栏、企业微信或办公 OA 系统上，尽可能让全体员工都能获得信息，号召有才能、有志向的员工毛遂自荐，脱颖而出。对此岗位有兴趣者可到主管部门和人事部

门申请，主管部门和人事部门经过公正、公开的考察和甄选而择优录用。

（2）档案法。人力资源部门都有员工档案，从中可以了解到员工在教育、培训、经验、技能、绩效等方面的信息，帮助用人部门与人力资源部门寻找合适的人员补充到空缺岗位上。员工档案对员工晋升、培训、发展有重要的作用，因此员工档案应力求准确、完备，对员工在岗位、技能、教育、绩效等方面的信息的变化应及时做好记录，为人员选择与配备做好准备。

（3）推荐法。推荐法是由本组织员工根据组织的需要推荐其熟悉的合适人员，供用人部门和人力资源部门进行考察和甄选。由于推荐者对用人部门与被推荐者都比较了解，使得被推荐者更容易获得组织与岗位的信息，便于决策，也使组织更容易了解被推荐者，因而这种方法较为有效，成功的概率较大。

（三）外部招募的来源与方法

外部招募是根据一定的标准和程序，从组织外部寻找可能合适的人员并吸引他们到组织应聘的过程。

1. 外部招募的来源

相比内部招募，外部招募的来源相对较多，如学校是招募初级岗位的重要途径。除此之外，还有竞争者和其他公司、失业者、老年群体、退伍军人、自由职业者等。

2. 外部招募的方法

由于外部招募的来源都在组织外部，因此招募方法的选择就非常重要，否则潜在的应聘者就无法获知组织的招募信息。外部招募的方法主要有以下几种。

（1）广告招募。通过媒体广告向社会公开招聘人才，是应用最为广泛的招募方法，广告招募可以迅速地传达组织的招聘信息，还可以帮助组织建立良好的企业形象。目前，常用的广告媒体有报纸、杂志、广播电视、互联网、印刷品、微信等，在选择时，组织应当根据各种媒体的优缺点及媒体本身承载信息的传播能力、受众群体等因素，选择最适合的媒体。

（2）人才招聘会。人才招聘会可以分为两大类：一类是专场招聘会，即只有一家公司举行的招聘会。专场招聘会是公司欲招聘大量人才或面向特定群体（如校园招聘会）时举行。另一类是非专场招聘会，即由某些人才中介机构组织的多家单位参加的招聘会。

（3）员工推荐。员工推荐是指员工从他们的朋友或相关的人中引荐求职者。这种招募方法可以使组织和应聘者双方迅速了解，能够节省招聘费用。推荐者通常会认为被推荐者的素质与他们自己有关，只有在保证其不会给自己带来坏的影响时才会主动推荐。但是如果推荐过程受到“徇私”“任人唯亲”等不良因素的干扰，会影响招聘的公平性。

（4）借助职业中介机构招募。借助职业中介机构，组织与求职者都可以获得对方的大量信息，同时也传播各自的信息。职业中介机构有很多种类型，比如职业介绍所、人才交流中心、人才派遣等人力资源服务机构、猎头公司等。

（5）校园招聘。校园招聘可以找到足够数量的高素质人才，而且刚毕业学生的学习愿望和学习能力较强，可塑性很强；另外，与具有多年工作经验的人比起来新毕业学生薪酬较低。但校园招聘也存在不足，如学生没有工作经验，需要进行一定的培训；并且往往有过于理想化的期待，对于自身能力也有不现实的估计，容易对工作和组织产生不满。

总之，招募人才的方法五花八门，不同类型的工作可以采用不同的招募方法。例如，招募一般员工可以通过职业技术学校、报纸杂志、员工推荐或求职者自荐的方式，招募销售人员则多采用招募广告、推荐和职业中介机构的方式，招募专业技术人员常通过高校、网络招募，而招募高层管理人员和高级专业人员可以通过猎头公司、管理顾问公司等。

（四）内部招募与外部招募的比较

对组织来说，外部招募与内部招募这两种招募渠道各有利弊，表 3-5 是对这两种渠道利弊的简单概括和比较。

表 3-5　内部招募与外部招募的比较

招募渠道	优　势	劣　势
内部招募	1. 有利于提高员工的士气和发展期望； 2. 对组织比较熟悉，能够迅速地开展工作； 3. 对组织目标认同感强，辞职可能性小，有利于个人和组织的长期发展； 4. 风险小，对员工的工作绩效、能力和人品有基本的了解，可靠性较高； 5. 节约时间和费用	1. 容易引起同事间的过度竞争； 2. 竞争失利者感到心理不平衡，难以安抚，容易降低士气； 3. 新上任者面对的是“老人”，难以建立起领导声望； 4. 容易产生近亲繁殖问题，思想因循守旧，思考范围狭窄，缺乏创新与活力
外部招募	1. 为组织注入新鲜的“血液”，能够给组织带来活力； 2. 避免组织内部相互竞争所造成的紧张气氛； 3. 给组织内部人员以压力，激发他们的工作动力； 4. 选择的范围比较广，可以招聘到优秀的人才	1. 内部人员因晋升无望会影响工作热情； 2. 外部人员对组织情况不了解，需要更长的时间来适应； 3. 对外部人员不是很了解，不容易做出客观的评价，可靠性比较差； 4. 外部人员不一定认同组织的价值观和文化； 5. 成本更高

三、实验内容

- 掌握通过不同招募渠道人员招募的来源和方法
- 调查本地具体可用的外部招募渠道中的招募方法

• 根据拟招聘的人员需求，结合实际情况，选择合适的招募渠道和方法

四、实验准备

• 人力资源招聘计划书
• 空缺岗位的工作说明书或胜任素质模型
• 经过调查最终形成的关于本地招募渠道的文字资料

五、实验组织方法及步骤

• 实验前准备阶段：教师讲解相关理论，布置实验内容与实验要求
• 学生分组，每组 4~6 人
• 各小组调查本地可用的外部招募渠道中的招募方法及其费用，了解不同招募方法所适用的人群
• 各小组根据某公司空缺岗位情况，为这一岗位选择合适的招募渠道和方法
• 各小组陈述选择这一渠道的理由，集体进行讨论，并进行点评
• 个人总结并撰写实训报告

六、实验思考与作业

• 内部招募和外部招募各自的优缺点
• 什么样的岗位更适合内部招募，什么样的岗位更适合外部招募
• 除了常用的招募方法，组织还可以考虑哪些招募方法来拓展自身的招募渠道

第四节 招募广告的选择和设计

一、实验目的

• 理解各种广告媒体的优劣势所在
• 了解各种广告媒体的覆盖范围及适用条件
• 明确一份合格的招募广告应包括哪些具体的内容
• 能够根据招聘需要，撰写人力资源招募广告

二、理论知识要点

广告是企业进行外部招募时最常用的一种方法，借助广告进行招募时需要考虑两个问题：一是广告媒体的选择；二是广告内容的构思。

（一）招募广告的特点

目前，常用的广告媒体有报纸、杂志、广播电视、互联网、印刷品、微信

等，各大广告媒体各有自己的优缺点，如表 3-6 所示。企业应当根据具体的情况来选择最合适的媒体。

表 3-6 主要广告媒体的比较

媒体种类	优 势	劣 势
广播电视	1. 招募信息让人难以忽略； 2. 可能吸引到一些并不想找工作的人； 3. 创造的余地大，有利于增强吸引力； 4. 自我形象宣传	1. 昂贵； 2. 只能传送简短的信息； 3. 缺乏持久性，求职者不能回头了解（需要重复播出才能给人留下印象）； 4. 为无用的广告接收者付钱
报纸	1. 广告大小可灵活选择； 2. 发行集中于某一特定的区域； 3. 分类广告为求职者和供职者提供方便； 4. 有专门的人才市场报	1. 竞争比较激烈； 2. 容易被人忽略； 3. 没有特定的读者群； 4. 广告的印刷质量不理想
杂志	1. 广告大小富有灵活性； 2. 印刷质量好； 3. 保存期长，可重复阅读； 4. 专业杂志会到达特定的职业群体手中	1. 广告预约期较长； 2. 地域传播较广，所以如果希望将招募限定在特定区域时，通常不能使用； 3. 难以在短时间内达到招募效果
互联网	1. 广告制作效果好； 2. 信息容量大，传播速度快； 3. 可统计浏览人数； 4. 单独发布招募信息，也可以集中发布	1. 地域传播广； 2. 信息过多容易被忽略； 3. 有些人不具备上网条件

（二）招募广告的内容

在众多的招募广告媒体中，招募广告一般采用文字描述为主的报纸广告或杂志广告，这有助于完整、清晰地传递信息。

招募广告的内容一般包括：企业名称、企业简介、简要的岗位描述、招募人员的基本条件、报名方式、报名时间和地点、需提供的证件和材料、联系方式等。

1. 企业简介

招募广告中的公司介绍应该以简洁明了的语言介绍公司最具特色和富有吸引力的特点，不应该长篇大论、词不达意。在广告中最好能使用公司的标志，并提供公司的网址，以便看到广告的人感兴趣的话可以浏览公司的网页以获取更进一步的信息。

2. 岗位描述

招募广告中的岗位介绍通常包括岗位名称、所属部门、主要工作职责、任职资格要求等。这部分内容可参考该岗位的工作说明书。但要注意的是，招募广告中的岗位情况介绍应该从读者的角度出发来考虑，以读者能够理解和感兴趣为主，不可照搬工作说明书。

3. 应聘者应准备的材料

在招募广告中应该说明应聘者应准备哪些材料，例如中英文简历、学历学位证书复印件、资格证书复印件、身份证复印件、照片等以及提供薪金要求和户口所在地等信息。

4. 应聘方式和联系方式

应聘方式大多采用将简历和应聘材料通过信件、电子邮件、传真等方式发送到公司，因此需要提供公司的通信地址、传真号码或者电子邮件地址、电话号码。另外，还应该提供应聘的时间范围或截止日期。

（三）招募广告设计的原则

为了使广告达到预期的目的，还要注意广告内容的设计。一般来说，广告的设计要遵循 AIDA 原则。注意（A，attention），就是说广告要引起人们的注意；兴趣（I，interest）就是说广告要激起人们对空缺岗位的兴趣；愿望（D，desire），就是说广告要唤起人们应聘的愿望；行动（A，action），就是说广告要能够促使人们采取行动。

（四）设计招募广告的技巧

1. 招募广告用语必须专业化

如果招募广告用语不够专业化，那么求职者就有理由想象该公司在管理上也不够专业化。有时连最简单的岗位名称，也会成为有竞争力的关键因素。如果岗位名称没有吸引力，那么可能岗位内容就不会有太多的机会被高水平的求职者看到。举例来说，“销售代表”和“客户经理”的工作内容可能是一样的，但应聘者可能更喜欢“客户经理”的岗位名称。

2. 招募广告不排斥幽默

招募广告讲求规范性和专业化，但这并不代表所有的招募广告都要被写成官方文件或法律文书。增加一点幽默，就可以使招募广告变得轻松和有趣。

3. 招募广告切忌晦涩难懂

招募广告避免使用只有内行人士才能看懂的缩写和深奥的专业术语。可以咨询一下朋友或家人，试试从他们的角度来看岗位说明是否合适，询问他们是否理解这些描述以及他们是否会产生兴趣。

4. 尝试采用叙事的方式

招募广告需要告诉读者这个岗位的工作内容是什么，以一种叙事的方式说明做这个工作的员工一天的工作是怎样的，指出该岗位对公司利润或销售的影响。

5. 明确应规避的问题

在撰写招募广告时，应严格遵守国家劳动法律法规的有关规定，避免争议出现。招聘人员撰写招募广告时，应重点注意以下法律问题：避免引起就业歧视的内容，如性别歧视、身高歧视和地域歧视等；避免法律法规禁止的行为，按照国家相关法律法规的规定，企业不得提供虚假招聘信息，发布虚假招募广告，不得要求劳动者提供担保或者以其他名义向劳动者收取财物。

（五）招募广告的撰写流程

第一，分析组织的内外部环境信息及招聘目的；第二，收集招聘信息，如空缺岗位的相关因素，包括空缺岗位的职责、岗位关系和需招聘的人数；第三，分析岗位工作描述和任职资格要求；第四，根据媒体的特点与收集的岗位信息，撰写招募广告；第五，检查招募广告的内容是否符合要求，能否吸引注意、激发兴趣、创造愿望和促进行动，招募广告包括的相关内容是否清晰、全面。

三、实验内容

- 熟悉不同招募广告媒体的优缺点与其主要内容
- 根据给定的组织和岗位信息，遵循 AIDA 的原则，设计和撰写招募广告

四、实验准备

- 岗位工作说明书或胜任素质模型
- 组织与岗位信息，教师可根据实验要求提前准备某组织的背景信息及岗位信息（不明确的信息，可以允许学生进行合理假设）

五、实验组织方法及步骤

- 教师讲解相关理论，布置实验内容与实验要求
- 学生分组：4~6 人为一组
- 教师可以组织各小组学生根据教师搜集的组织与岗位信息组织学生设计招募广告，广告应符合 AIDA 原则
- 各小组展示本组撰写的招募广告
- 教师组织讨论，根据各小组的招募广告内容的撰写情况进行点评
- 评定实训成绩，教师要注意招募广告的公司简介语言简练；任职资格部分不能过于笼统，学历、经验、技能等要具体清晰；广告内容尽量符合 AIDA 原则；广告应包括联系方式和报名方法等
- 个人总结并撰写实训报告

六、实验思考与作业

- 招募广告媒体有哪些，分别具有的优势和劣势
- 招募广告的主要内容有哪些
- 撰写招募广告需要注意哪些方面的问题

• 阅读一份你所在地报纸上的招聘广告（电子版或纸质版）。改变哪些因素能使这些招聘广告变得更有趣？找一些类似的写得不是很好的或者存在歧视的招聘广告，指出这些招聘广告应该怎么写

• 请根据招募广告的撰写流程，为某软件开发公司的人力资源部经理撰写一个网络招募广告（不明确的信息，可自行补充）

七、范例

本节实验可参考如下表单，见表 3–7。

表 3–7　人事专员招募广告

人事专员 岗位信息： 1. 负责本市社区新零售渠道销售人员的招聘； 2. 熟悉销售岗位招聘渠道的使用操作，并能够管理现有渠道，开发新渠道； 3. 了解并掌握部门的用人需求，针对岗位要求对候选人进行沟通、评估、筛选与推进； 4. 负责员工入职、离职、异动等员工关系工作，参与员工日常绩效评估及考核工作； 5. 参与业务运营，协助社区主任开展业务推广、营销策划等工作。 任职要求： 1. 全日制大专以上学历； 2. 1 年以上招聘经验，有销售业务/督导/市场推广等经验优先； 3. 能够开发新颖有效的招募渠道，具备一定招聘技能； 4. 良好的沟通与协调能力，较强的适应能力与执行力； 5. 吃苦耐劳，能适应外勤工作（市内招聘或推广）。 薪酬福利：五险一金、交通补贴、餐饮补贴、通信补贴、绩效奖金、专业培训 联系方式： 李女士，××××××@ 163. com 公司地址：大学西街×××号×××××大厦×层×室人力资源部 公司信息： 蓝月亮品牌诞生于 1992 年，创立以来，始终秉承“一心一意做洗涤”的理念，将国际尖端技术融入中国人的生活，成为洗涤行业的潮流代表。 2016 年，蓝月亮成为“CCTV 国家品牌计划”洗涤行业唯一入选品牌。随着全国首款泵头计量式包装的“浓缩+”型洗衣液、“机洗至尊”的面世和“洗衣大师”项目的开展，蓝月亮肩负中国洗涤的“浓缩使命”，致力于推广面向中国消费者的“科学洗涤”教学事业。截至 2018 年，蓝月亮品牌力指数已连续 8 年第一，洗衣液连续 9 年市场综合占有率第一。 “卓越，诚信，尊重”是蓝月亮秉承的价值观。我们追求最卓越的人才，而优质的产品与服务、精准的市场判断、敏感的消费者洞察、独特的营销手法等，将是蓝月亮带给人才最独特的平台资源。 加入我们，把专业变成事业，用卓越成就梦想

第五节 校园招聘

一、实验目的

- 了解校园招聘的方式
- 熟悉校园招聘的流程，并掌握校园招聘应注意的事项

二、理论知识要点

（一）校园招聘的方式

校园招聘是指招聘组织直接从学校或者通过其他方式招聘各类各层次应届毕业生的一种特殊的外部招聘途径。校园招聘通常用来选拔工程、财务、计算机、法律以及管理等领域的专业化初级水平人员。

校园招聘主要有三种方式：一是企业直接到相关学校的院系招人，这类企业的招聘针对性很强；二是企业参加学校或政府举办的专场人才招聘会，或通过校园网站发布招聘用人信息；三是企业派出专门人员，到校园进行专场招聘会。毕业生参加最多的是校园专场招聘会。据统计，我国高校每年大约有70%的毕业生是在校园招聘会上找到工作的。

（二）校园招聘的优缺点

首先，校园招聘可以通过学校收集到应聘者的真实资料和情况，集中、快捷、高效、针对性强，成为招聘基层员工的首要选择渠道，尤其对于以内部培养为主要选拔人才方式、处于快速发展阶段的企业而言。其次，校园招聘能让组织的形象宣传走进校园，吸引刚刚毕业的学生对组织产生良好的印象。最后，校园招聘渠道招聘到的人才往往是没有工作经验的大学生，好比一张白纸，大学生对公司的管理观念和企业文化更容易接受，更具可塑性。

校园招聘的对象比较局限，且离职风险较高。应届毕业生相比社会人员缺乏工作经验，而组织又很难仅凭其专业方向和专业成绩就确定其是否具备某项岗位所要求的基本素质。此外，他们缺乏明确的岗位定位和规划，导致择业的盲目性比较大，可能会有较高的离职率。

（三）校园招聘的流程

1. 确定招聘计划

收集各部门的需求并形成招聘计划表，明确招聘人员目标数、专业、目标学校、招聘小组成员并明确分工等。

2. 取得校园招聘资格

首先清点学校资源，包括盘点当地学校数、周围学校数；其次联系目标学校，提前联系就业中心，预约时间与地点。

3. 发布招募广告

招募广告包括但不限于公司海报、横幅、广告、赞助宣传、建立微信群协助宣传、与相关老师联系、帮忙在群里宣传、通过相关校园网站发布广告等。

4. 宣讲会/双选会准备

提前准备宣传材料（宣传海报、音像材料、宣传设备等），在宣讲前在校园内进行张贴。布置宣讲会场，张贴海报、挂横幅等。制作校招宣讲 PPT 并提前演练，成立招聘小组并进行分工。

5. 校招宣讲

在宣讲会门口发放宣传册，可以跟先来的同学聊一聊，了解他们的应聘情况和心态。在宣讲过程中可以适当穿插互动，结束时也可以提问互动，并做好学生过多或者过少等极端情况的紧急预案。

6. 校园招聘面试

宣讲结束收取应聘者简历，进行简历筛选、笔试、面试等。

7. 校园招聘录用

宣布录用，发放录用通知，签订三方协议。

8. 学生报到工作

约定报到日期、报到人员、报到车次。

（四）校园招聘的注意事项

第一，在前期的准备阶段需要做大量的工作：妥善联系好各院校的就业负责人，并协商安排招聘时间和地点，在展位预订之前一定要到网站上查看宣讲会安排，不要与同行业或目标专业一致的公司相撞。在宣讲会前两天，请校方将信息重新发布一下或者置顶。

第二，招聘物品的准备工作也需要充分，相关的资料都合理地安排人员携带齐备。宣传材料中可适当添加部分往年大学生在企业实习培训阶段的照片和说明，以提高学生的加入兴趣和对企业的信任度，同时也在一定程度上解答了学生对实习培训期的好奇和疑惑。

第三，一部分大学生在就业中有脚踩两只船或几只船的现象，例如，有的学生同时与几家单位签署意向，有的学生一边复习考研或准备出国，一边找工作，这些现象一定要引起重视。因此，在与学生签署协议时就应该明确双方责任，尤其是违约责任。另外，组织也应该有一定的思想准备，并且留有备选名单，以便替换。

第四，在学校招聘时，组织应该对学生感兴趣的问题提前做好准备，并保障所有工作人员在回答问题时口径一致。有的组织在向学生发放宣传品时会将常见的问题印在上面，或者在招聘的网页上回答学生提出的问题。

三、实验内容

- 根据用人需求和空缺岗位工作说明书，设计校园招聘方案
- 制作校园招募海报、校园招募宣讲 PPT（可自己设定组织与岗位信息），模拟召开校招宣讲会，说明组织的性质、产品、服务、制度、文化及薪酬福利等细节

四、实验准备

- 招聘计划书与相关拟招聘岗位的工作说明书
- 模拟校园招聘宣讲会的企业及相关背景信息
- 校园招聘方案

五、实验组织方法及步骤

- 实验前准备阶段：教师讲解相关理论，布置实验内容与实验要求
- 学生分组，每组 4~6 人
- 每个小组自行查阅资料，选取某一家公司，调查该公司相关背景信息，选取某些岗位，设计校园招聘方案，包括目标高校、广告宣传稿、宣讲会计划、甄选方案等内容
- 教师组织每个小组进行招聘方案汇报，并以某一小组为代表模拟校园招聘宣讲会
- 教师组织学生进行分享、讨论，并进行点评
- 个人总结并撰写实训报告

六、实验思考与作业

- 相比其他招募方式，校园招聘有什么优势
- 如何根据企业情况及招聘需求来选定目标高校
- 假如你是某医药公司的人力资源经理，随着公司发展和业务拓展，需要在山西太原设立分公司，现需要招聘医药代表、门店店长、门店导购、行政助理、库房管理员、财务经理及出纳等，共计 60 人。请根据公司的用人需求，选取合适的岗位进行校园招聘，并制作校园招聘方案

七、范例

校园招聘实施方案

一、总则

（一）招聘目的

为了吸引优秀的、有潜力的应届毕业生充实专业人才队伍，提升公司整体素质，为公司持续发展储备人才。通过大规模高规格的招聘活动，树立公司在学校乃至社会的良好形象。

（二）选拔原则

公开招聘、全面考核、择优录用。

（三）用人标准

理想主义情怀、踏实的工作作风、主动的工作态度、正直坦诚的人格、良好的沟通能力、积极的进取心、强烈的责任感、敏捷的思维。

二、招聘计划制订

（一）招聘需求的提出

根据公司阶段发展策略，由各部门（分公司）提出本年度应届生的需求计划，填写《用人申请表》。人力资源部汇总需求计划，进行评估后，编制《校园招聘需求表》，报总裁审批。

（二）学校的选择

（三）招聘计划书

在进校园招聘前，人力资源部要制订详细的招聘计划书，确保整个校园招聘顺利实施。

三、招聘准备

（一）校园招聘小组的组成

1. 招聘人员确定：由公司人力资源评审委员会成员、往届毕业生组成。其中往届毕业生要求提供演讲稿进行评比。

2. 职责分工：宣传组、面试组、后勤组。

（二）宣传资料准备

宣传资料包括校园招聘宣传册、海报、条幅、易拉宝、宣传单页。

（三）面试资料准备

面试资料包括求职申请表、性格测试题、专业知识测试题、面试评价表、无领导小组讨论题目、结构化面试题目等。

（四）预约宣讲会时间

联系高校就业办负责人，确定宣讲会时间、场地；要求学校在就业信息网上发布我公司的信息。

四、招聘实施

（一）校园宣传

招聘前，发动持续、广泛、有效的校园宣传，营造声势是招聘成功的前提。要点“统一形象、多种渠道、分片承包、宣传到位”。

第一阶段：广泛宣传

目的：通过在校园全方位的宣传，让每一位在校学生无论在学校的哪个角落，都能获知公司的招聘信息。

1. 海报宣传要求：（1）覆盖到学校宿舍楼、食堂、图书馆、教学楼、活动中心、自习室等学生集中出现的地方。

（2）海报上可以用彩色油笔写上宣讲会时间和地点。

（3）海报要按统一的版式来制作，尺寸为60cm× 90cm，157g 铜版纸印刷。

（4）海报的张贴可以由学校来安排，公司按片区分责任人来协助、检查。

（5）海报分区管理，在主要的张贴地点，如果海报丢失或撕毁，责任人要及时补贴。

（6）要在宣讲会前三天开始此项工作。

2. 悬挂条幅：在学生出行的校园各主要道路，悬挂公司的宣传条幅。

3. 庆典气球：在宣讲会场所悬挂氢气球。

注意事项：提前准备所有的宣传文稿；条幅悬挂、海报张贴可以利用学校学生来配合完成。

第二阶段：重点宣传

目的：借助学院、班委的途径，将招聘宣传册（彩页）发给每一位毕业生，让其了解公司的招聘信息。

方法：1. 调动院系领导热情，推动宣传工作深入开展。万元揽才计划：老师直接推荐的优秀毕业生，被公司录用后，会按他们在公司的服务年限，分批发放万元奖金。要让学院副书记、班主任、辅导员都知道该计划并积极配合执行。

2. 组织班长座谈，落实宣传册发放。填表抽奖计划：组织毕业班班长座谈，宣讲公司招聘计划。为鼓励班长配合发放公司宣传册和求职申请表，在每张求职申请表上都盖有公司流水编号。在回收的求职表中，进行抽奖。被抽中的班长获得 1000 元奖金或 IPAD 一部。

3. 公司网站及全国招聘网站配合发布校园招聘信息。

4. 组织已通过网络投递简历找学生做志愿者。

(1) 提前拿到毕业班班长联系电话，跟进班长通知到位；

(2) 公司招聘宣传组成员分工包区，确保落实到位。

(二) 招聘宣讲

1. 校园宣讲：根据事先安排好的时间、地点，由公司高层在现场进行演讲。内容包括公司的发展情况，企业文化、薪资福利、用人策略、员工在企业发展机会、本次校园招聘工作流程和时间安排。通过精心组织、高质量的宣讲会，让参加的同学了解到企业现状、发展前景、文化等，增强对企业的好感。

2. 沟通互动：宣讲后，公司组织互动活动。求职者可以就个人关心的问题提问，公司给予解答。

3. 简历填写：有意向的求职者现场领取公司统一的《求职申请表》，要求求职者亲笔填写后，交到公司指定的简历回收地。

(三) 人员筛选

人员的筛选主要分五个环节：

1. 简历筛选：公司根据求职者的基本资料（学校、专业、专业课成绩、计算机水平、实践活动、爱好特长、出生年月）、填表的态度及内容的完整性等方面完成初步筛选。

2. 笔试：笔试主要对求职者进行两轮测试即专业能力测试和综合素质测试，时间为60分钟，测试后筛选出招聘人数的200%进入第三轮测试即面试。

3. 面试：(1) 面试考察内容：面试主要测评应聘者是否具备岗位要求的综合素质和工作能力，包括知识、经验、能力、性格、人品和价值观等情况。

(2) 面试方法：无领导小组讨论与结构化面试。

(3) 评选原则：招聘小组成员采用多票制原则确定进入下一轮的侯选者。保留计划招聘人数的150%进入复试。

初试时要求获得2/3以上赞成票即可进入下一轮面试；

复试时要求全票通过方可被录用。

五、人员录用及报到

(一) 根据应聘者以上五轮的考核表现，由招聘小组成员共同确认录用人选，并报总经理审核，人力资源部根据审核后的结果，发正式录用通知书

(二) 被录用人员和公司签订《就业协议书》，约定服务的年限、薪资标准及违约责任

(三) 新员工要在公司规定的报到时间来公司报到，办理入职手续。逾期未

报到者按违约处理

六、实习、试用及转正

（一）实习期（见习期）

应届毕业生进入公司后，会先有三个月的实习期，在此期间公司负责对其岗位知识、技能的培训。

（二）试用期

实习三个月考核合格后，转成试用期员工，享受与社会招聘员工同等的待遇。

七、招聘后续工作

招聘小组对本次校园招聘的效果要进行书面总结、反馈。

第六节 网络招聘

一、实验目的

- 了解网络招聘的特殊性和适用性
- 掌握本地或常用的招聘网站及其特点，能够根据拟招聘的岗位选择合适的网络招募方式
- 熟悉网络招聘的流程，制订网络招聘计划

二、理论知识要点

（一）网络招聘的形式

随着网络的不断普及，网络招聘作为新型招聘方式起着非常重要的作用。组织可以通过网络发布招聘信息、接收应聘者的求职材料，甚至与应聘者在线进行交流，让组织用最少的经费在最大范围内寻找合适的人才，大大简化了招聘的流程，节省了大量人力、物力成本。

现在主流的三种网络招聘方式如下。

1. 专业招聘网站

借助专业的人才招聘网站，如智联招聘、前程无忧、猎聘网等。这些人才招聘网站信息量大，是组织和个人信息的聚集地，给很多组织提供了公布岗位空缺的平台，能同时为组织和个人提供全面的招聘信息。使用这些比较有目的性的网站在一定程度上减少了招募者的搜索时间和努力。

2. 组织建立自己的网站

一些大的组织都会建立自己专门的网站，通过企业网站，将自己的产品、业

务范围和组织文化等展示出来，不但可以进行广告宣传，向客户提供服务，更重要的是能够在线进行优秀人才的招聘。但是，如果要建立自己的专属网站，就需要勤于打理。首先，要有专门的人员定时将最新的内容发布到网站上；其次，在网站上设立招聘专区，提供最详细的招聘资料。

3. 某些即时交流软件

人力资源工作者通过一些即时的聊天软件，如微信、微博、QQ 等，与应聘者进行实时交流。互联网让人们的社会网络延伸到博客、微信和一定范围的网站上。在这些网站公布岗位信息意味着可以让数百万的网络用户看到并且可以开展在线沟通。通常这些动作可以将求职者引到企业网站上，让他们可以投递电子简历或者完成在线申请。

（二）网络招聘的优缺点

1. 网络招聘的优点

网络招聘的优点有：提高了招聘信息的处理能力；企业利用搜索引擎、自动配比分类装置、自动反馈等技术，可以更快更好地识别、发掘优秀人才，增强了招聘信息的时效性；电子招聘没有时间限制，供需双方可以随时通过传输材料进行交流，降低了招聘成本；电子招聘因无地域、时空限制，供需双方足不出户即可直接交流，节约了人力资源部门的时间和费用。

2. 网络招聘的缺点

由于缺乏面对面的沟通交流，网络招聘无法深入考查应聘者的综合能力、内在素质、语言表达等，还需要之后进一步的考查。目前的招聘网站良莠不齐，加上缺乏规范管理和有序竞争，许多网站之间的竞争演化成信息的竞争。一些网站不经授权就转载报纸杂志或其他网站的招聘信息，导致公布的信息失真失效、过时虚假，误导应聘者。网络招聘需要与网络硬件、信息技术关联，在一些发展不平衡地区可能缺乏足够的生存空间。

（三）选择招聘网站需要考察的因素

从总体上讲，优秀的招聘网站一定具备服务好和功能强两个主要特点。具体而言，可以从以下四个方面来对招聘网站进行考察。

1. 拥有良好的信誉

信誉是招聘网站的生存之本。登录任何一个招聘网站，我们总会看到大量的招聘单位信息和应聘人员的信息，但这些信息是否及时准确、是否有效，普通的访问者是不得而知的。具有良好信誉的招聘网站会对应聘及招聘信息进行审批和甄选，并及时删除过时的信息。信息的真实性和有效性直接影响着网站用户的招聘效率和效果。

另外，有信誉的招聘网站不会任意夸大自己拥有的应聘者数量及网站访问量。企业可以以应聘者的身份查阅网站招聘单位的方式，来审查招聘网站的信誉度。比如，可以留意招聘单位的招聘时间和招聘岗位，然后再与该单位人事部门联系，了解招聘的具体情况效果。如果对方并不知道自己的招聘信息登录到了该招聘网站，或者招聘信息的招聘时间、岗位和人数被莫名地修改了，则说明这家招聘网站不具有良好的信誉。

2. 强大的功能

虽然各人才网站的功能目前都大同小异，但某些网站一些个性化设置显得很有活力，有些网站提供了自动搜索功能，可以自动搜索出符合岗位要求的人才资料。另外，有些网站还能够提供与企业组织结构完全吻合的企业职位库管理系统，或为企业人力资源部门提供最为方便的职位管理解决方案、招聘广告自动投放管理系统等，组织可以随时随地利用最多的资源及时发布职位信息，同时能第一时间掌握广告效果。还有些网站推出了面向客户的网络化招聘管理系统，这种系统可以有效地节省企业招聘人员的时间，提高招聘效率。比如，客户可以通过该系统在网上直接对向企业投递应聘材料的人员进行甄选。

3. 优质的服务

每个企业在招聘方面都有不同的需求，所以招聘网站也不可能仅凭借千篇一律的服务就能满足客户。在客户提出招聘需求时，招聘网站要根据客户的具体情况提供适用的招聘组合，帮助客户用最小的成本达到最好的效果。有些招聘网站会对客户进行满意度调查和定期回访，认真听取客户的意见，从而改进自己的服务。为了更好地服务客户，有些招聘网站会面向客户提供免费的人力资源管理研讨或培训，使客户在完成招聘任务的同时提高自己的专业水平。

4. 网络招聘扩展服务

随着网络技术应用的不断深入，网络招聘这个新的招聘形式也逐渐走向深入。比如在招聘方面，个别网站已经开通了电子面试或多媒体面试服务。另外，像人才测评、培训、管理咨询等都可以通过在线方式进行，这种招聘扩展服务极大地提高了企业人事部门的工作效率。

（四）网络招聘的流程

掌握网络招聘的正确方法无疑会提高企业招聘与选拔的效率。一般来讲，企业可以按下面的三步来进行网络招聘。

1. 发布招聘信息

网络招聘信息的发布直接关系到企业招聘的效果，如何根据企业的实际情况，选择适当的信息发布渠道就显得尤为重要。

目前大部分的企业都会选择第三方专业的人才网站。除去网络招聘的三种主要渠道，企业还可以在内部的局域网上发布招聘信息，进行内部招聘。

2. 收集、整理信息与安排面试

招聘信息发布以后，要及时注意反馈，从众多的应聘者中挑选出符合条件的求职者安排面试。

（1）收集、整理信息。企业在人才网站注册后可以利用这些招聘网站的人才库定制查询条件，找到符合要求的应聘者。招聘者还可以通过招聘软件“守株待兔”，只有那些符合公司要求的求职者的简历才会被保留下来。大量不符合要求的简历可被拒之门外，这样节约了招聘者的大量时间，提高了招聘效率。

除此之外，公司可以利用搜索引擎搜索相关专业网站及网页，在那里发现人才，自己做猎头。或查询个人的求职主页，尤其是招聘一些 IT 行业的热门紧缺人才，在个人主页中查询也许会有许多发现。

（2）安排面试。挑选出符合条件的求职者后，接下来就可以安排面试。由于网络招聘无地域限制，在不同地理位置的招聘者、求职者都可以利用互联网完成异地面试。面试人员即使不在一起也可以通过互联网合作，根据不同的求职者安排好面试人员后就可以通知求职者进行电子面试，利用网络会议软件同时对应聘者进行考察。

3. 电子面试

电子面试的应用才是网络招聘中重要的组成部分。但由于目前摄像头尚未普及等各种原因，很少有企业能够真正地运用电子面试。

（1）利用电子邮件。电子邮件（e-mail）是网络上应用最多的功能，它具有快捷、方便、低成本等优点，越来越多的人放弃了传统的邮寄方式，开始利用电子邮件交流。

招聘者与求职者利用电子邮件交流，可以节省大量的时间，进而提高招聘的效率。招聘者还可以通过求职者的 e-mail 来了解他们的语言表达能力，为是否录用提供依据。但利用电子邮件的互动性不强，一般都用在面试前的联络、沟通上。

（2）利用聊天室。公司可以利用一些聊天软件或招聘网站提供的聊天室与求职者交流，招聘的单位可以一家占用一个聊天室，在聊天室里进行面试。就像现实中一样，单位可以借此全面了解求职者，也可以顺便考察求职者的一些技能，如电脑常识、打字速度、网络知识等。求职者也可以向用人单位就职业问题提问，实现真正的互动交流。但是这种文字的交流还是有一定的局限性：一方面，它反映不出求职者的反应速度、思维的灵敏程度；另一方面，求职者也可能会请人代替他进行面试，在虚拟的网络世界，企业无法识别求职者的真伪。为了能够在第一时间得到求职者的回答，用人单位可以在语音聊天室利用语音聊天与求职者交流，这样既可以见到求职者的文字表述，又可以听到求职者的声音。

（3）视频面试。声音的传送已经无法满足现代人沟通的需求，即时、互动的影像更能真实地传送信息。“视频会议系统”有时又被称为“电视会议系统”，所谓的视频会议系统是指两个或两个以上不同地方的个人或群体，通过传输线路及多媒体设备，将声音、影像及文件资料互传，实现即时、互动的沟通。利用视频面试不仅能够听见求职者的声音还可以看到求职者的容貌，具有直观性强、信息量大等特点，比传统招聘方式更具优势。

（4）在线测评。随着素质测评日益受到企业的重视，一些网站开始将素质测评作为自己的服务项目之一。网络招聘是一种虚拟的招聘方式，在面试之前招聘者只能从简历中了解求职者的情况。事实上，很少有简历能够直接告诉你所关心的求职者的素质，特别是那些从网上下载的简历，因为求职者只能按照招聘网站提供的统一的格式填写，信息量有限，所以在你决定约见一个求职者进行面试之前，简历往往不能使你获得你所需要的甄别信息。而素质测评的应用可以为企业解决这一难题。求职者可以在测评频道进行测试，然后自动生成一份测评报告，它可以在招聘者花费大量宝贵的面试时间之前，就能让他们洞悉每一个求职者的整体素质。这样可以为他们节省大量的时间，提高招聘的效率。

三、实验内容

• 根据用人需求和空缺岗位工作说明书，选择招聘信息发布的网站（不同的招聘网站有不同的适用人群，选择招聘网站时要提前了解）

• 根据拟招聘职位设计招募广告

• 根据网络招聘流程设计招聘计划

四、实验准备

• 招聘计划书与相关拟招聘岗位的工作说明书

• 拟招聘的企业及岗位相关背景信息

• 当地招聘网站相关信息调查报告

五、实验组织方法及步骤

• 实验前准备阶段：教师讲解相关理论，布置实验内容与实验要求

• 学生分组，每组 4~6 人

• 每个小组自行查阅资料，选取某一家公司，调查公司相关背景信息，选取某些岗位，制订网络招聘计划，设计网络招募信息发布的内容

• 教师组织每个小组进行招聘计划汇报，教师组织学生进行分享、讨论，并进行点评

• 个人总结并撰写实训报告

六、实验思考与作业

• 你认为哪些因素可以让一个工作岗位在网络招聘中脱颖而出

• 你是否推荐一个雇用本地员工的组织使用网上招聘？分析它的优点和缺点

• 访问三个不同的招聘网站，并搜索本地区的一个岗位。三个网站中哪一个对求职者最有用？解释你的答案

第四章　人员素质测评

本章学习目标

- 了解人员素质测评对于组织人力资源管理实践的作用与意义
- 能够从实际出发、实事求是、客观全面地构建素质测评指标体系
- 掌握履历分析、心理测验、面试和评价中心等人员素质测评的方法
- 在测评过程中，耐心、细致地观察被试的行为表现，提高自身的观察和分析能力，尽可能客观、准确地观察和评价被试的素质状况

人员素质测评是人力资源管理的一种基本方法，在人力资源管理与开发实践中的作用日趋突出。掌握人员素质测评的基本理论与方法，成为现代企事业组织管理人员不可缺少的基本功。人员素质测评作为组织人员选拔、配置、考核和开发的基础，是组织人力资源管理实践中必不可少的一项重要活动。掌握人员素质测评的基本理论与方法，是现代企事业组织管理人员不可缺少的基本功。

本章将着重讲述人员素质测评环节中的实践训练，根据测评目的构建素质测评指标体系，明确需要测量、评价的素质指标，选择运用履历分析、心理测验、面试、评价中心技术等测评方法和手段，对人员相应的素质进行测量和评价，并指导和服务于人力资源管理的具体实践活动。通过本章的学习，要求掌握常用的人员素质测评的方法与手段，了解人员素质测评的基本流程和环节，通过对前述方法和手段的正确运用，进行有效的人员素质测评。本章的学习思路如图 4-1 所示。

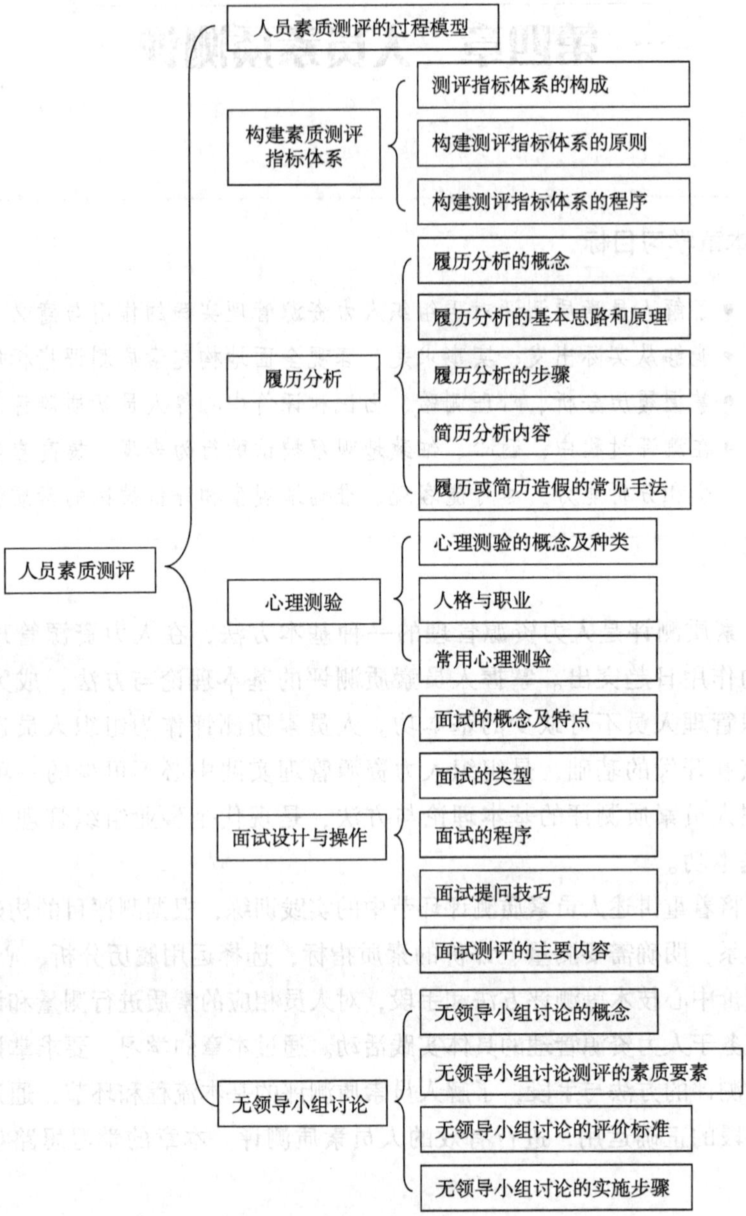
人员素质测评
人员素质测评的过程模型
构建素质测评指标体系
测评指标体系的构成
构建测评指标体系的原则
构建测评指标体系的程序
履历分析
履历分析的概念
履历分析的基本思路和原理
履历分析的步骤
简历分析内容
履历或简历造假的常见手法
心理测验
心理测验的概念及种类
人格与职业
常用心理测验
面试设计与操作
面试的概念及特点
面试的类型
面试的程序
面试提问技巧
面试测评的主要内容
无领导小组讨论
无领导小组讨论的概念
无领导小组讨论测评的素质要素
无领导小组讨论的评价标准
无领导小组讨论的实施步骤

图 4-1　本章思维导图

第一节　人员素质测评的过程模型

人员素质测评是以现代心理学和行为科学为基础，运用履历分析、心理测验、面试、评价中心技术等测评方法和手段对各类人员的知识水平、能力及其工作技能、工作倾向、个性特征和发展潜力，进行客观地测量，从而对其素质状况、发展潜力、个性特点等心理特征做出科学的评价。

人员素质测评作为一种专业化的活动，与其他技术性活动一样，有其必须遵守的规范和流程。在实践中，只有遵从这些规范和流程，才能保证测评的信度和效度。为了便于从整体上把握人力资源测评和选拔的流程与方法，本节主要介绍人员素质测评的过程模型，从而阐明素质测评流程中各环节之间的关系，具体见图 4-2。

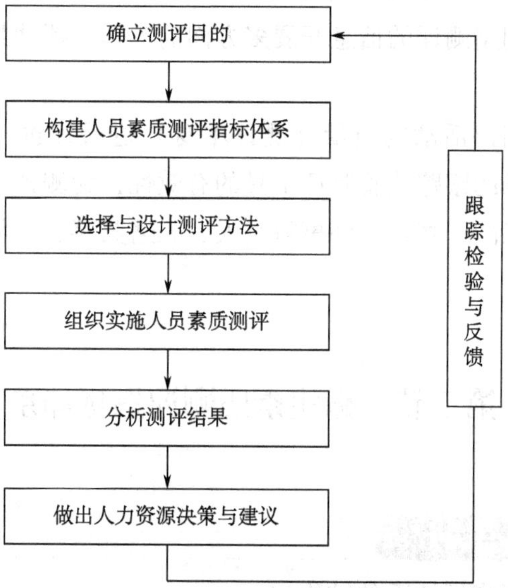

图 4-2　人员素质测评的过程模型

测评目的既是测评活动的起点，又是测评活动的归宿。它决定着测评的方向。因为测评的内容、标准、方式、方法都是为测评目的服务的，所以开展测评的首要任务就是要明确测评目的。

测评目的不同，测评的岗位不同，需要测评的内容也不同，因此需要根据岗位工作说明书或者是岗位胜任素质模型，构建相应的测评指标体系，明确测评的内容和指标。

由于测评内容、测评目的等方面的不同，测评方法也会有不同的选择，每种方法都各有其优缺点及适合测评的素质。因此，既没有一种方法是完全可靠有效的，也没有一种方法是完全没有价值的，关键在于我们如何选择和组合各个测评的方法，扬长避短，发挥整体的互补功能，使得最终的测评方案在总体上达到最优。

测评活动进行时可能会受场地、设备、测试材料等方面的影响，测评人员应随时协调与控制各方面的影响，保证测评活动的顺利开展。实施测评的过程中，为保证测评结果的精确性，测评人员应遵循务实的原则，运用评价表、录音机、摄像机等收集并记录测评信息，保证测评信息的真实性、准确性、及时性和代表性。

分析研究测评结果阶段的主要任务是汇总、分析、整理由各种测评工具、方法所获得的测评要素的数据资料，并对测评对象做出最终的总体性评价，形成测评报告。将测评结果准确无误、适时地反馈给测评上级、委托者或其对象本人，并帮助他们充分地利用测评的信息开展多方面的工作，帮助其做出人力资源管理决策。

最后要对整个测评活动的质量（测评本身）进行评价，对测评结果的跟踪与反馈，通过对结果的跟踪检验测评工具的有效性，为测评工具的修改、完善提供依据。实现人职匹配，真正做到事得其人、人适其事、人尽其才、才尽其用的测评目的。

第二节　构建素质测评指标体系

一、实验目的

- 了解素质测评指标体系的结构
- 掌握构建素质测评指标体系需要遵循的原则
- 根据素质测评指标体系构建的程序，根据测评目的和岗位信息，构建相应的素质测评指标体系

二、理论知识要点

素质具有多维性，它必须由一系列测评指标组成的一个多项结构的指标“坐标系”（素质测评指标体系）来确定。要进行一次科学的素质测评，首先必须保

证素质测评的指标体系具有科学性、规范性和可操作性，其中如何构建素质测评指标体系最为关键。

因此，构建素质测评指标体系可以说是人员素质测评活动的基础、中心与纽带，它把测评主体、客体、对象、方法和结果合为一体，同时也成为整个测评工作指向的中心，在测评过程中具有重要的作用和意义。

（一）测评指标体系的构成

测评指标体系由一群特定组合、彼此间相互联系的测评指标组成，反映测评对象素质的宽度、深度和层次关系，也反映测评系统的理论构想。

在素质测评指标体系中，一般在素质测评目的下规定测评内容（通常用一级指标来表示），在测评内容下设置测评目标（通常用二级指标来表示），在测评目标下设置测评指标（也称为指标要素，是素质测评目标操作化的表现形式，通常用三级指标来表示）。通过层层分解，将素质指标不断细化，直到具有可操作性的标志和标度为止。

一个完整的素质测评指标体系包括三个方面的内容：测评指标（要素）、测评标准与权重。测评指标是确定对素质评价的维度，而测评标准是对素质进行测评中使用的统一尺度，权重是指某一测评指标在测评体系中的重要程度。

1. 测评指标

测评指标指的是能反映测评对象特定属性的一系列考察方面或维度，也是表征测评对象特征状态的一种形式。

构建测评指标体系的第一步就是确定测评指标。根据实际工作，分析提炼出相应工作岗位对人员的素质要求，列出测评可能涉及的素质维度，并将每一个维度尽量细化，得到具有可操作性、全面而准确的素质条目。

2. 测评标准

测评标准可以视为一个体系，由标志、标度和标记三个要素组成，有了这三个要素，就可以表示各项测评指标的相对水平和内在价值。

（1）标志。一般来说，对应某种素质，人们通常会不同程度地具有一定的行为表现或特征。如对应“原则性”这样一个素质指标，通常会要求人们在重大问题上立场坚定，不违背自己的原则。如果很坚定就是原则性很强，如果不坚定就是没有原则性。所谓标志，就是对这些能够反映测评指标的行为表现或行为特征所进行的描述。例如，“语言表达能力好”的标志是“能够清楚有效地进行自我表达”。

（2）标度。所谓标度，是对标志的外在形式划分，常常表现为对测评标志的范围、强度和频率的规定。例如，对“能否有效处理人际关系”这样一个标志，其标度便可以是“能”和“不能”，或者是“有显著效果”“有效但不显著”“无效”等多种形式。常见的标度类型主要有三种，每个类型又可以划分为不同的级别：①量词式标度。如“少”“较少”“一般”“较多”“多”。②等级式标度。如“优”“良”“中”“及格”“差”等。③数量式标度。数量式标度有两种形式，即离散型与连续型，见表 4–1 所示。

表 4–1 数量式标度

测评指标	测评标志	离散型测评标度	连续型测评标度
解题能力	正确解答问题	10 分	7.0~10.0 分
	基本正确解答问题	5 分	3.5~7.0 分
	错误解答问题	0 分	0~3.5 分

（3）标记。标记是对应于不同标度（范围、强度和频率）的符号表示，通常用字母、汉字或数字来表示。例如，对“是”与“否”这两个标度，可以将“是”记为“A”，将“否”记为“B”，或者将“是”记为“1”，将“否”记为“2”。标度其实就是计量等级，而标记则表示与各个等级相对应的符号。

3. 权重

测评某一个岗位员工的素质通常包含几方面的测评项目，因此会出现一个由很多测评指标组成的指标群、指标体系，需要通过指标群来综合、全面测评该员工的素质状况。但是，每一个测评指标在整个测评指标群中的地位或者重要程度是不同的，不能把每个测评指标都等量齐观，计算平均数。因此应根据各测评指标对岗位素质要求的重要程度的不同，适当地分配与确定不同的权重。例如，在招聘保险推销员时，在多个测评指标之中，无疑“语言表达能力”最为重要；而对搬运工而言，“体力”的重要性就会很高。

通常，在人员素质测评中，这种重要性往往通过明确的数字来表示。对保险推销员而言，可以将“道德品质”“心理承受力”“专业知识”“语言表达能力”“体力”分别赋予 0.2、0.2、0.1、0.4、0.1 的权重来表示各指标的重要性。这五个数字是各指标权重的数量表示，称为权数。

对同样的人员素质测评指标标准体系，如果对各测评指标设定不同的权重，最终的测评得分是不同的。所以在制定人员素质测评指标标准体系时，如何给各测评指标设定适合的权重是一个非常重要的问题。

（二）构建测评指标体系的原则

构建人员素质测评指标的方法有很多，如工作分析法、素质模型法、行为事件访谈法、个案研究法、要素图示法、头脑风暴法、经验总结法、演绎法等。但万变不离其宗，不管采用什么样的方法，构建测评指标时都应当遵循一定的原则。

1. 针对性原则

在构建人员素质测评指标的时候，应该根据测评目的有针对性地选取有代表性的测评指标。比如，搬家公司招聘搬运工时，要想找个力气大、体质佳的人，这时就必须选取“体力”作为重要测评指标，而如果选取“语言表达能力”作为重要测评指标，则不具有针对性，达不到测评目的。

2. 完备性原则

在构建人员素质测评指标时，不应遗漏具有代表性的测评指标。如果某公司想招聘一个人力资源管理经理，那么在素质测评时，不仅要考核与人力资源管理专业相关的专业能力，还要考虑到作为一个部门经理应该具有的管理能力和组织协调能力，同时不能遗漏作为管理者要具有的道德素养和心理素质。最终构建出来的测评指标只有兼顾这几个方面的要求，才能具有完备性。

3. 简练性原则

在构建人员素质测评指标时，表述测评指标的语言应该简明扼要。最好都使用短语，句子不适合描述指标，特别是长句，更不适合。例如，应该用“外语能力”而不用“应聘人员可以说多少种语言，达到什么水平”这样的语句来表述一个测评指标。事实上，后面的这个句子更适合作为测评标志。

4. 明确性原则

构建出来的人员素质测评指标意思明确、便于操作。例如，“专业知识技能”这样一个测评指标是不明确的，因为“专业知识”与“专业技能”虽然都与知识相关，但却是不同的两个方面。

5. 层次性原则

通常，测评要素需要层层分解才能最终确定素质测评指标，因此，在构建测评指标时一定要注意层次性原则。比如，在对一名教师的测评中，“能力素质”就不能和“语言表达能力”处于同一层次，很明显前者比后者高一层次。

6. 独立性原则

在构建人员素质测评指标时，指标体系内同一层次的各项指标必须是相互独立的，不得彼此重叠、交叉、包含，不能存在必然联系。这就要求构建指标的时候认真分析每个指标的内涵及指标间的相互关系，保证指标的独立性。比如，对销售人员来说，“业务能力”与“销售额”这两个测评指标就不是互相独立的，前者包含了后者的信息。再如，“人际沟通能力”与“人际交往能力”这两个测评指标互相是有交叉的，二者不独立。

7. 可操作性原则

测评指标比起测评内容、测评项目等来说，抽象性最低，是具体的，可以与事实相联系的，能够切实操作测量的。构建人员素质测评指标时，指标体系中可以出现测评内容、测评项目，或者说一级指标、二级指标等各级指标，但是最终确定好的一定是具有可操作性的测评指标。很显然，对“思想素质”这样一个指标进行测评是很难操作的，而由它分解而来的“遵守纪律”“工作负责”等测评指标则相对具有可操作性。

（三）构建测评指标体系的程序

1. 明确测评的目的、主体与对象

只有明确了测评目的，才能更好地界定被测试者、选取测评指标、设定指标权重、确定测评标准以及选择相关的测评方法。现有某医院为了对护士人员进行岗位调整，决定进行一次全院护士综合素质的测评。根据这个测评目的可以确定，此次被测评者是全院护士。至于测评体系中的其他要素（如指标、权重、标准等）也要保证是针对这个测评目的而设置的。

2. 构建胜任素质模型

构建测评指标的方法有很多，即使是采用行为事件访谈法、工作分析等方法来筛选和明确素质测评指标，其实从本质上来讲，也都是为了了解岗位的胜任素质。因此，构建岗位的胜任素质模型，有助于直接确定测评指标。

3. 确定测评指标

了解岗位的胜任素质后，就可以着手构建测评指标。首先对胜任素质模型中的素质加以分析，其次遵循确定测评指标的原则，将各素质指标细分为可以操作化测量的测评指标要素，最后将多个测评指标及其要素按逻辑汇总成测评指标体系。测评指标体系通常按照一定的层次结构来呈现：第一层次的各个项目称为一级指标（测评内容）；第二分析层次的各个项目称为二级指标（测评目标）；第三层次的各个项目称为三级指标（测评指标要素）。

4. 确定测评指标权重

各个测评指标相对不同的测评对象来说，会有不同的地位与作用，因此要根据各测评指标对测评对象反映的不同程度而恰当地分配与确定不同的权重。确定权重的方法主要有主观经验法、德尔菲法、层次分析法、比较加权法等。如果客观条件不允许，也可以借鉴其他公司成功的权重设定。

5. 确定测评标准

清楚、准确地表述测评要素的标志，并选择合适的测量标度，使测评指标体系具有可操作性。

6. 试测、修改并完善测评指标体系

将预制好的人员素质测评指标体系投入测评使用，在实际操作过程中发现其不足，对测评指标体系进行不断完善，使其客观、准确、可行，以保证正式测评时的可靠性和有效性。

三、实验内容

- 熟悉素质测评指标体系的结构和构建原则
- 根据测评目的及岗位的要求，构建素质测评指标体系

四、实验准备

- 岗位工作说明书
- 岗位胜任素质模型

五、实验组织方法及步骤

- 教师讲解相关理论，布置实验内容与实验要求
- 学生分组，每组 4~6 人为宜
- 根据给定的岗位信息，明确岗位胜任素质
- 各小组对各项素质进行分析，筛选、细化为可操作性的指标要素，并描述要素的标志与标度，制订测评标准
- 各小组讨论、分析各项素质指标的权重，形成测评指标体系
- 小组选派代表公布小组测评指标体系，并说明理由
- 教师组织学生进行讨论，并点评、总结小组实验活动
- 个人总结并撰写实训报告

六、实验思考与作业

- 什么是测评指标体系？测评指标体系包括哪些内容？论述测评指标体系在人员素质测评中的作用
- 论述构建测评指标体系的步骤
- 在构建测评指标体系时，要注意哪些原则与问题
- 构建测评指标体系中常常会犯哪些错误，请结合你自己在构建指标体系过程中出现的问题进行阐述
- 你是一家贸易进出口公司的招聘专员，随着业务扩展，公司贸易发展部门需要招聘一名精通西班牙语的外贸业务员，来帮助部门经理拓展海外市场。为了招聘到合适的人员，你向贸易发展部征求了意见，了解到该业务人员的岗位职责，确定了招聘要求如下：

（1）西班牙语专业，英语专业的第二外语

（2）有两年以上外贸业务经验

（3）具备良好的沟通表达能力、谈判能力

(4) 有良好的团队合作能力

(5) 工作富有激情，具有较强的执行能力

(6) 诚信正直，具有较强的进取心

(7) 认可本公司，对公司的产品有兴趣

• 了解到这些信息后，请你确定一下本次招聘的测评指标、权重、测评标准，并试着制定一份素质测评指标体系

• 材料分析题

2019 年人力资源社会保障部印发了《关于改革完善技能人才评价制度的意见》(以下简称《意见》)。《意见》明确，健全完善技能人才评价体系，形成科学化、社会化、多元化的技能人才评价机制；坚持深化改革、多元评价、科学公正、以用为本；发挥政府、用人单位、社会组织等多元主体作用，建立健全以职业资格评价、职业技能等级认定和专项职业能力考核等为主要内容的技能人才评价制度，形成有利于技能人才成长和发挥作用的制度环境，促进优秀技能人才脱颖而出。

《意见》指出，要完善评价内容和方式，突出品德、能力和业绩评价，按规定综合运用理论知识考试、技能操作考核、业绩评审、竞赛选拔、企校合作等多种鉴定考评方式，提高评价的针对性和有效性。

《意见》强调，建立技能人才评价工作目录管理制度并实行动态调整。规范证书发放管理，职业技能等级证书由用人单位和社会培训评价组织颁发。

把品德作为技能人才评价的首要内容，全面考察技能人才的工匠精神、职业道德、职业操守和从业行为，强化社会责任。用人单位和社会培训评价组织要根据不同类型技能人才的工作特点实行差别化技能评价，在统一的评价标准体系框架基础上，对技术技能型人才评价要突出实际操作能力和解决关键生产技术难题要求，并根据需要增加新知识、新技术、新方法等方面的要求；对知识技能型人才评价要围绕高新技术发展需要，突出掌握运用理论知识指导生产实践、创造性开展工作要求；对复合技能型人才的评价应根据产业结构调整和科技进步发展，突出掌握多项技能、从事多工种多岗位复杂工作要求。

试分析：在指标构建中，对不同技能型人才的评价指标有什么不同？为什么把品德作为技能人才评价的首要评价内容？

七、范例

本节可参考表 4-2 所示表单。

表 4-2　某企业招聘专员岗位素质测评指标体系

一级指标	权数	二级指标	权数	三级指标	权数	评价等级及赋分				
						一等 5	二等 4	三等 3	四等 2	五等 1
人格素质	30%	价值观	40%	1. 事业心、进取心	100%					
		个性特点	30%	2. 自信	60%					
				3. 独立性	40%					
		工作态度	30%	4. 责任心	60%					
				5. 积极主动	40%					
知识素质	15%	专业知识	100%	6. 人力资源管理知识	40%					
				7. 素质测评知识	60%					
能力素质	55%	一般能力	30%	8. 学习能力	30%					
				9. 观察能力	30%					
				10. 综合分析能力	40%					
		专业能力	70%	11. 沟通能力	30%					
				12. 组织协调能力	20%					
				13. 执行力	30%					
				14. 科学决策能力	20%					

第三节　履历分析

一、实验目的

- 了解履历分析的基本步骤及分析项目
- 掌握简历分析的内容及筛选要点
- 熟悉履历或简历造假的常见手法

二、理论知识要点

（一）履历分析的概念

履历是对被测评者生活经历——学历、工作经历、奖励情况等一系列经历和成就的详细记录，主要包括姓名、年龄、籍贯、联系方式、家庭情况、受教育和培训经历、以往的工作经历和成就等个人基本信息。

履历分析又称资历评价技术，是通过分析被测评者的个人背景、工作与生活经历，来判断其对未来岗位适应性的一种人才评估方法，是人才选拔的第一步。履历分析的测量范围很广泛，不仅可以包括个人已有的工作成就、交际能力、职业兴趣，还可以包括个人的感情稳定性、家庭和社会价值取向等方面的信息，这些分析可与其他因素结合对被测评者做出综合评价。近年来，这一方式越来越受到人力资源管理部门的重视，被广泛地用于人员选拔等人力资源管理活动中。

（二）履历分析的基本思路和原理

根据岗位要求和工作分析，选择一些与岗位最相关的结构要素，如专业知识、决策能力等，建立岗位特征模型。根据岗位特征模型的结构要素的分类，再确定每个结构要素由多少测评要素组成以及它们之间的关系，并用分析比较法排序确定每个测评要素的权重；每一个测评要素又设若干选项，由被测评者填写选项；根据事先设计的计算方法和被测评者填写的内容及选择的选项，对这些内容的选项情况进行量化统计，由测评人员来确定被测评者每项测评要素的得分；将全部测评要素得分求和，即得到被测评者履历测评的初步总分。根据面谈或其他材料分析，对初步得分进行误差修正，并按系统的常模进行分数转换，其结果即为被测评者的履历分析测评的最后得分，以此来评价被测评者履行相应岗位的适宜性或胜任度。

（三）履历分析的步骤

履历分析评价在实际操作中可以简化为五个主要步骤，分别为分析拟任岗位、选用履历分析的项目、确定选项及计分办法、设定履历分析要素的权重和汇总履历分析表的分数。

1. 分析拟任岗位

由于不同岗位的素质要求不同，不同企业的战略、文化、价值观也不同，因此，要根据企业的实际情况进行有效的工作分析，这是进行履历分析的第一步。工作分析应围绕岗位职责权限、任职资格条件、历史任职情况等方面进行信息收集分析。

2. 选用履历分析的项目

履历分析的项目设计直接关系到最后的分数汇总，所以绝对不能马虎。通常，履历分析的项目主要包括以下四个维度。

（1）个人基本情况，包括姓名、性别、出生年月、民族、婚姻状况等。这是履历中最基本的信息，在履历分数汇总中的贡献最小，但是当被测评者的能力相同时，这些信息往往会成为次级的优先录用标准。

（2）个人学识，这部分包括学位、专业、论文、研究成果、职业培训状况等，反映被测评者的受教育状况。

（3）工作能力，包括项目经理、团队领导能力、协调解决问题能力、社会关系等，是履历分析的核心所在。

（4）个人品质，包括过去的工作表现、出勤率、奖惩情况等。履历分析的有效性很大程度上依赖于填写结果的真实性，然而被测评者往往有夸大自己的倾向，因此，适当的核实是很有必要的。

3. 确定选项及计分办法

履历分析表需要确定每一个分析要素的选项及选项的数量，如最高学历可以分为高中以下、大专、本科、在职硕士研究生、全日制硕士研究生、博士研究生等选项。这些选项的划分应根据岗位的需求和特点来确定，如招聘生产岗位的员工时，应聘者大多学历较低，就可以适当缩减一些选项。

在设定选项后，需要给每个选项赋予一定分数，可以根据岗位的需求来设定这些分数。如调查发现，本科生中表现优秀的比例更高，那么本科生选项就可以赋予更高的分值。这种方法实际是采用了构建胜任素质模型的思路，找出绩效优秀者与绩效一般者的差别，再把这些素质量化到履历分析表中。

4. 设定履历分析要素的权重

通常，履历分析由几个维度或类别组成，在设定各维度选项的分值后，就需要对每个维度乃至每个选项进行权重设定。权重确定依据是项目内容与拟任岗位要求及工作绩效的相关程度程度相关越高，权重越大，反之则越小。

5. 汇总履历分析表的分数

最后，工作人员根据履历登记情况，对照履历评分表，加权计算应聘人员的履历得分，并根据履历分析评价在整体测评中的比重进行折算。

（四）简历分析内容

履历和简历有所不同，履历是一个人的经历和简历的总和，内容比较详尽、完整，而简历是应聘者对于拟申请岗位的相关资质，如个人信息、教育经历、工作经历、培训经历的简要概述。因此，在招聘选拔时，应聘者通常需要提交个人简历，就需要对申请该岗位的简历进行分析和筛选。

简历分析工作直接关系到招聘到的人员的质量。其主要分析内容包括：

1. 简历内容

应聘者的材料分为两类：一类是客观内容，比如学习经历、工作经历、专业知识、技术经验等；另一类是主观内容，如个人兴趣、爱好、性格等。针对这两部分内容分别进行分析。

2. 客观内容分析

将那些无法证实的主观内容忽略掉，认真分析客观内容。将客观内容分为两类：常规客观内容和关键客观内容。前者是指普通的客观内容，如学习经历、计算机的普通操作技能、普通的工作技能等；关键客观内容是指与待聘岗位直接相关的内容，如与岗位相关的知识、技术和工作经验等。

3. 关键客观内容分析

对关键客观内容进行认真分析，评估材料的可信度。可以制作一份个人简历筛选调查表进行比较分析。分析的时候，主要考虑以下几个方面。

（1）总体外观。主要看个人简历是否整洁，是否有褶皱，有无拼写等语法错误。个人简历的总体外观可以反映一个人做事的认真程度以及对该组织是否感兴趣。

（2）整体布局。主要看个人简历的结构是否合乎逻辑，是不是在兜圈子，写得是否明白，是否容易找到招聘者需要的信息，还要看简历的格式，包括写作风格是否前后一致，段落、标点、符号是否对齐，所用字体是否统一。这些因素能够反映出应聘者的仔细程度和创造力。

（3）经验。这是简历表中最重要的部分。首先，招聘者应该看应聘者的事业进程是怎样的。其次，还应注意应聘者在某一岗位任职的时间长短，时间长可能意味着该应聘者的忠诚度高，但也可能意味着他缺乏冒险精神和潜力。再次，应该注意应聘者曾经的工作职责和范围以及取得的工作成就。最后，审查简历中的逻辑性，观察虚假信息及潜在的不利于后经工作的"危险信号"。

（4）各种证书。证书是个人简历的附件，它可以真实可靠地反映一个人的水平。招聘者应当事先掌握各种识别假证书的方法，并能够熟练地综合运用各种方法辨别真伪证书。

（5）参加的组织和活动。这方面的信息一方面可以使招聘者了解应聘者的兴趣爱好的范围和深度；另一方面，也可以看出这些兴趣爱好是否与应聘者所应聘的工作岗位相契合。

（6）发表的作品。报社、出版社、杂志社、电台、电视台等媒体单位招聘工作人员时一般需要附有个人发表的作品。在阅读这些作品时，应注意作品发表在什么刊物上，何时发表，必要时可以找刊物求证，以免个别人浑水摸鱼。

（7）证明人。为了保证材料的可信度，应该对应聘者进行背景调查，向推荐人（如果有）了解具体情况，常采用的方式是要求推荐人具体描述。例如，你能否用一些具体的数字告诉我，该应聘者对公司的最大贡献会是什么？除了做好本职工作外，该员工还做了些什么？通过描述可以掌握应聘者的一些具体行为和工作业绩，有助于判断应聘者有没有工作积极性、进取心和工作能力。

4. 以最重要的指标对人才进行初步评选

在简历筛选时一定要注意以最重要的指标对人才进行初步评选，把人才分为三类：A 类——明显合格，B 类——基本合格，C 类——明显不合格，每一个岗位一个数据包。如果最终 A 类人才已经充分，则可以不考虑 B 类人才；如果 A 类人才不够，则可以考虑在 B 类人才中挑选优秀的人才。A 类和 B 类可以根据招聘的具体进度进行实时调整。

5. 把握对简历的整体印象

招聘者通过阅读简历，对应聘者是否留下好的印象。另外，标出简历中感觉不可信的地方以及感兴趣的地方，面试时可询问应聘者。

（五）履历或简历造假的常见手法

所谓简历造假，是指应聘者在简历中故意加入不真实的信息以蒙蔽招聘方，提高自己被雇用的概率。有关调查资料表明，常见的简历造假手法主要有以下几种。

1. 学历造假

常见的学历造假方法是冒充某学校 4 年制本科生，而实际上只是 2 年制或 3 年制的专科生或只是参加了学位课程的学习，但并未拿到学位。也有普通学校毕业的学生，冒充名牌院校毕业生，以获得更好的就业机会。

在确定学历和毕业证书的真实性时，可以注意以下几点：

（1）通过肉眼观察，与真证书进行对比来识别。有的假证书制作比较粗劣，纸质不够硬、学校公章模糊、没有水印、钢印不清楚等，都可以通过肉眼识别。

（2）提问，即对应聘者提一些有关专业、学校方面的问题，通过应聘者的现场反应来识别文凭的真伪。比如，可以问“你比较喜欢你们系哪位老师讲的课?”“我有一位亲戚的孩子在你们系，是学生会主席，你知道他的名字么?”。

（3）当以上两种方法都无法确定文凭的真伪时，可以通过与文凭所在学校的学籍管理部门取得联系，请他们协助调查。

（4）还可以根据证书的编号上网查询确认，但是要注意证件的发证机关。有些证件是国家承认的、有效的；而有些证件只是参加一些培训班考试合格而由培训机构颁发的，这些证件是不被国家承认的，也是无效的。

2. 省略雇用的时间或延长雇用时间

雇用时间造假的目的是给人留下连续雇用的印象。最典型的就是求职者在简历中只写出每一次被雇用的起止年份，而不是月份。例如，某人 2020 年 1 月离开甲公司，2021 年 12 月才被乙公司启用，若按照实际情况则有两年的工作断档，而若只呈报年份，就会给人一种连续工作的错觉。

3. 夸大或谎称其拥有专业知识和经验

在求职者的个人简历中经常会出现“部门管理者”“创造了巨额利润”等字眼，若应聘者没有同时提供部门情况的信息、销售额或利润额的提高等支撑性的信息，则无从辨别其真伪。在正式面试得到考证之前，宁可信其无，不可信其有。

4. 注意一些自相矛盾的地方

例如：在一个利润微薄的行业的普通岗位，应聘者填的却是比较高的薪酬；应聘者在大公司做人力资源主管，一般不可能负责人力资源的六大模块，不可能样样精通，公司的战略决策、人力资源战略规划一般不可能由其独立完成。

三、实验内容

- 熟悉履历分析和筛选的基本步骤
- 掌握辨别简历真伪的技巧
- 根据应聘者提供履历或简历的外观、整体布局、所获证书及其他材料等关键指标准确而迅速地进行分析与筛选

四、实验准备

从网上下载几份履历表，包括基本完美的履历表、有漏洞的履历表和有待完善的履历表。

五、实验组织方法及步骤

- 实验前准备阶段：教师讲解相关理论，布置实验内容与实验要求
- 学生分组，每组 4~6 人
- 每人模拟人力资源部门人员对收集履历进行筛选和分析
- 由教师组织每个小组在规定时间内在组内进行讨论
- 以上结果全班进行交流展示，辅以教师点评
- 个人总结并撰写实训报告

六、实验思考与作业

- 概述履历分析的基本步骤
- 履历筛选的过程中着重查看哪些信息
- 通过对于不同履历的比较分析有哪些认识

材料分析题：对案例中给出的两份简历进行筛选，分析简历是否符合公司招聘要求，经过小组讨论后选派代表发布小组意见并陈述理由。

A 公司始创于 2006 年，是一家集设计、研发、生产、营销于一体的大型现代化家具企业。产品覆盖民用家具、办公家具、酒店家具三大领域，拥有国际化的家具生产线和电脑全自动加工系统。公司通过 10 多年的科学经营，已经成为业界一直推崇的家具集团。

现在公司需要招聘一名市场营销专员，岗位职责和岗位要求如下。

岗位职责：

（1）在上级领导和监督下定期完成量化的工作要求

（2）能独立处理和完成所负责的任务

（3）管理客户关系，完成销售任务

（4）了解和发掘客户需求及购买愿望，介绍自己产品的优点和特色

（5）为客户提供专业的咨询

（6）收集潜在客户资料

任职资格：

1. 大专及以上学历

2. 英语四级及以上水平

3. 表达能力强，具有较强的沟通能力及交际技巧

4. 具备一定的市场分析及判断能力，以及良好的客户服务意识

5. 有责任心，能承受较大的工作压力

收取简历如表 4-3 和表 4-4 所示。

表 4-3　简　　历（一）

姓名：王世民	性别：男
出生日期：1993.4.3	籍 贯：安徽
目前城市：北京	政治面貌：团员
联系电话：××××××	E-mail：××××××××@163.com
求职意向	
求职行业	贸易消费
应聘岗位	市场营销专员、销售点、行政专员等
工作地点	北京
薪资要求	5 000~6 000 元/月
教育背景	
2008 年 9 月—2011 年 7 月　合肥市第××中学　高中	
2011 年 9 月—2014 年 7 月　合肥××学院　大专	
工作经历	
2014 年 11 月—2017 年 9 月	合肥××有限公司　销售部　促销员 工作职责. 1. 负责××区域的饮料市场促销和产品推广 2. 完成工作业绩和销售任务
2018 年 4 月—2018 年 9 月	合肥××科技有限公司　销售部　市场专员 工作职责： 1. 对公司目标区域进行市场问卷调查、信息整理 2. 对本公司生产的游戏产品进行推销和市场推广
自我评价	
善于沟通，敢作敢为，诚信踏实，富有吃苦精神	

续表

所获证书	
外语	英语三级
计算机	C 语言二级
所获荣誉	
2011 年 10 月	“军训优秀学员”
2012 年 11 月	“优秀团员”

表 4-4 简　历（二）

姓名：黄德怀	性别：男
出生日期：1993 年 6 月 2 日	籍贯：山东
目前城市：北京	政治面貌：党员
联系电话：××××××	E-mail：××××××××@ sina. com
求职意向	
求职行业	物流运输、制药医疗
应聘岗位	物流专员、市场营销专员
工作地点	北京
薪资要求	5 000~6 000 元/月
教育背景	
2008 年 9 月—2011 年 7 月　济南市第××中学　高中	
2011 年 9 月—2015 年 7 月　山东××学院　本科	
工作经历	
2015 年 9 月—2016 年 11 月	济南××制药有限公司　医药代表 工作职责： 1. 负责公司产品的区域推广和产品销售 2. 负责业绩指标和产品品牌宣传
2016 年 12 月—2018 年 9 月	济南××物流公司　物流专员 工作职责： 1. 做好数据接收、处理工作，保证数据处理准确性 2. 负责与仓储进行提货、配货单的交接工作 3. 建立、维护业务档案，确保业务档案得到不断更新

续表

自我评价	
乐观开朗、责任心强、吃苦耐劳、适应能力强、善于沟通、踏实勤劳	
所获证书	
外语	英语四级
所获荣誉	
2012 年 11 月	"三好学生"

第四节 心理测验

一、实验目的

- 了解心理测验在素质测评中的作用
- 能够根据测评需要，选取合适的心理测验工具
- 了解 MBTI 测验的内容，能够根据测评结果解释被测评者的人格特征
- 能够运用 MBTI 测验测评和诊断自己的人格特征
- 了解几种比较常用的心理测验问卷，如霍兰德职业兴趣测验、16PF 人格测验、能力测验等

二、理论知识要点

（一）心理测验的概念及种类

心理测验实质上是对行为样本的客观化和标准化的测量，一般认为心理测验就是通过观察人的少数有代表性的行为，对贯穿在人的全部行为活动中的心理特点做出推论和数量化分析的一种手段。例如，在测验银行职员的计算能力时，就可以采取一组有代表性的算术问题来检查被试的表现。但任何一种测验都不可能包含要测量的行为领域的所有可能的题，它只是全部可能题目中的一个样本，因此，测验题目的取样必须有代表性。如果银行职员在这组算术问题中的表现与其在工作中计算的表现密切对应，那么测验才算达到预想目的。

目前经常被使用的心理测验有数千种，根据测验的内容可以划分为能力测验和人格测验。能力测验有智力测验、反应能力测验、语言能力测验、能力倾向测验等，人格测验有卡特尔 16 种人格因素问卷（16PF）、迈尔斯-布里格斯类型指标（MBTI）、霍兰德职业兴趣测验、气质类型测验等。

（二）人格与职业

人格是由个体表现出来的独特并相对稳定的行为、思想及情感模式，它标志

着一个人具有的独特性，是一个人区别于其他人的稳定的心理特征，并反映着人的自然性与社会性。气质和性格是构成人格的重要组成部分。

人格反映了一个人的行为方式与思维特点，因此人格和人的某些方面的工作绩效有关。由于分工的不同，不同性质、不同层次的工作，对人格都有着特定的要求，要选择和从事某一职业工作就应该具备这一职业所要求的人格特征。因此，近年来，在人事招聘、管理者选拔中越来越多地采用心理测验来进行素质测评。

（三）常用心理测验

1. MBTI 人格测验

MBTI（Myers-Briggs Type Indicator）人格测验是一种自我报告式的测评工具，用以衡量和描述人们在获取信息、做出决策、对待生活等方面的心理活动规律和人格类型。它由美国的凯瑟琳·库克·布里格斯（Katharine Cook Briggs）和伊莎贝尔·布里格斯·迈尔斯（Isabel Briggs Myers）母女在荣格的人格理论的基础上，扩展为四个维度，每个维度有两个方向，组合起来共有 16 种人格类型（见表 4-5）。MBTI 测验是国际上最为常用的一个性格测验，广泛用于自我探索、人才选拔、职业发展、团队建设、管理培训等领域，具有很高的信度和效度。

表 4-5　MBTI 测验维度划分

维度	维度倾向	
态度倾向	extraversion（E，外向）	introversion（I，内向）
接受信息	sensing（S，感觉）	intuition（N，直觉）
处理信息	thinking（T，思考）	feeling（F，情感）
行动方式	judging（J，判断）	perceiving（P，知觉）

2. 16PF 人格测验

16PF 人格测验是美国心理学家雷蒙德·伯纳德·卡特尔（Raymond Bernard Cattell）根据人格特质理论，运用因素分析方法编制的。卡特尔从众多的人格特质分析归纳出 16 种根本性的特质因素，这些因素的不同组合构成了一个人与其他人相区别的独特性格。这些根本特质对一个人的职业取向、人际关系、家庭生活等都有明显的影响。该测验通过运用乐群性、智慧性、稳定性、影响性、活泼性、有恒性、交际性、情感性、怀疑性、想象性、世故性、忧虑性、变革性、独立性、自律性、紧张性等 16 个相对独立的性格特质对人进行描述和评价，用以了解测验对象在环境适应、职业选择、心理健康等方面的特点，从而帮助测验者全面地了解自己的性格特征。卡特尔 16PF 测验由 187 道题组成，每一性格特质由 10~13 个测试题组成的量表来测量，共 16 个分量表。卡特尔 16 种性格因素测验量表具有较高的效度和信度，因而被广泛应用。

3. 智力测验

智力测验是用以测量人的一般能力也即是智力水平的一种方法。测量智力的工具称为智力量表。由于一个人智力的高低水平通常用智商来表示，所以智力测验又叫智商测验。

世界上第一个智力量表是由法国心理学家阿尔弗雷德·比奈（Alfred Binet）和他的同事西蒙（T. Simon）于 1905 年编制而成的比奈-西蒙量表。该量表是应法国教育部区分正常儿童与低能儿童的需要而编制的。此后陆续编制的各种智力量表和类似智力量表的测量工具有 200 种以上，其中以斯坦福-比奈量表和韦克斯勒智力量表最具影响力和权威性。

韦克斯勒智力量表又称韦氏量表，是由 11 个分测验组成，其中常识、数字广度、词汇、算术、理解、类同等 6 个分测验又构成言语分量表，填图、图画排列、积木图案、拼图、数字符号等 5 个分测验构成操作分量表，可得到言语智商、操作智商和总智商。

我国也先后对比奈-西蒙量表和韦氏量表进行了修订，从而将其适用面推广到全国。

三、实验内容

- 了解并学习使用 MBTI 测验
- 运用 MBTI 测验对自己的人格特征进行测评，能够分析和解读 MBTI 测验结果
- 认识 MBTI 测验在人员素质测评中的作用

四、实验准备

- MBTI 测验量表
- 测验结果对照表

五、实验组织方法及步骤

- 实验前准备阶段：教师讲解相关理论，布置实验内容与实验要求
- 学生分组，每组 4~6 人
- 使用 MBTI 进行自我测试，测试结束后根据测验评分表对结果进行分析
- 由教师组织每个小组在规定时间内在组内进行讨论，每个人对自己的人格特质进行对照分析、总结

- 以上结果全班进行交流展示，辅以教师点评
- 个人总结并撰写实训报告

六、实验思考与作业

- 本次测验的结果与你对自己人格特点的了解是否存在差异？如果有差异，有可能是哪些原因造成的这些差异
- 通过 MBTI 测验的自我测试，你认为心理测验作为一种测评技术是不是科学有效的？为什么

七、范例：MBTI 人格测验①

表 4-6 的 MBTI 人格测验问卷共包含 70 个题项，可帮助你确定自己的职业认知风格类型。请你依据自己的实际情况，选择答案 a 或 b，再根据所提供的计分标准算出得分，填入表 4-7，用表 4-8 分析职业风格。

答案没有正确和错误之分，请如实回答。

表 4-6　MBTI 人格测验问卷

1. 电话铃响的时候，你会	a. 马上第一个去接	b. 希望别人去接
2. 你更倾向于	a. 敏锐而不内省	b. 内省而不敏锐
3. 对你来说哪种情况更糟糕	a. 想入非非	b. 循规蹈矩
4. 同别人在一起，你通常	a. 坚定而不随和	b. 随和而不坚定
5. 哪种事更使你感到惬意	a. 做出权威判断	b. 做出有价值的判断
6. 面对工作环境里的噪声，你会	a. 抽出时间整顿	b. 最大限度地忍耐
7. 你的做事方式	a. 果断	b. 某种程度的斟酌
8. 排队时，你常常	a. 与他人聊天	b. 仍考虑工作
9. 你更倾向于	a. 感知多于设想	b. 设想多于感知
10. 你对什么更感兴趣	a. 真实存在的东西	b. 潜在的东西
11. 你更有可能依据什么对事物做出判断	a. 事实	b. 愿望
12. 评价他人时，你易于	a. 客观，不讲人情	b. 友好，有人情味
13. 你希望通过什么方式制订合同	a. 签字、盖章，发送	b. 握手搞定

① 资料来源：马欣川．人才测评：基于胜任力的探索［M］．北京：北京邮电大学出版社，2008：143.

续表

14. 你更在意拥有	a. 工作成果	b. 不断进展的工作
15. 在一个聚会上，你倾向于	a. 与许多人甚至陌生人交流	b. 只与几个朋友交流
16. 你更倾向于	a. 务实而不空谈	b. 空谈而不务实
17. 你喜欢什么样的作者	a. 直述主题	b. 运用隐喻和象征手法
18. 什么更吸引你	a. 思想和谐	b. 关系和谐
19. 如果一定要使某人失望，你通常	a. 坦率、直言不讳	b. 温和、体谅他人
20. 工作中，你希望你的行动进度	a. 确定	b. 不确定
21. 你更经常提出	a. 最后、确定的建议	b. 暂时、初步的建议
22. 与陌生人交流	a. 使你更加自信	b. 使你伤脑筋
23. 事实	a. 只是说明事实	b. 是理论的例证
24. 你觉得幻想家和理论家	a. 有些讨厌	b. 非常有魅力
25. 在异常热烈的辩论中，你会	a. 坚持你的观点	b. 寻找共同之处
26. 哪一个更好	a. 公正	b. 宽容
27. 你觉得工作中什么更自然	a. 指出错误	b. 设法取悦他人
28. 什么时候的你感觉更惬意	a. 做出决定之后	b. 做出决定之前
29. 你倾向于	a. 直接说出你的想法	b. 听别人发言
30. 常识	a. 通常是可靠的	b. 经常值得怀疑
31. 儿童往往不会	a. 做十分有用的事	b. 充分利用想象力
32. 管理他人时，你更倾向于	a. 坚定而严格	b. 宽厚仁慈
33. 你更倾向于作为一个	a. 头脑冷静的人	b. 热心肠的人
34. 你倾向于	a. 将事情搞定	b. 探究事物的各种潜质
35. 在多数情况下，你更	a. 做作而不自然	b. 自然而不做作
36. 你认为自己是一个	a. 外向的人	b. 自闭的人
37. 你更经常是一个	a. 讲求实际的人	b. 沉于幻想的人
38. 你说话是	a. 详细而不泛泛	b. 泛泛而不详细
39. 哪句话更像是赞美	a. “这是一个逻辑性强的人”	b. “这是一个情感丰富的人”
40. 你更容易受什么支配	a. 你的思想	b. 你的体验

续表

41. 当一件工作完成时，你喜欢	a. 把所有未了结的零星事务安排妥当	b. 继续干别的事
42. 你喜欢什么样的工作	a. 有最后期限	b. 随时进行
43. 你是那种	a. 很健谈的人	b. 认真聆听的人
44. 你更容易接受	a. 较直白的语言	b. 较有寓意的语言
45. 你更经常注意	a. 恰好在眼前的事物	b. 想象中的事物
46. 成为哪一种人更糟糕	a. 过分心软	b. 顽固
47. 在令人难堪的情况下，你有时表现的	a. 过于无动于衷	b. 过于同情怜悯
48. 你在做出选择时倾向于	a. 小心翼翼	b. 有些冲动
49. 你更喜欢	a. 紧张而不悠闲	b. 悠闲而紧张
50. 工作中的你倾向于	a. 热情与同事交往	b. 保留更多的私人空间
51. 你更容易相信	a. 你的经验	b. 你的观念
52. 你更愿意感受	a. 脚踏实地	b. 有些动荡
53. 你认为你自己更是一个	a. 意志坚强的人	b. 心地温和的人
54. 你对自己哪种品格评价较高	a. 通情达理	b. 埋头苦干
55. 你通常希望事情	a. 已经被安排、确定	b. 只是暂时确定
56. 你认为自己更加	a. 严肃，坚定	b. 随和
57. 你觉得自己是个	a. 好的演说家	b. 好的聆听者
58. 你很满意自己能够	a. 有力地把握现实	b. 有丰富的想象力
59. 你更注重	a. 基本原理	b. 深层寓意
60. 什么错误看起来比较严重	a. 同情心过于丰富	b. 过于冷漠
61. 你更容易受什么影响	a. 有说服力的证据	b. 令人感动的陈述
62. 哪一种情况下你的感觉更好	a. 结束一件事	b. 保留各种选择
63. 较令人满意的是	a. 确定事情已经做好	b. 只是顺其自然
64. 你是一个	a. 容易接近的人	b. 有些矜持的人
65. 你喜欢什么样的故事	a. 刺激和冒险的	b. 幻想和豪勇的
66. 什么事对你来说更容易	a. 使他人各尽其用	b. 认同他人
67. 你更希望自己具备	a. 意志的力量	b. 情感的力量
68. 你认为你自己基本上	a. 禁得住批评和侮辱	b. 禁不住批评和侮辱

续表

69. 你常常注意到的是	a. 混乱	b. 变革的机会
70. 你比较	a. 按程序办事而非反复无常	b. 反复无常而非按程序办事

表 4-7　MBTI 测验评分表

题号	选项	题号	选项	题号	选项	题号	选项	题号	选项	题号	选项	题号	选项
1		2		3		4		5		6		7	
8		9		10		11		12		13		14	
15		16		17		18		19		20		21	
22		23		24		25		26		27		28	
29		30		31		32		33		34		35	
36		37		38		39		40		41		42	
43		44		45		46		47		48		49	
50		51		52		53		54		55		56	
57		58		59		60		61		62		63	
64		65		66		67		68		69		70	
如果选 a 的个数多于 b，则属于类型 E，反之是类型 I		若两列中 a 的个数多于 b，则属于类型 S，反之是类型 N				若两列中 a 的个数多于 b，则属于类型 T，反之是类型 F				若两列中 a 的个数多于 b，则属于类型 J，反之是类型 P			

表 4-8　MBTI 测验 16 种人格类型的特点及其适合的职业

个性类型	特　点	适合职业
1. 创业者 ESTP	实际、乐观、性格坚毅，机智、灵巧、风趣，有着戏剧般活跃的心态，具有洞察事物的本领，敏感，喜爱冒险、刺激，能够在危机时刻保持镇静并自如操作，不拘礼仪	管理人员，企业家，推销员，仲裁者，辩护律师，实业家，房地产开发商，演艺制作者

续表

个性类型	特　点	适合职业
2. 手艺者 ISTP	实际，乐观，热衷于学习和手艺，易冲动，向往对他人产生影响，喜好寻求刺激，性格坚毅，谨慎，喜欢孤独，非常无畏，极力地不顺从，视等级和权威为不必要的，表达上存在欠缺	商人，机械师，手艺者，宝石匠，驾驶员，外科医生，美术家，运动员，音乐家
3. 表演者 ESFP	最具天赋的展示者，表达力极强，热衷于学习技巧和手艺，乐观，自信，极不喜欢孤独，活泼，机智，健谈，接近时尚，冲动，任性，容易受到诱惑力的冲击，对忧虑的承受力最差，慷慨大度，仁慈友好，具有情绪表现力和深厚感情	舞台表演者，小学教师，房地产代理商
4. 创作者 ISFP	实际，乐观，热衷于学习技巧和手艺，自信。性格友善，宁静，谨慎，沉默寡言，对任何活动都非常投人，专心致志的工作，最为友善	护士，园艺家，林业家，兽医，教师，画家，雕刻师，编舞者，导演，作曲家，剧作、小说家，诗人，厨师，时尚设计家
5. 监督者 ESTJ	热衷于学习商业技能，沉迷于道德理论，尽职，悲观，坚韧，生性坚毅，信赖权威，向往归属感，寻求安全保障，脚踏实地，热心，勤奋	法律工作者，政治家，警务人员，军人
6. 检查者 ISTJ	尽职，悲观，坚韧，信赖权威，向往归属感，生性坚毅，矜持，较有耐心，值得信赖，朴素，保守	银行查核员，审计员，会计税务代理、图书管理员，牙科医生，验光师，法定书记员，法律研究员，教师，军官
7. 供应者 ESFJ	热衷为他人服务，承担社会奉献者的角色，尽职，信赖权威，向往归属感，生性友善，温柔，外向，风度翩翩，健谈，喜好交际，擅长与人协作，富于同情心，情感充沛	推销员，教师，神职人员，教练，私人秘书，办公室接待人员
8. 保护者 ISFJ	尽职，生性友善，情深义重，生性斟酌，乐于助人，谨慎，古道热肠，富有同情心，真挚，具有严肃的意志，做事彻底，俭省，喜欢独立工作，值得信赖	监护人，图书管理员，中层管理人员，综合性开业医生，保险代理人

续表

个性类型	特　点	适合职业
9. 教导者 ENFJ	痴迷于信念，满腔热情，信赖直觉，向往浪漫，珍视赞誉，生性善于安排事物，乐观，有卓越的感召力，值得信赖，是天才的领导者，重视和谐的人际关系，外向	大众传播业，神职人员，临床医学家，教育家，基础护理医师
10. 劝告者 INFJ	比较隐秘，敏于理解，满腔热情，宁静而矜持，内涵丰富，有可能表露出一种理解超自然现象的能力，有远见卓识，富有诗意，有优秀语言的才能，重视集体和睦，善于聆听	临床医学家，临床心理学家，精神医学家，特殊领域教师及作家
11. 奋斗者 ENFP	富于感染力，活泼有生气，生性喜欢调查和研究，对新奇事物有极大的热情，善于表达，不愿受约束，热心而敏锐，率直，有出色的直觉力，有良好的公众形象	教导者，政府官员，新闻记者，演说家，小说家，电影编剧，剧作家
12. 化解者 INFP	喜好隐居，矜持，刻意而谨慎，在工作中具有适应力，欢迎新思想、新知识，有出色的语言方面的才能，时刻警惕来自外界的侵犯	政府工作人员，宣传工作者，社会工作者，幼儿咨询员，人文学科方面的大学教育家
13. 陆军元帅 ENTJ	聪敏，自主，坚定，信赖理性，渴求知识，本性果断，善于谋划，坦率，直言极端的实用主义者	陆军元帅，高级管理人员
14. 策划者 INTJ	聪敏，自主，坚定，本性果断，善于谋划，矜持，思想开明，自信，意志坚强，工作态度持久，努力、坚定，难以满足	科学研究人员，经营主管人员
15. 发明家 ENTP	聪敏，自主，坚定，信赖理性，渴求知识，好奇心强，忽视标准、传统和权威，擅长功能分析，健谈，多才多艺，思维敏捷	教师，创新事业中的称职领导
16. 建筑师 INTP	安静，缄默含蓄；在理论性或科学性的科目上表现尤为出色。注重逻辑，有时甚至到了吹毛求疵的地步。通常对观念和思想感兴趣，但不太喜欢聚会或闲谈。常常有十分明确限定的兴趣或爱好	需要选择从事那些自己的兴趣能够用得上且有用的职业

第五节　面试设计与操作

一、实验目的

• 熟悉面试的概念、类型，以及面试能够测评的素质指标要素

• 能够根据测评指标要素，设计面试提纲、面试评价表和评分标准

• 了解面试的程序，熟悉面试的提问技巧，掌握面试的组织实施及测评步骤

• 能够观察并分析被面试者在面试过程中的行为表现，能够根据评分标准对被面试者的表现进行客观、合理的评价

二、理论知识要点

（一）面试的概念及特点

1. 面试的概念

面试是指在特定时间、地点进行的，预先精心设计好的、有明确的目的和程序的谈话，通过面试者与被面试者双方面对面的观察、交谈等双向沟通的方式，了解被面试者的性格特征、个人能力以及求职动机等方面情况的一种人员甄选与测评技术。

2. 面试的特点

（1）内容的灵活性。面试的内容主要包括：仪表与风度、工作动机与愿望、工作经验、知识水平、专业特长、兴趣爱好、工作态度、分析能力、语言表达能力、反应能力、应变能力、人际交往能力、自制力等。

根据岗位的不同，可以选择有针对性的问题作为提问的重点，进行深入的调查，充分把握被面试者的总体素质水平。

（2）信息的复合性。面试是通过问答的形式进行交流的。在面谈中，面试者除了根据被面试者的回答内容做出判断之外，还可以根据被面试者的体态语言做出判断。面试中的体态语包括手势、身势、面部表情、眼色、人际空间位置等一系列能够揭示内在意义的动作。这样，面试者就可以通过问、听、观等多种方式，对被面试者做出比较准确的判断。正如习近平总书记所提出的，在选拔任用干部时既听其言，又观其行，更察其幽。研究表明，在所有测评方式中，面试的信息最多、利用率最高。

（3）交流的直接互动性。面试中被面试者的回答及行为表现，与面试者的评判是相连接的，中间没有任何转换形式。面试中面试者与被面试者的接触、交

谈、观察是相互的，是面对面进行的，被面试者没有时间充分思考后再作答，所以在一定程度上避免了回答的非真实性，使面试的效度保持在70%以上。面试可以有效地避免高分低能者或冒名顶替者，也可以弥补笔试的不足。

（二）面试的类型

根据不同的划分标准，可以将面试划分为不同的类型。

1. 根据面试的结构化程度划分

（1）非结构化面试。非结构化面试可以说是漫谈式的，即面试者可以向被面试者提出随机想起的问题，无固定题目，无限定范围，面试没有应遵循的特别形式，谈话可以向多个方向展开。由于这种面试有很大的随意性，需要面试者具有丰富的知识和经验，掌握灵活的谈话技巧，否则很容易影响面试的效果。

（2）结构化面试。结构化面试又称标准化面试，是指面试前就面试所涉及的内容、试题的评分标准、评分方法、分数使用等一系列问题进行系统的、结构化设计的面试方式。面试过程中，面试者不能随意变动，必须根据事先拟订好的面试提纲，逐项对被面试者进行测试，被面试者也必须针对问题进行回答。面试的结构严密，层次性强，评分模式固定，面试的程序、内容以及评分方式等标准化程度都比较高，但是缺乏灵活性，不利于对被面试者进行深入了解。

（3）半结构化面试。半结构化面试是将非结构化面试和结构化面试结合起来进行的面试，可以有效地取长补短。

2. 根据面试的内容划分

（1）情景面试。情景面试是测评被面试者在假定的工作情景中的工作行为的面试方法。它假设一个人的未来行为会很大程度上受到他的目标或行为意向的影响，个人为自己设置的目标或意图是未来行为很好的预测指标。

（2）行为面试。行为面试，又叫行为描述面试。它关注被面试者过去发生过的行为，即在过去的个人经历中，有没有遇到过现在应聘的工作中可能会遇到的一些类似情景，以及当时是如何处理的。行为面试的假设是：过去的行为是预测未来行为的最好指标。行为面试是基于行为的连贯性原理发展起来的。面试者通过被面试者对自己行为的描述来了解两方面的信息：一是根据被面试者的工作经历，判断他选择本组织的原因，预测它未来在本组织中发展的行为模式；二是了解他对特定事件所采取的行为模式，并将其行为模式与空缺岗位所期望的行为模式进行分析比较。

情景面试和行为面试相比，两者都关注被面试者在目标岗位可能会遇到的典型情景时的表现。不同的是，行为面试关心的是过去实际的行为，而情景面试则关心将来可能的反应。比如，情景面试会这么问：“假设在你新任部门负责人三个月的时候，你的副手经常越过你向你的上级汇报工作，你会如何处理?”而行为面试会这么问:“在你担任部门负责人期间，有没有出现你的副手经常越过你向你的上级汇报工作，当时是什么样的情况，你是如何处理的，结果是怎样的?”

3. 根据面试所达到的效果划分

(1) 初步面试。初步面试用来增进用人单位与被面试者的相互了解，在这个过程中被面试者对其书面材料进行补充（如对技能、经历等进行说明)，组织对其求职动机进行了解，并向被面试者介绍组织情况，解释岗位招募的原因及要求。初步面试类似于面谈，它比较简单、随意。通常，初步面试是人力资源部门中负责招聘的人员主持的，不合适的人员或对组织不感兴趣的被面试者将被筛选掉。

(2) 诊断面试。诊断面试则是对经初步面试筛选合格的被面试者进行实际能力与潜力的测试。它的目的在于招聘单位与被面试者双方补充深层次的信息，如被面试者的表达能力、交际能力、应变能力、思维能力、个人工作兴趣与期望等，组织的发展前景、个人的发展机遇、培训机遇。这种面试由用人部门负责，人力资源部门参与，它更像正规的考试。如果是招聘高级管理人员，则组织的高层领导也将参加。这种面试对组织的录用决策与被面试者能否加入组织决策至关重要。

(三) 面试的程序

1. 面试前的准备

(1) 分析岗位工作说明书和胜任素质模型。要侧重了解的信息是岗位的主要职责，对任职者知识、能力、经验、个性特点、职业兴趣等方面的要求，工作中的汇报关系、环境因素、晋升和发展机会、薪酬福利等，明确岗位需要具备的素质要素。

(2) 设计面试提纲或面试问题、面试评分表及评价标准。根据岗位职责、任职资格或岗位胜任素质模型，设计面试问题，形成面试提纲，根据面试需要测评的素质要素，设计面试评分表及评价标准。

(3) 成立面试小组，并对面试考官进行培训，熟悉待聘岗位工作说明书和面试流程、面试问题及面试评分标准等。

(4) 阅读应聘材料和简历。在面试之前，一定要仔细阅读被面试者的应聘材料和简历。

(5) 准备面试的时间和场地。面试的环境必须安静，避免外部干扰，面试者与被面试者的位置可采用圆桌（或长方桌）会议的形式，使面试双方的信息沟通畅通无阻。

（6）通知被面试者前来面试。告诉具体的时间、地点等。

2. 面试的实施过程

面试的过程包括 5 个阶段：关系建立阶段、导入阶段、核心阶段、确认阶段、结束阶段，每个阶段有各自不同的主要任务，在不同的阶段中，适用的面试题目类型也有所不同。

（1）关系建立阶段。这一阶段主要的任务是面试者要为被面试者创造轻松、友好的氛围。这种轻松、友好的氛围将有助于被面试者在后面的面试过程中更加开放的沟通。这一阶段通常讨论一些与工作无关的问题，如天气、交通等。这部分大致占整个面试的 2%。在这个阶段主要采用一些需要简短回答的封闭性问题。

（2）导入阶段。在导入阶段，面试者首先要问一些被面试者一般有所准备的比较熟悉的题目，以缓解被面试者依然有点紧张的情绪。这些问题一般包括让被面试者介绍一下自己的经历、过去的工作、学习及生活等。所问的问题一般比较宽泛，使得被面试者有较大的自由度，另外也为后面的提问做准备。导入阶段占整个面试的比重大致为 8%。在这一阶段，最适用的面试题目是开放性的面试题目。

（3）核心阶段。核心阶段是整个面试中最为重要的阶段。在核心阶段，面试者将着重搜集关于被面试者核心胜任力的信息。被面试者将被要求讲述一些关于核心胜任力的事例，面试者将基于这些事实做出基本的判断，对被面试者的各项关键胜任能力做出评价，并主要依据这一阶段的信息在面试结束后对被面试者做出录用决定。核心阶段占整个面试的比重为 80%，并且整个面试的 65%要用在基于关键胜任能力的问题上。这一阶段使用的面试问题最主要的是基于关键胜任力的行为性问题。当然在使用行为性问题的同时还要与其他问题配合使用。

（4）确认阶段。在这一阶段，面试者将进一步对核心阶段所获得的对被面试者关键胜任能力的判断进行确认。这一阶段所使用的问题最好是开放性的问题。因为如果使用过多的封闭性问题，则会对被面试者的回答造成导向性，被面试者会倾向于给出面试者希望听到的答案。确认阶段在整个面试中所占的百分比为 5%。

（5）结束阶段。结束阶段是面试者检查自己是否遗漏了关于那些关键胜任能力的问题并加以追问的最后机会。而且，被面试者也可以借这个最后的机会来推销自己，表现出组织所要求的关键胜任能力。结束阶段占整个面试时间的百分比大约为 5%。在这个阶段中，可以适当采用一些基于关键胜任能力的行为性问题或开放性问题。

3. 面试结果汇总

几轮面试都结束后，应根据每位考官的评价结果对每一位被面试者的面试表现进行综合分析，形成对被面试者的总体评价，以便做出是否录用的决定并通知被面试者。

（四）面试提问技巧

面试考官提问的方式及问题决定了可以从被面试者那里得到什么样的信息或多少信息，因此，面试考官应运用如下一些提问技巧，以把握面试的方向和影响面试的进程。

1. 开放式提问

开放式提问即让被面试者自由发表意见或看法，让其具有更多的发挥余地，从而有利于深入地了解被面试者的能力与潜力。开放式提问又分为无限开放式和有限开放式。

2. 封闭式提问

封闭式提问即让被面试者对某一问题做出明确的答复，如是或否、有或无。

3. 清单式提问

清单式提问即鼓励被面试者从多个角度进行陈述，以获取被面试者决策或思维分析等多方面的能力。

4. 比较式提问

比较式提问即面试者要求被面试者对两个或更多的事物进行比较分析，以了解被面试者的个人品质、工作动机、工作能力与潜力。比如，“在以往的工作经历中，你认为你做得最成功的一项工作是什么？”

5. 举例式提问

这是面试的一项核心技巧，又称为行为描述面试。面试考官在考察被面试者的工作能力、工作经验时，可以对被面试者过去工作行为中特定的例子加以询问。例如，“过去半年中你所建立的最困难的客户关系是什么？当时你面临的主要问题是什么？你是怎样分析的？采取什么措施？效果怎样？”等，从而能较全面地考察一个人。

6. 假设式提问

假设式提问即鼓励被面试者从不同角度思考问题，发挥被面试者的想象力，以探求被面试者的态度或观点。例如“如果你遇到……的客户，你会怎样处理？”等。

7. 重复式提问

重复式提问即让被面试者从不同的角度知道面试考官接收到了被面试者的信息，检验获得信息的准确性。例如，“你是说……”“如果我理解正确的话，你说的意思是……”

8. 确认式提问

确认式提问即鼓励被面试者继续与面试考官交流。表达出对信息的关心和理解。例如，“我明白你的意思，这种想法很好！”

9. 客观评价式提问

这是面试者有意让被面试者介绍自己的情况，从而客观地对自己的优缺点进行评价，或以曾在面试者身上发生的某些事情为例，以此引导被面试者毫无准备地回答有关敏感问题，借此对被面试者进行更加深刻的了解。例如，“世上没有十全十美的人，比如说，我在处理突发事件时就易冲动，今后有待于进一步改善。你觉得你在哪些方面需要改进？”

（五）面试测评的主要内容

面试测评的主要内容如下：

1. 仪容仪表

仪容仪表主要考察被面试者的体型、外貌、衣着举止、精神状态等，如穿着打扮是否端庄得体，言行举止是否符合一般礼节，是否有多余的动作，身体和精神状态是否良好（精神饱满、有朝气、有活力）。

2. 知识的广度与深度

了解被面试者所应掌握的各种知识的深度和广度，判断其知识体系是否符合岗位的要求。作为对专业知识笔试的补充，面试对专业知识的考察更具灵活性和深度，所提问题也更接近空缺岗位对专业知识的需求。

3. 工作经验

考察被面试者以往的工作经历与实践经验，还可以考察被面试者的责任感、主动性、思维力、口头表达能力及遇事的理智状况等。

4. 口头表达能力

面试中被面试者是否能够将自己的思想、观点、意见或建议顺畅地用语言表达出来。考察的具体内容包括：表达的逻辑性、准确性、感染力、音质、音色、音量、音调等。

5. 分析能力

被面试者是否能通过分析面试者所提出的问题，抓住问题的关键和本质，并且说理透彻、分析全面、条理清晰。

6. 应变能力

主要看被面试者思考、解决问题时能否迅速而灵巧地转换角度、随机应变、触类旁通，做出正确的判断和处理，对于突发问题的反应是否机智敏捷。

7. 人际交往能力

考察被面试者的人际交往倾向和与人相处的技巧，是否有与人合作的主动意识，能够把握处理人际关系的灵活性与原则性。

8. 情绪稳定性

在压力情境下或者处于不利情境时，能否克制、容忍、理智地对待，能否保持冷静，并约束自己行为反应的能力，是否因情绪波动而影响工作；另一方面工作是否有耐心和韧劲。

9. 工作态度

一是考察被面试者对过去学习、工作的态度，在过去学习或工作中态度是否认真负责；二是了解被面试者对应聘岗位的态度是否积极、认真。

10. 上进心、进取心

考察被面试者的职业发展规划，有何抱负和理想，在工作和生活中追求什么；是否不安于现状，在工作中常有创新，还是安于现状，无所事事，不求有功但求无过，对什么事都不热心。

11. 求职动机

了解被面试者为何希望来本单位工作，对哪类工作最感兴趣，在工作中追求什么，判断本单位所能提供的岗位或工作条件等能否满足其工作要求和期望，能够胜任该岗位的可能性。

12. 业余兴趣与爱好

被面试者闲暇时从事哪些运动，喜欢阅读哪些书籍，喜欢什么样的电视节目，有什么样的嗜好等，可以考察出被面试者是否兴趣广泛、精力充沛、充满活力。

三、实验内容

- 根据岗位工作说明书或胜任素质模型，明确测评指标要素
- 针对每一测评指标要素，编制或选择面试问题
- 设计面试评分表，明确评价标准
- 模拟面试过程，体验和掌握标准化的面试流程

四、实验准备

- 岗位的工作说明书或胜任素质模型
- 结构化的面试试题册。包括面试指导语、测评各指标要素的面试问题、面试评分表及评价标准等（每位参与面试的面试考官每人一份）
- 应聘简历（提前安排被面试者做准备）
- 面试评分表及评价标准（每位参与面试的面试考官每人一份）

五、实验组织方法及步骤

• 实验前准备阶段：教师讲解相关理论，布置实验内容与实验要求

（1）学生分组，每组6~8人，在人力资源部门的相关岗位中自主确定拟招聘岗位

（2）各小组制定岗位说明书及招聘广告，并根据岗位说明书确定拟测评的素质指标要素

（3）各招聘小组设计面试问题、面试提纲、面试评分表及评价标准

（4）每组选定一个被面试者，被面试者撰写和提交个人简历

• 模拟面试实验阶段

（1）布置桌椅，模拟面试环境

（2）面试考官按照预先设计的面试提纲和面试问题，对被面试者进行提问，并记录其行为表现

• 结束阶段

（1）面试收尾，结束面试，面试小组对被面试者的表现进行集体评议，根据面试评分表进行评分

（2）指定一名小组成员发布面试评价结果，对面试过程和被面试者的表现进行评价

• 教师组织观摩学生评价面试考官及被面试者的表现，面试活动中的优点和不足，提出改进意见

• 教师总结小组面试活动并进行点评

• 个人总结并撰写实训报告

六、实验思考与作业

• 面试的特点是什么

• 情景面试与行为面试有何不同，思考这两种面试在实际中应该如何使用

• 面试的流程有哪几个步骤，其中你认为最关键的环节是哪个

• 面试主要测评哪些素质？请设计几个针对某一素质要素的面试问题（如上进心、组织协调能力、人际交往能力等）

七、范例

某市公务员结构化面试范例①

面试指导语：您好，首先祝贺您顺利通过了笔试，欢迎参加今天的面试。请

① 资料来源：www. syrc. com. cn.

您来，是希望通过交谈，增进对您的直接了解。我们会问您一些问题，有些和您过去的经历有关，有些要求您发表自己的见解。对我们的问题，希望您能认真思考并实事求是地回答，尽量反映自己的实际情况、真实想法。在后面的考核阶段，我们会核实您所谈的情况。对您所谈的个人信息，我们会为您保密。面谈的时间为30分钟左右，回答每个问题前，您可以先考虑一下，不必紧张。回答时，请注意语言要简洁明了。好，现在我们开始。(稍停顿一下) 第一个问题是：

从学校跨入社会，是人生的一次重要选择，您在选择生活，生活也在选择您。请您简单介绍一下自己的基本情况和主要经历。

追问：每个人的性格特点中都有优势和不足，您觉得自己性格特点中的优势和不足对报考公务员岗位会有什么影响？为什么？

出题思路：背景性题目。通过了解考生的基本情况，考查考生的求职动机与拟任岗位的匹配性及自我认知能力。

参考评分标准：

好：具备拟任岗位所需的知识、素质。能辩证、客观地评价自己，自我认知能力强，所谈经历及对自己的评价诚恳、可信，善于分析、总结。

中：基本具备拟任岗位所需的知识、素质，所谈经历及对自己的评价合理、可信，自我认知能力一般。

差：现有的知识、素质与拟任岗位相差较远，自我评价缺乏真实性，自我认知能力较差。动机与拟任岗位不匹配。

…………

很高兴您对我们的问题做了回答，今天我们就谈到这里，谢谢！

面试流程中面试准备范例①

某企业需招聘一名研发部经理，其中具体的面试流程如下：

首先，人力资源部与研发部门一起对研发经理的工作进行了分析，确定其主要的工作职责。具体如下：

岗位：研发经理

部门：研发部

汇报给：区技术经理和总经理

岗位概述：组织领导研发队伍研发新产品，制订研发项目计划，监控研发部门工作的执行情况，与其他部门沟通、协调，共同实现公司目标。

---

① 资料来源：宋荣，谷向东，宇长春．人才测评技术［M］．北京：中国发展出版社，2012：143.

岗位要求：化工专业学士及以上学位，较强的化工技术经验，良好的沟通和领导能力。

岗位职责：负责管理研发部门日常的管理工作；组织一个有效的、强大的研发队伍，制订行动计划监控实施结果；为每个研发工程师制定并安排研发项目，并监督、指导其工作；指导、培训、管理所有研发人员，以提升其工作能力；领导研发人员研制新产品，以适应市场需求；为中国区的三个厂提供生产技术服务；建立合理的原料采购、监测程序，与采购部共同寻找低成本原料；建立合理的产成品监测程序，并监督质量检查部门执行；建立合理的程序并实施。

确定所需的主要胜任特征：

①基本素质：健康状况、专业知识、辅助技能（英语、计算机）、实践经验②综合能力：组织协调力、领导决策力、理解判断力、规划创造力、语言表达力；③工作态度：责任心、积极性、稳定性。

设计面试问题：

1. 工作兴趣

你为什么想从事研发工作？你为什么认为你能胜任这方面的工作？你的理想职业是什么样的？

2. 工作动机和目的

你在选择职业的时候最重视的因素是什么？近5年的职业发展有何规划？这个岗位最吸引你的是什么？你希望公司如何安排你的工作待遇？你是否认为你比其他被评价者更胜任此岗位，为什么？

3. 工作经历

请简要介绍一下你这些年的工作经历。然后，我们再详细了解一下你近来的工作情况，请你描述一下你的工作及职能；你喜欢哪些工作？不喜欢哪些？你认为你在工作中有何收获？你认为要将此工作做好，有哪些技能需要提升？

4. 创造性、管理风格和领导才能

你认为曾经做过的最有创造性或创新性的项目是什么？你以前的部门员工怎样评价你的领导风格？作为一个部门经理，你认为怎样能够领导整个团队更好地完成工作？在研发部门中，你认为哪种管理方式是有效的？

5. 稳定性

你认为你目前的工作是否有束缚你的地方，如果有，它是什么？你希望在一个怎样的企业中工作？什么样的工作环境会激发你的工作动力？如果工作环境不如意，你会怎么做（离职、改变自己、得过且过）？你怎么处理工作和家庭的冲突？

6. 组织规划、沟通能力、团队合作

你喜欢和什么样的人在一起工作？你和什么样的人很难一起工作？谈谈你所做的这样一项工作或项目，在该工作中你需要从各种不同的渠道中收集信息，并对信息进行整合，以解决企业所面临的问题。如果你的团队拒绝了你的建议，你将如何做？你是怎样劝说团队接受你的观点的？你希望在什么样的领导下工作？你选择朋友时所考虑的最重要的因素是什么？你是怎样组织和计划主要的工作项目的？

7. 解决问题的能力

工作中通到矛盾、冲突，你会怎么办？回忆一下你在职业生涯中的一次失败，你从中吸取了什么教训？你在过去的工作中遇到的最大困难是什么？你是怎样处理的？

8. 责任心、纪律性

你在委任的任务完不成的时候是如何处理的？对公司的规章制度的看法是什么？

9. 个性

你认为你是什么性格的人？这种性格给你以往的工作带来了哪些好处？哪些坏处？你喜欢独立工作还是在团队中工作？

10. 兴趣爱好

你会参加哪些团队活动？工作以外你做什么？

面试由人力资源部、研发部、总经理、区技术经理共同组成的面试小组进行。原则上见面时小组成员同时进行面试，如遇特殊情况，则可分别进行。面试后，面试小组成员需针对被测评者的表现进行讨论。

(面试评分表略)

面试评分表

示例见表 4-9 所示。

表 4-9 面试评分表

序号		姓名		性别		报考部门		
面试要素	综合分析	言语表达	应变能力	计划、组织与协调	人际交往的意识与技巧	求职动机与拟人岗位的匹配性	举止仪表	合计

续表

序号		姓名		性别		报考部门		
权重（%）	20	20	15	15	10	10	10	100
观察要点	对事物能从宏观方面总体考虑；能从微观方面考虑其各个组成部分；能注意整体和部分间的关系及各部分间的有机协调组合	理解他人的意思，口齿清晰、流畅；内容有条理、富有逻辑性；他人能理解并具有一定的说服力；用词准确、恰当、有分寸	有压力状况下，思维反应敏捷；情绪稳定；考虑问题周到	依据部门目标，预见未来的机会和不利因素，并做出计划；看清冲突各方面的关系；根据现实需要和长远效果做适当选择；及时做决策；调配、安置人、财、物等有关资源	人际合作主动；理解组织中的权属关系（包括权限、服从、纪律等意识）；人际间适应；有效沟通；处理人际关系时原则性和灵活性相结合	兴趣与岗位情况匹配；成就动机（认知需要、自我提高、自我实现、服务于他人的需要，得到锻炼等）与岗位情况匹配；认同组织文化	穿着打扮得体；言行举止符合一般的礼节；无多余的动作	
评分标准 好	16~20	16~20	12~15	12~15	8~10	8~10	8~10	
评分标准 中	8~15	8~15	6~11	6~11	4~7	4~7	4~7	
评分标准 差	0~7	0~7	0~5	0~5	0~3	0~3	0~3	
要素得分								
评价者评价	评价者签字： 年 月 日							

第六节　无领导小组讨论

一、实验目的

- 了解无领导小组讨论的概念和测评形式
- 熟悉无领导小组讨论测评的素质要素及评价标准
- 熟悉无领导小组讨论的实施步骤
- 能够观察并分析被测评者在无领导小组讨论过程中的行为表现，根据评分标准对被测评者的表现进行客观、合理的评价

二、理论知识要点

（一）无领导小组讨论的概念

无领导小组讨论是评价中心技术中经常使用的一种测评技术，其采用情景模拟的方式对被测评者进行集体测评，它是指将一组被测评者（一般是 5~7 人）集中起来组成一个临时的工作小组，在既定的背景下，就某一个议题进行一定时间（一般是 1 小时左右）的讨论，通过被测评者在讨论中的言语及非言语行为进行观察并做出评价的一种测评形式。所谓“无领导”，是指参加讨论的人员不指定领导，大家在讨论问题的情境中的地位是平等的，由他们自己来决定和组织整个讨论的过程。以此测评被测评者的组织协调能力、口头表达能力、辩论能力、说服能力、情绪稳定性、处理人际关系的技巧、非言语沟通能力（如面部表情、身体姿势、语调、语速和手势）等各个方面的能力和素质是否达到拟任岗位的用人要求，其自信程度、进取心、责任心和灵活性等个性特点和行为风格是否符合拟任岗位的团体气氛，由此来综合评价被测评者的优劣。

无领导小组讨论对题目即背景材料要求非常高。首先，要求讨论的题目没有明显的答案或绝对的对错之分，它应该富有讨论空间，能够引起充分的争论，从而使被测评者的各项特点和综合能力，尤其是领导才能得到淋漓尽致的发挥，同时也给评委提供了在互相对照的背景下对被测评者进行评价的机会。其次，讨论的题目要有普遍性，如果题目过于专业化，势必会影响到那些不熟悉该专业领域的小组成员。讨论题目的形式可以多种多样，一般可分为下列 5 种：开放式问题、两难问题、多项选择问题、操作性问题、资源争夺问题等。可根据岗位类型编制或确定讨论题目。

（二）无领导小组讨论测评的素质要素

1. 综合分析能力

分析思路清晰、论点鲜明、论据充分，善于抓住问题的要害，提出的问题解决办法具有可行性。

2. 言语表达能力

能清晰表达自己的观点和思想，声音洪亮，用词准确、语言流畅，善于运用语音、语调、目光和手势，语言生动。

3. 倾听

能明白他人的意思，做到专心聆听，在讨论中不会随意打断他人的发言。

4. 组织协调能力

善于寻求大家观点的共同点和分歧，能够引导小组讨论方向，把握讨论进程，为达成小组目标主动平息小组的纷争，推动小组形成统一的意见。

5. 合作意识

善于察言观色，与他人沟通的态度和方式得体，主动与他人达成一致的观点。

6. 情绪稳定性

能保持情绪的稳定，恰到好处地表露自己的情感，冷静地处理各种事务，并约束自己的行为反应，表情自然，积极应对和解决问题。

7. 主动性和积极性

能够主动、积极地发言，敢于说服他人，敢于发表不同意见，善于提出新的见解和方案，每次发言有新意、不重复。

（三）无领导小组讨论的评价标准

一般而言，在无领导小组讨论中，考官评价依据的标准主要有以下几点：

第一，参与有效发言次数的多少。

第二，是否善于提出新的见解和方案。

第三，是否敢于发表不同的意见，支持或肯定别人的意见，在坚持自己的正确意见基础上根据别人的意见发表自己的观点。

第四，是否善于消除紧张气氛，说服别人，调解争议，营造一个使不大开口的人也想发言的气氛，把众人的意见引向一致。

第五，能否倾听别人意见，是否尊重别人，是否侵犯他人发言权。

第六，语言表达能力如何，分析能力、概括和归纳总结不同意见的能力如何，发言的主动性、反应的灵敏性如何等。

（四）无领导小组讨论的实施步骤

无领导小组讨论的实施可以分为准备阶段、开始阶段、讨论阶段、汇报阶段、评价阶段五个具体环节，每个步骤均有其相应的具体要求。

1. 准备阶段

（1）明确本次测评的岗位任职资格及胜任素质要求，构建测评指标体系，并编制无领导小组讨论评分表和评价标准。

（2）准备小组讨论的有关材料。给被测评者准备讨论的题目、背景信息、必要的道具、笔、答卷纸、桌签等，给评价人准备指导语、讨论题、评分表和记录用纸。

（3）评价人。每组 5~7 人，指定一个为主考，集中培训，熟悉讨论题的内容、实施程序、指导语、时间限制、评价维度和评分标准等，必要时还要进行模拟评分练习。培训的目的是提高评分者信度，让考评者的评分尽可能相近。

（4）被测评者。尽量将报考同一岗位或相近岗位的被测评者安排在同一组，每组 5~7 人。

（5）选择合适的场地并布置：整洁、安静、明亮，面积足够大，采用圆桌便于讨论，也有利于处于同等的地位，评价人应与被测评者保持一定的距离，便于观察。有条件的可以试用声像采录式行为观察室，减少评价人与被测评者同处一室的干扰。

2. 开始阶段

评价人应提前 10 分钟入场，被测评者身份确认后要安排在相应的位子上，便于评价人观察和评价，座位前应有桌签，上面有姓名和序号。

宣读指导语：大家好！欢迎参加此次讨论，本次讨论的主题是关于……，（讨论的具体规则、时限和小组要达成的目标）。希望各位积极发言，考官将根据在讨论中的表现，对本人及小组进行评价，在整个讨论的过程中，考官作为旁观者不参与讨论，由小组自主进行，讨论开始后，请不要向考官询问任何问题。

被测评者在讨论之前需要花费 10~15 分钟阅读材料，有必要的可以在答卷纸上独自写出自己的观点，并阐述理由，此时不能相互讨论。

3. 讨论阶段

材料阅读完毕，被测评者进入自由讨论，讨论时间一般为 30~40 分钟，被测评者先轮流发表自己的意见，然后按照要求展开讨论，每次发言一般不能超过 3 分钟，但对次数不做限制，最终形成一个解决问题的一致意见。

评价人观察和记录被测评者的表现，如被测评者提出了什么观点，观点不一致怎么处理，是否坚持自己认为正确的观点，怎么说服别人，倾听或只顾自己说并常打断他人，是否尊重他人，个人利益与小组利益冲突如何处理，谁在引导讨论的进程，谁进行阶段性的总结，个人陈述观点时语言组织、语调、语速及手势是否得体等。

4. 汇报阶段

自由讨论时间结束，面试官请被测评者停止讨论。每组被测评者推荐一名发言人进行总结汇报，如果其他人认为还有内容没有阐述充分，可以进行补充发言，但是要简短精练，不能长篇大论。汇报完毕，面试官宣布结束，被测评者退出考场。

5. 评价阶段

评价人对观察、记录的信息进行整理，根据评价标准，对每位被测评者的综合表现对他们进行评分。评分一定要客观、公正、以事实为依据，必要时写出文字评价意见，工作人员回收评价人的评分表，并对评分进行核对汇总。

三、实验内容

- 熟悉无领导小组讨论的测评形式和基本流程
- 根据测评目的和素质指标，选择或设计无领导小组讨论的题目
- 模拟无领导小组讨论，体验和掌握无领导小组讨论的测评过程
- 根据测评标准和评分标准，对无领导小组讨论中被测评者的综合表现进行评价

四、实验准备

- 宽敞、明亮的适合无领导小组讨论的场地

考场按易于讨论的方式设置，一般采用圆桌会议室，面试考官席设在考场四边（或集中于一边，以利于观察被测评者为宜）。

- 报到表

用以确认被测评者是否参与实际测评。报到表上有姓名、性别、身份证号及被测评者的报到签名栏。在抽签决定被测评者的座位号码后，还要填上该被测评者的座位号码，以便评分时确保不会因座位误认造成误评。

- 抽签条

用于被测评者抽取座位号码。为了公正起见，座位由抽签决定。

- 桌签

桌签上写明被测评者抽到的号码，摆放在被测评者桌前，被测评者讨论时彼此用号码来称呼，也便于评价人用号码来标记对方从而方便观察与记录。

- 指导语

主要告知被测评者讨论的程序及注意事项。

- 测评题目

一般来说，讨论题目应选择能够引发小组成员激烈争论的。同时，对测评题

目的准备还需要事先试测验证。为了保证测评的顺利进行，一般还要准备一套备选题目。小组讨论题目若干份，一般要求每人一份。

• 讨论汇报表

被测评者在最后讨论达成一致意见后，要将意见写在讨论汇报表上，然后交给主考官。

• 观察记录表

评价人用于记录被测评者的讨论表现，如发言次数、接受别人观点、表情姿态等，作为评估的依据。

• 评价标准与评分表

评价人最后给被测评者打分的表格。评分表若干份，评价人每人一份。

• 白纸

为每位被测评者发放一张白纸，供草拟提纲和讨论记录之用。

五、实验组织方法及步骤

• 实验前准备阶段

教师讲解相关理论，布置实验内容与实验要求。

（1）学生按人数先分成大组，组内再分两小组，每小组 5~7 人，一组做评价人，一组做被测评者。如果有多余学生，可在旁边观摩

（2）评价人小组根据测评目的和岗位素质要求，确定测评的指标要素，并编制和确定无领导小组讨论题目及评价表，并准备相关讨论材料

• 无领导小组讨论实验阶段

（1）布置桌椅，模拟讨论环境

（2）被测评小组成员按讨论实施步骤进行讨论，评价人观察、记录被测评者的行为表现和讨论过程

（3）讨论结束，小组指定一名小组成员发布讨论结果

• 结束阶段

（1）评价人整理观察记录的信息，根据评价标准进行评分，并汇总；

（2）评价人小组指定一名成员发布本次无领导小组讨论的评价结果，并对讨论过程和被测评者的表现进行评价；

• 教师组织参与讨论的学生评价无领导小组讨论测评过程的体验，并组织观摩学生进行点评

• 教师总结小组无领导小组讨论活动并进行点评

• 个人总结并撰写实训报告

六、实验思考与作业

- 分析无领导小组讨论这种测评形式的优缺点
- 分析无领导小组讨论适合测评哪些方面的素质
- 无领导小组讨论的实施过程有哪几个步骤，论述你认为最关键的环节
- 无领导小组讨论实施过程中应该注意哪些事项

七、范例

考官指导语范例

大家好！首先欢迎大家参加这次讨论，讨论的主题是关于……，各位就是本次主题讨论的成员。讨论中大家地位平等，没有人是领导，也没有人来主持，讨论进程由你们自己控制。讨论内容马上就会发给你们，拿到讨论题后请你们先用10分钟时间了解讨论内容，然后每人有2分钟左右的时间发表自己的意见，接着有20分钟的时间进行讨论，最后小组要形成一致的意见并填写在讨论汇报表上，讨论结束后推举一人向主考官进行汇报。

讨论时可根据彼此座位号码牌上的数字相互称呼。随题目发下的另外一张白纸供你们讨论记录用，讨论结束与题目一起交给主考官。

现在有什么问题可以提出，讨论一旦开始，主考官就会退出，不能再回答任何问题。

如果没有什么问题，现在就可以开始了。

无领导小组讨论题目范例

题目范例见表4-10所示。

表4-10　无领导小组讨论题目

1. 海上自救	情境：你们正乘一艘科学考察船航行在大西洋的某个海域，考察船突然触礁并迅速下沉，队长下令全队立即上橡胶救生筏。据估计，离你们出事地点最近的陆地在正东南方向100海里处。救生筏上备有9件物品，除了这些物品以外，有些成员身上还有一些香烟、火柴和气体打火机。 问题：现在队长要求你们每个人将救生筏上备用的9件物品按其在求生过程中的重要性进行排列，把最重要的物品放在第1位，次重要的放在第2位，直至第9件物品。请你们一起讨论，在25分钟内确定出一个统一方案。并推荐一名代表向面试考官汇报。 附：排序用的物品：指南针、小收音机（一台）、剃须镜、航海图（一套）、饮用水、巧克力（二公斤）、蚊帐、二锅头酒（一箱）、机油、钓鱼工具（一套）、救生圈、驱鲨剂（一箱）、压缩饼干（一箱）、15米细缆绳、30平方尺雨布一块

续表

2. 转行问题	著名企业家柳传志在管理上信奉几条原则，其中一条就是“不熟不做”。从这个角度来讲，自己手里已经抱着的“金娃娃”，怎么能够说丢就丢，再去别的行业寻“新鲜”呢？随意转行是做企业的大忌，你现在干的这个行业竞争激烈，利润严重缩水，谁能保证你转行做了其他行业，利润就不缩水？ 但有人提出疑问：如果行业利润真的严重缩水，甚至到了越做越亏的地步，你还一味坚持，那不是自寻死路吗？例如，由于产品同质化严重、行业竞争日趋激烈，以及原材料涨价等因素，许多行业如服装、纺织、皮革、电子、白色家电、IT、咨询等等，利润都在缩水。 你如何看待这个问题？ 请大家进行讨论，得出一致结论，推荐一名代表向面试官汇报
3. 成功领导者	做一个成功的领导者，可能取决于很多的因素，比如： 善于鼓舞人　　能充分发挥下属优势 处事公正　　能坚持原则又不失灵活性 办事能力强　　幽默 独立有主见　　言谈举止有风度 有亲和力　　有威严感 善于沟通　　熟悉业务知识 善于化解人际冲突　　有明确的目标 能通观全局　　有决断力 请你分别从上面所列的因素中选出一个你认为最重要和最不重要的因素。 首先，给你们 5 分钟时间考虑，轮流阐述自己的观点。 其次，你们几位用 30 分钟时间就这一问题进行讨论，并在结束时拿出一个一致性的意见，即得出一个你们共同认为最重要和最不重要的因素。 最后，派出一个代表来汇报你们的意见，并阐述你们作出这种选择的原因
4. 你会怎么办？	单位经费紧张，现只有 20 万元，要办的事情有下列几项： （1）解决办公设备短缺问题，预计需花费 4 万。 （2）装修会议室大厅等以迎接上级单位委托承办的大型会议，预计需花费 8 万。 （3）支付职工的高额医疗费用，预计需花费 10 万。 （4）五一节为单位职工发些福利，预计需花费 3 万。 很明显 20 万元无法将这四件事情都办圆满，如果你是这个单位的分管领导，将如何使用这笔钱。 流程： 1）5 分钟的审题、思考时间 2）1 分钟的观点陈述时间 3）30 分钟的小组讨论时间 4）5 分钟总结 最后，派出一个代表来汇报你们的意见，并阐述你们做出这种选择的原因

续表

5. 组织年终联欢会	新的一年要结束了，公司要组织一次年终联欢会，以答谢全体员工一年来的辛勤工作，会议上要表彰先进，鼓舞士气，假设现在大家都是行政办公室成员，我们现有的资源如下： 1. 联欢会前一个月的准备时间； 2. 5 万元的活动经费； 3. 大家都是这个联欢会筹备小组的成员； 请大家拟定一个年终联欢会活动方案出来，方案内容需包括以下几项： 1. 联欢会准备阶段的分工及日程安排； 2. 联欢会议程（内容）； 3. 联欢会的目的及口号； 4. 如何使全员互动，通过联欢会达到团队建设的目的。 用 40 钟时间就这一问题进行讨论，并在结束时拿出一个一致性的意见，然后，派出一个代表来汇报你们的意见

无领导小组讨论评分表范例

评分表范例见表 4-11 所示。

表 4-11　无领导小组讨论评分表

组别：第______组　　　　　　　　　　　　时间：　　年　　月　　日

测评要素	解决问题能力	个人影响力	组织协调能力	团队协作能力	语言表达能力	稳定性举止仪表	总分
权重%	20	20	20	20	10	10	
观察要点	分析问题思路清晰，善于抓住问题的要害，解决问题的方法切实可行	思维敏捷，能根据场上情况及时调整、完善自己的思路，能抓住适当时机积极发言，有效赢得认可与支持	在讨论中善于寻求大家观点的共同点和不同点，为达成小组目标主动平息小组的纷争，推动小组形成统一意见	愿意与他人共同工作，专心聆听他人意见，不压制，能够赢得他人的新人、支持与合作，从而构建融洽高效的小组	能够清晰地表达自己的观点和思路，语言生动、流畅、富有感染力	讨论中情绪稳定、沉着，穿着打扮自然得体，言谈举止表现出良好的文化素质	
考生							
考生							

续表

<table>
<tr><td>测评
要素</td><td>解决问题
能力</td><td>个人
影响力</td><td>组织
协调能力</td><td>团队协作
能力</td><td>语言表达
能力</td><td>稳定性
举止仪表</td><td>总分</td></tr>
<tr><td>考生</td><td></td><td></td><td></td><td></td><td></td><td></td><td></td></tr>
<tr><td>考生</td><td></td><td></td><td></td><td></td><td></td><td></td><td></td></tr>
<tr><td>考生</td><td></td><td></td><td></td><td></td><td></td><td></td><td></td></tr>
<tr><td>考生</td><td></td><td></td><td></td><td></td><td></td><td></td><td></td></tr>
<tr><td colspan="4" rowspan="2">表现最好的被测评者：
理由：

其他意见：</td><td colspan="4">打分标准说明：
1. 满分是 10 分，请根据您的个人观点打分，不要与其他考官商量
2. 8 分以上，非常好；4~8 分，较好；4 分以下，较差</td></tr>
<tr><td colspan="4">考官签名：
年　月　日</td></tr>
</table>

第五章 人力资源培训

本章学习目标

- 熟悉培训需求分析系统的三大层次
- 掌握培训需求分析的方法与技术
- 了解培训计划的类型和培训内容
- 掌握培训计划的编制方法
- 掌握每种培训方法的优缺点及适用条件
- 掌握培训效果评估方案的设计思路
- 掌握新员工的培训方案设计
- 能够针对某一类员工熟练为其设计培训方案
- 掌握培训方案设计流程，培养学生系统思维能力，并能够有意识地理解他人需求，与团队成员密切合作、有效沟通，合作开展活动并展示成果

人力资源培训作为人力资源管理的一项基本职能活动，是实现人力资源增值的一项重要途径。随着人力资源对价值创造贡献的逐渐增加，人力资源增值对组织效益提高的意义也日益突出。

本章将以培训流程作为重点内容，把培训需求分析、培训方案的制定和实施、培训效果的评估四个环节的实验训练作为主要内容，要求学生熟悉人力资源培训的基本流程，并能够根据组织的实际情况进行培训方案的设计。本章学习思路如图 5-1 所示。

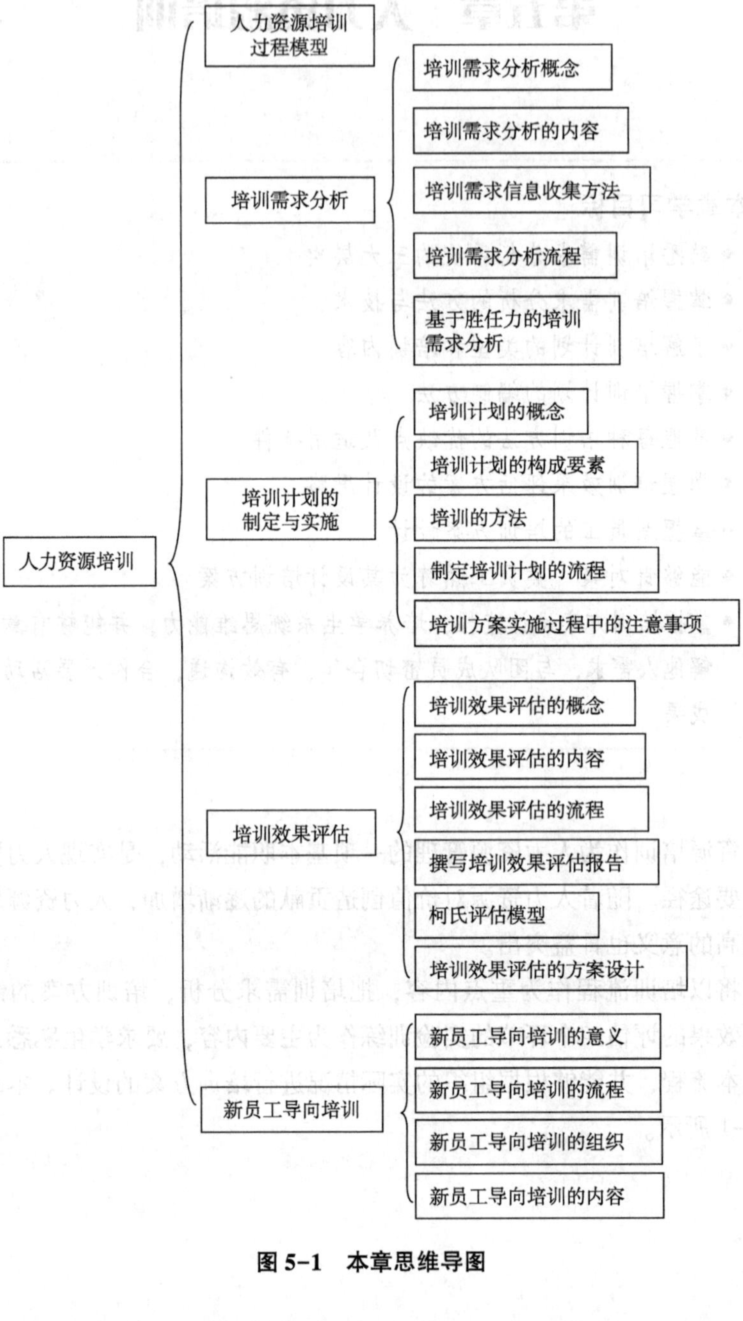
人力资源培训
人力资源培训过程模型
培训需求分析
培训需求分析概念
培训需求分析的内容
培训需求信息收集方法
培训需求分析流程
基于胜任力的培训需求分析
培训计划的制定与实施
培训计划的概念
培训计划的构成要素
培训的方法
制定培训计划的流程
培训方案实施过程中的注意事项
培训效果评估
培训效果评估的概念
培训效果评估的内容
培训效果评估的流程
撰写培训效果评估报告
柯氏评估模型
培训效果评估的方案设计
新员工导向培训
新员工导向培训的意义
新员工导向培训的流程
新员工导向培训的组织
新员工导向培训的内容

图 5-1　本章思维导图

第一节　人力资源培训的过程模型

人力资源培训是指通过一定的措施和手段，补充和增加员工的知识与技能，改善员工的工作态度和胜任特质，激发员工潜在的创造力，促进员工努力实现自身价值，提升员工对工作满意度和对组织的归属感与责任感，从而提高组织的工作效率，实现组织人力资本增值和预期的社会经济效益的一项有目的、有计划、有组织的人力资源管理活动。人力资源培训的重点在于“通过有计划地学习、分析，确保并帮助员工个人提高关键技术和能力，以便胜任现在和将来的工作”。

为了让读者从整体上把握人力资源培训的流程与方法，本节主要介绍人力资源培训的过程模型，以阐明培训流程中各环节之间的关系，如图 5-2 所示。

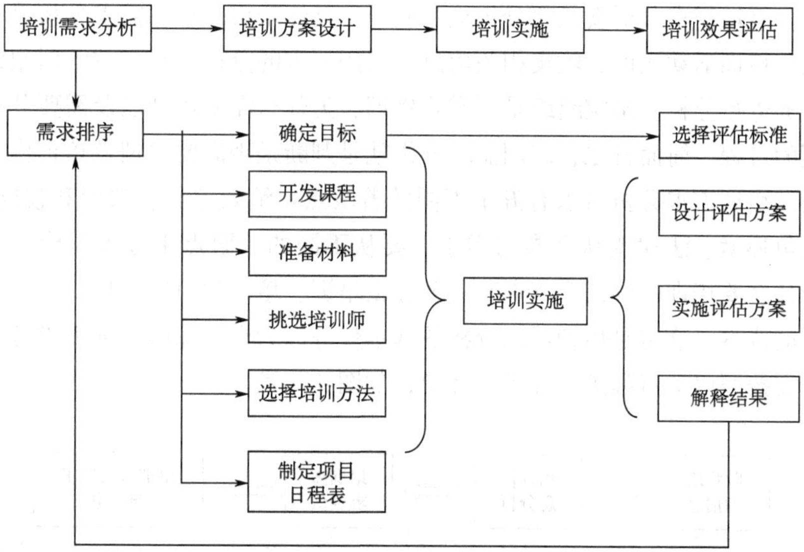

图 5-2　人力资源培训的过程模型

人力资源培训是一个有计划、有组织、系统的训练活动或过程，主要包括四个阶段：培训需求分析、培训方案设计、培训实施以及培训效果评估。培训需求分析是培训流程的第一步，主要从组织层面、工作层面和个人层面三个层面进行分析。在需求分析的基础上确定培训目标，设计培训方案，并就拟定的培训方案与组织和相关人员进行沟通确认后进入实施环节。培训结束后，对整个培训过程进行效果评估。对评估的结果进行反馈，成为下一轮培训需求分析的重点。

第二节 培训需求分析

一、实验目的

- 了解培训需求分析的重要性
- 熟悉培训需求分析系统的三大层次以及培训需求分析的思路
- 掌握培训需求分析的方法与技术
- 掌握基于胜任力的培训需求分析的特点

二、理论知识要点

（一）培训需求分析概述

培训需求反映了一个组织或个人预期应该发生的事情和实际发生的事情之间的差距。培训需求分析就是要分析这个差距，具体来讲，培训需求分析是指在规划与设计培训活动之前，收集相关信息，采用一定的分析方法和技术对组织、员工和任务进行分析，确定组织是否需要培训、为什么需要培训以及需要什么内容的培训的过程。简而言之，培训需求分析就是判断是否需要培训及培训内容的一种活动。培训需求分析可以有五个不同的着眼点：绩效差异、知识和技能差距、内外竞争环境、法律遵从和参与需求。要从不同的着眼点来分析与确定如下要素：为什么要培训、谁需要培训和需要什么培训、培训的时间、地点、方式方法和培训的成本。这也是培训需求分析的基本任务。为充分保障培训需求分析的有效性，需按照以下流程进行分析与评价，如图 5-3 所示。

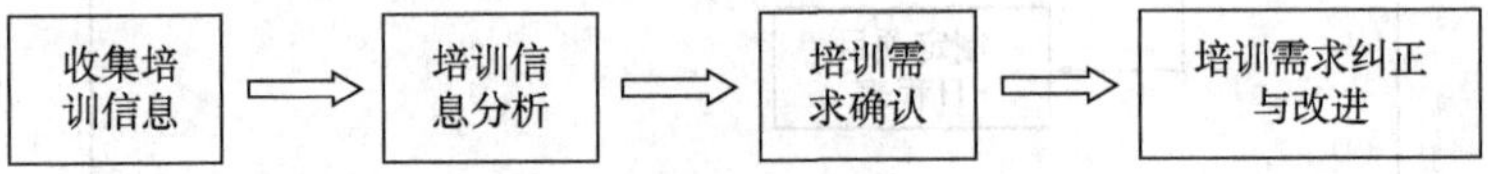

图 5-3 培训需求分析流程

（二）培训需求分析的内容

1. 组织分析

组织分析是指通过分析组织的目标、资源、氛围和环境等方面，准确地找出组织存在的问题，同时确定培训是否为解决这些问题的最有效的方法。组织分析确定组织范围内的培训需求，以保证培训计划符合组织的整体目标与战略要求。一般情况下，组织分析主要包括组织目标分析、组织资源分析、组织氛围分析和组织环境分析等方面。

2. 任务分析

任务分析主要是通过对工作任务和岗位职责的研究，发现从事某项工作的具体内容和完成该工作所需具备的各项知识、技能和能力，以确定培训项目的具体内容。任务分析的结果是设计和编制相关培训课程的重要资料来源。

3. 人员分析

人员分析是对员工现有的绩效水平与期望绩效或绩效标准进行比照分析，发现两者之间的差距，以确定谁需要和应该接受培训以及培训的内容，以此来形成培训目标和内容的依据。人员分析的目的是确认员工个人对培训的需求。

（三）培训需求信息收集方法

1. 访谈法

访谈法又称为面谈法，是通过与访谈对象进行直接交谈，以收集有关培训需求信息的一种方法。访谈对象可以是企业的管理层，以了解组织对员工的期望，也可以是普通员工，以实现从工作岗位的角度收集有关培训需求的信息。

（1）访谈法优点包括：①直接获得信息，有利于发现培训需求的具体问题，找到问题的根本原因和解决方法；②面对面的沟通交流，可以为调查对象提供更多自由表达自己意见的机会；③可以收集到新的、事先未预料到的重要信息；④能够及时控制和引导访谈对象，灵活掌握访谈内容，当访谈对象回答不清楚时，可以继续提问，直到把问题讲清楚为止。

（2）访谈法缺点包括：①花费访谈者和被访谈对象的时间较多；②所收集到的信息多为定性资料，难以量化，整理任务繁重，分析难度较大；③对访谈者的访谈技巧要求较高。

2. 问卷调查法

问卷调查法是利用预先设计好的问卷，由调查对象根据对问卷内容的理解来填写，以获取有关培训需求方面的信息的一种方法。当需要对较多的调查对象进行培训需求分析，且时间较为紧迫时，则可以设计一份高质量、有效的问卷，以电子问卷或微信的方式让被访者填写，也可以在进行面谈和电话访谈时由访谈人员填写，从而获得所需的培训需求信息。

（1）问卷调查法优点包括：①调查的样本量很大，能够在较短时间内对大量的调查对象进行信息的收集，从中找到差距。②自主性强。调查对象可以随时随地或在工作之余填写问卷，不会影响正常工作，培训部门也不需投入大量的人力进行控制、解释和管理。③成本较低。相对于访谈法等形式，问卷调查法投入的人力、时间和资金较少。④所得到的信息资料比较规范，容易进行分类汇总处理。

(2) 问卷调查法缺点包括：①设计理想、有效的调查问卷需要专业人员并给予充足的时间；②很难收集到问题产生的原因和解决问题的方法等深层次的信息；③回收率和真实性很难保证。填写问卷是由被调查者单独进行，缺少交流沟通，因此，被调查者可能不认真填写，或者由于被调查者文化水平较低，不能正确理解问卷中的问题，从而影响所收集信息的质量。

3. 观察法

观察法是通过到工作现场观察员工的具体工作表现，以发现问题并获取有关培训需求信息的一种方法。观察法主要用于任务层面以及员工层面的需求评估，如对员工工作行为的研究等。

(1) 观察法优点包括：①不影响被观察对象的正常工作和集体活动；②所获得的资料与实际培训需求之间相关性较高。

(2) 观察法缺点包括：①要求观察者的技能较高，且要具备充足的知识，并对工作过程有敏锐的观察能力；②观察结果可能受观察者个人的主观因素影响较大；③可能会存在误差，如果被观察对象意识到自己被观察，可能故意做出种种假象，这将导致观察结果的误差。

4. 文献研究法

文献研究法是通过对组织现有的各种资料、数据（培训记录、岗位职责、工作记录等）进行比对和综合分析，从而找到存在的问题。例如，从当月的"客户抱怨登记表"中发现排名第一位的是"接待人员服务态度差"，这就需要去具体了解确认此情况，并考虑是否要对接待人员进行服务意识或接待技巧的培训。

(1) 文献研究法优点包括：①所花费时间较少；②成本低，便于收集；③信息质量高。

(2) 文献研究法缺点包括：①无法显示问题的原因和解决办法；②文献、资料所反映的大都是过去的情况而不是现在的情况或有关变化的信息；③从大量的技术性很强的资料中去作分析，难度比较大。

(四) 培训需求分析的流程

为了保证培训需求分析的有效性，需要按照以下流程对培训需求进行分析和评估，如图 5-4 所示。

从图 5-4 可以看出，一般地，在进行培训的需求分析时，主要从组织分析、任务分析、人员分析三个层面收集信息并展开分析，最终确定具体的培训目标和培训内容。

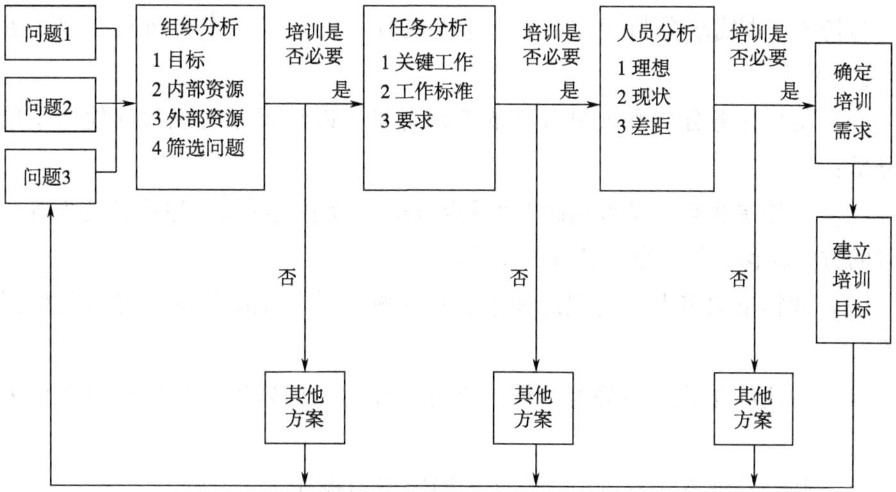

图 5-4　培训需求分析的步骤

（五）基于胜任力的培训需求分析

1. 胜任力的概念

胜任力是指能将某一工作或组织中表现优异者与表现一般者区分开来的个人潜在的、深层次特征。它可以是动机、特质、自我形象、态度或价值观、某领域的知识、认知或行为技能，即那些可以被可靠测量或计数的，并且能显著区分优秀绩效和一般绩效的个体特征。

2. 胜任力模型

胜任力模型是指担任某一特定任务角色所需要具备的一系列胜任力的总和，它是胜任力的结构形式。通常，胜任力模型被描述为在水面漂浮的一座冰山，即胜任力的冰山模型。该模型的水上部分代表个体表层的特征，如知识、技能等，这些特征容易被发现和测量，也容易通过培训来改变和发展；水下部分代表个体深层的胜任特征，如社会角色、价值观、自我概念、特质和动机等，这些特征较难被发现和测量，但却是决定人的行为及表现的关键因素。

3. 基于胜任力的培训需求分析的特点

基于胜任力的培训需求分析吸收了传统培训需求分析的三层次结构，以及定性和定量的评估方法，并在此基础上有所改进。在进行基于胜任力的培训需求分析之前，必须开发出一套结合对特定知识、技能和个人特质等描述的胜任力模型，作为评估个人目前能力和需要提升到什么程度的依据；这样确定出来的培训内容和程序一方面能够满足企业当前对岗位的要求，另一方面又适应企业发展的需要，按照企业未来发展的要求来重构任务与职责，确认岗位要求。

与传统培训需求分析相比而言，基于胜任力的培训需求分析具有以下五个特点：

（1）提供任务分析和人员分析的组织背景，以组织分析统领其他两个层次的分析；

（2）从较多注重“绩效差距”“缺点分析”等消极因素向注重胜任力等积极因素的方向转移，具有范式转移的意义；

（3）调整培训需求与组织的需求长期匹配，并与组织战略、经营目标紧密联系；

（4）关注优秀员工的关键特征，具有较高的表面效度，且容易被受训人员接受；

（5）强调培训方法分析，提倡“内隐”学习模式。

三、实验内容

- 构建培训需求分析系统流程
- 培训需求分析的内容
- 各层次培训需求分析信息的收集方法
- 熟悉各种培训需求分析方法的操作模式

四、实验准备

准备范例中表 5-1 至表 5-10。

- 表 5-1　组织目标访谈表
- 表 5-2　人员情况调查表
- 表 5-3　任务调查问卷
- 表 5-4　员工培训申请表
- 表 5-5　员工培训开发需求课程调查表
- 表 5-6　资料信息归纳表
- 表 5-7　绩效分析表
- 表 5-8　员工能力开发表
- 表 5-9　员工能力考核表
- 表 5-10　培训需求分析报告表

五、实验组织方法及步骤

- 学生分组：6~8 人为 1 组
- 学习相关理论知识和实训案例材料（如下案例 5-1）

• 各组成员负责制订访谈提纲或调查问卷

• 要求学生运用访谈法和问卷调查等方法对 A 企业进行调查，得出 A 企业的培训需求

• 分析调查结果，整理成培训需求分析报告

• 小组讨论需求分析结果是否符合 A 企业情况，并进行修正

• 老师总结

简单点评学生问卷或访谈提纲设计是否合适，如何识别培训需求，需求分析结果是否科学准确、切合 A 企业的情况。

案例 5-1

A 企业年度工作总结

在 2012 年年底，武汉某高新技术企业（以下简称 A 企业）举办了年度工作总结。在本次总结会议的过程中，总经理李强对技术部工作很不满意，技术部年初设定的考核目标，基本没有完成，部分重点工作任务，也没有及时完成。新上任的技术部经理张默，是 A 企业的技术大牛，但在管理上却有很多不足。目前，技术部问题主要表现在：①不重视部门建设，部分关键岗位人员一直未能到位。②部门没有明确工作目标，考核工作不落地。③项目管理无序化，项目无立项即上马，项目进度滞后，人员管理松散。④项目组长的能力不足，项目成员不服从项目组长的管理。经过管理人员沟通，考虑到今年的销售压力更加严峻，技术部的研发工作一定要规范、及时、有效，保障产品上市，充分支持产品销售。人力资源部必须在两周内，确定技术部的培训需求，制订培训计划。

六、实验思考与作业

• 为什么在培训之前要进行培训需求分析

• 如何识别培训需求

• 分析培训需求分析系统的构成

• 你如何根据特定企业的实际情况进行培训需求分析

七、范例

（一）培训需求分析用表范例

参考表单见表 5-1 至表 5-10。

表 5-1　组织目标访谈表

基本信息	访谈对象： 访谈实际： 访谈地点： 访谈者： 访谈主题： 访谈背景陈述：
访谈提纲	问题一： 问题二： 问题三： ……

表 5-2　人员情况调查表

姓名		专业		职位	
年龄		性别			
任职年限		工作年限			
培训经历					
曾接受过的培训课程	当时就职的公司	时间（年/月）	课程收获与感受		
1.					
2.					
3.					
……					

表 5-3　任务调查问卷

姓名：	职位：		填表日期：
请从三个方面给每一项任务打分：任务对工作绩效的重要性、任务执行的频率和任务执行难度。在评分时请参照下列尺度。			
任务	重要性	频率	难度
1.			
2.			
3.			
4.			
……			

重要性	频率
5=任务对绩效至关重要	5=每天执行一次任务
4=任务比较重要但并非至关重要	4=每周执行一次任务
3=任务比较重要	3=每月执行一次任务
2=任务不重要	2=一年执行一次任务
1=没有执行过这项任务	1=没有执行过这项任务

难度

5=有效执行这项任务需要有丰富的工作经验或培训经历（12~18个月或更长）

4=有效执行这项任务需要有少量的工作经验或培训经历（6~12个月）

3=有效执行这项任务需要有短期的培训经历或少量的工作经验（1~6个月）

2=有效执行这项任务不需要有特定的工作经验或培训经历

1=没有执行过这项任务

表5-4　员工培训申请表

姓名		工号		部门		职位	
培训基本信息		课程名称					
		主办单位					
		地址					
		培训方式					
		起止时间					
培训费用		学费					
		交通费					
		住宿费					
		膳食费					
		其他					
		合计					

表5-5　员工培训开发需求调查表

说明：下面是本公司为您提供的备选培训课程内容，请您根据自己目前对培训课程的不同需要程度作出选择					
备选课程	培训需要程度				
	十分需要	高	中	低	不需要
1. 领导力					

续表

备选课程	培训需要程度				
	十分需要	高	中	低	不需要
2. 创新管理					
3. 绩效管理					
4. 时间管理					
5. 素质模型					
6. 成本核算					
7. 沟通协调					
8. 团队领导					
9. 工作分析					
10. 商务礼仪					

表 5-6　资料信息归纳表

资料内容	
资料收集时间	
资料整理人	
资料整理时间	
资料份数	
资料完整情况	
资料及时情况	
来自领导层的主要信息	
来自各部门（同事）的主要信息	
来自外部（客户）的主要信息	
来自组织内部个人的主要信息	
整理人签名	

表 5-7　绩效分析表

任务清单	当前绩效	绩效标准	绩效差距			差距的原因				差距程度		
			数量	质量	其他	不能做		不想做		高	中	低
						组织原因	个人原因	组织原因	个人原因			
职责 1 任务 1. 1 …												
职责 n 任务 n. 1 …												

表 5-8　员工能力开发表

<table>
<tr><td>部门</td><td></td><td>职位</td><td></td><td>姓名</td><td></td><td>任职时间</td><td colspan="2"></td></tr>
<tr><td colspan="3">自我评价</td><td colspan="3">客户评价</td><td colspan="3">上司评价</td></tr>
<tr><td>完全胜任</td><td>胜任</td><td>不能胜任</td><td>完全胜任</td><td>胜任</td><td>不能胜任</td><td>完全胜任</td><td>胜任</td><td>不能胜任</td></tr>
<tr><td></td><td></td><td></td><td></td><td></td><td></td><td></td><td></td><td></td></tr>
<tr><td colspan="9">不能胜任原因列举</td></tr>
<tr><td colspan="3">自我评价</td><td colspan="3">客户评价</td><td colspan="3">上司评价</td></tr>
<tr><td colspan="3">1.</td><td colspan="3"></td><td colspan="3"></td></tr>
<tr><td colspan="3">……</td><td colspan="3"></td><td colspan="3"></td></tr>
<tr><td colspan="9">培训需求建议</td></tr>
<tr><td colspan="3">自我评价</td><td colspan="3">客户评价</td><td colspan="3">上司评价</td></tr>
<tr><td colspan="3">1.</td><td colspan="3"></td><td colspan="3"></td></tr>
<tr><td colspan="3">……</td><td colspan="3"></td><td colspan="3"></td></tr>
</table>

表 5-9　员工能力考核表

<table>
<tr><td colspan="2">员工姓名：</td><td>所属部门：</td><td>职位：</td></tr>
<tr><td colspan="2">考核项目（每项 10 分）</td><td>评分（满分 100）</td><td>评分依据</td></tr>
<tr><td rowspan="3">基础能力</td><td>知识</td><td></td><td></td></tr>
<tr><td>技能</td><td></td><td></td></tr>
<tr><td>态度</td><td></td><td></td></tr>
<tr><td rowspan="7">学习能力</td><td>理解</td><td></td><td></td></tr>
<tr><td>判断</td><td></td><td></td></tr>
<tr><td>计划</td><td></td><td></td></tr>
<tr><td>协调</td><td></td><td></td></tr>
<tr><td>表达</td><td></td><td></td></tr>
<tr><td>创新</td><td></td><td></td></tr>
<tr><td>领导</td><td></td><td></td></tr>
<tr><td colspan="2">合计</td><td></td><td></td></tr>
</table>

表 5-10 培训需求分析报告表

报告包括的内容	
报告提要	
培训需求分析实施的背景	
开展需求分析的目的和性质	
阐述需求分析实施的方法和流程	
培训需求分析实施的结果	
对分析结果的简要评析提供参考意见	
附录，包括收集和分析信息时用的相关图表、原始资料等	

（二）培训需求分析报告范例

中层管理人员技能培训需求分析报告

一、培训需求分析实施背景

2017 年 5 月，在对企业中层管理人员进行年度培训需求调查后，了解到企业现任的中层管理人员大部分在现任的管理岗位上任职时间较短，并大多是从基层管理职位或各部门的业务骨干中提拔上来的。

通过需求调查分析，把提升管理技能列为中层管理人员培训的重点内容之一。

二、调查对象

企业各职能部门主要负责人（共计 40 人）。

三、调查方式及主要内容

1. 调查方式：访谈、问卷调查

（1）访谈。由人力资源经理作为培训需求分析的主要负责人，同企业各职能部门负责人（共计 40 人）分别进行面谈，并与企业部分高层分别就这 40 人的工作表现进行沟通。

（2）问卷调查。问卷调查共发出 40 份，回收有效问卷 35 份。

2. 调查主要内容及其分析

（1）从表 5-11 可以看出，50%的中层管理者到现任岗位的任职时间都不足 1 年，说明大多数管理者管理经验都有待提高。

表 5-11　岗位任职时间调查表

任职时间	1~6 个月	6 个月~1 年	1~2 年	2 年及以上
中层管理者人数	4	16	8	12
所占比例%（总人数 10 人）	10	40	20	30

（2）管理幅度。从表 5-12 中可以看出，20%的中层管理者直接管理的人员在 10 人及以上，40%的中层管理者直接管理的人员在 4~6 人，目前有 8 个管理者没有直接管理下属，但只是暂时的，企业对这部分业务正在进行调整或重组。因此，管理者角色认知是其必备的管理知识之一。

表 5-12　管理幅度调查表

管理幅度	无	1~3 人	4~6 人	6~10 人	10 人及以上
中层管理者人数	8	0	16	8	8
所占比例%（总人数 10 人）	20	0	40	20	20

（3）如何制订工作计划。从访谈及问卷中获得的信息来看，大多数中层管理者是以月或季度作为单位制定工作计划的，很少有制订长期规划的。在制订具体计划的过程中，从与他们访谈的信息中得知，如何围绕总目标制订其具体的可行性计划、如何确保计划的实现等问题还存在着诸多不足之处，但重要性程度综合平均得分为 0.92 分（满分为 1 分）。

（4）有效授权与激励。授权与激励是管理者的重要管理技能之一，根据培训需求调查的结果来看，35 人都表示自己会给予下属一定的权限并激励员工，但是在工作中具体如何操作，40%的人员表示希望得到此方面的培训。

（5）高效团队的建设。如何带领及组建一支高效的团队，60%的人员表明在这方面尚缺乏技巧。

（6）员工培训。此次作为培训对象的管理者都会选择对员工进行培训，但是只有 10%的人员制订了员工培训计划且认真执行，10%的人员制订了员工培训计划但没有落到实处，70%的人员对员工的培训随意性较大，10%的人员认为自己没有时间对下属进行培训。由此可以看出，管理者大都意识到对下属进行培训的重要性，但真正落实的比较少，且对于培训技巧的掌握还需要学习。

四、培训计划建议

1. 时间安排

培训时间：5~7 日，共计 3 天。

2. 课程设置安排，如表5-13所示。

表5-13 中层管理人员培训课程安排一览表

培训课程	培训课时
管理者的角色定位与主要工作职责	2
部门工作计划的制订和执行	4
有效的授权	4
员工激励	4
高效团队建设	4
培训技巧	3
如何与上级领导进行有效的沟通	2
如何与下属员工进行有效的沟通	2

资料来源：孙宗虎，姚小凤．员工培训管理实务手册［M］．北京：人民邮电出版社，2017：15-17.

第三节 培训计划的制订与实施

一、实验目的

- 掌握培训计划的构成要素
- 熟悉培训计划的各种类型
- 掌握培训计划的编制
- 熟悉各种培训的方法
- 熟悉培训计划实施中的注意事项

二、理论知识要点

培训需求分析的结果形成培训计划书。培训计划书是培训目标、培训内容、培训师、培训对象、培训日期与时间、培训场所与设备、培训经费预算以及培训方法的有机结合。在培训需求分析的基础上，要对培训计划的各组成要素进行具体分析。

（一）培训计划概述

培训计划根据时间跨度可分为中长期培训计划、年度培训计划和单项培训计划。中长期培训计划相对比较宏观，主要阐述企业的培训理念、培训投入政策、培训方针、原则以及未来培训方向等内容。年度培训计划是对企业在一年中的总体培训安排所做的计划，主要涉及企业当年的主要培训活动和培训开支计划。单项培训计划是针对某一次培训项目所做的具体的行动计划，具有很强的可操作性。不同的企业，培训计划的内容可能会有所不同。通常一个比较完备的培训计划包括培训目标、培训内容、培训对象、培训师、培训时间、地点及设施、培训的方法和培训费用。其中，培训的内容要服务于培训要达到的目的和目标，培训师的选择有内部培训师和外部培训师两种渠道，企业可以根据培训的目标和内容并结合企业的实际情况进行选择。

（二）培训计划的构成要素

培训计划的构成要素可以概括为5W1H原理，用来规划组织培训计划的架构及内容。所谓5W1H是指Why（为什么）、Who（谁）、What（培训的内容是什么）、When（时间）、Where（在哪里）、How（如何进行），如将原理所包含的内涵对应到制订的培训计划中来，即要求我们明确：我们组织培训的目的是什么？培训的对象是谁？并由谁负责？授课讲师是谁？培训的内容如何确定？培训的时间、期限？培训的场地？以及如何进行教学等六个要素，这六个要素所构成的内容就是组织培训的主要依据。

1. 培训的目标

在进行培训前，一定要明确培训的真正目的，并将培训目的与企业的发展、员工的职业生涯紧密地结合起来。只有这样，培训才更有效，针对性也更强。因此，在组织一个培训项目的时候，要将培训的目的用简洁的语言描述出来，作为培训的纲领。

2. 培训负责人

负责培训的管理者，虽然因组织的规模、行业、经营方针、策略不同而归属的部门各有不同，但规模较大的组织，一般都设有负责培训的专职部门，如训练中心等，来对全体员工进行有组织、有系统的持续性训练。因此，在设立某一培训项目时，就一定要明确具体的培训负责人，使之能全身心地投入培训的策划和运作中去，避免出现培训组织的失误。明确培训的责任人和组织者有利于培训工作的顺利开展，让培训教师和受训员工知道有问题找谁，促使问题及时得到解决，保证培训工作的高质、高效。

3. 培训对象

根据组织的培训需求分析，不同的需求决定不同的培训对象与培训内容。在具体的培训需求分析后，根据需求会确定具体的培训内容，根据需求分析也确定了哪些员工缺乏哪些知识或技能，培训内容与缺乏的知识及技能相吻合者即为本次受训者。虽然一般情况下培训内容决定了大体上的受训者，但并不等于说这些就是受训者，有时组织专门为某个或某些员工而设计培训内容。在选择受训者时还应从学员的角度看其是否适合受训：一方面，看这些人对培训是否感兴趣，若不感兴趣则不宜让员工受训，因为没有积极性，效果肯定不会很好；另一方面，要看员工个性特点，有些个性是天生的，即使通过培训能掌握所需的知识、技能，但员工仍不适合该工作，则属于要换岗位，而不是需要培训。从培训内容及受训者两方面综合考虑，最终确定受训者。

4. 培训内容

在明确了培训的目标和期望达到的学习成果后，接下来就需要确定培训内容。培训内容千差万别，一般包括开发员工的专门技术、技能和知识，改变工作态度的组织文化教育，改善工作意愿等。究竟选择哪个层次的培训内容，应根据培训目标以及各个培训内容层次的特点、培训需求分析以及受训人员来选择。

5. 培训师

培训效果的好坏，与培训师的教学水平有很大的关系，提前确定培训师，有利于培训师提前准备培训内容，保证培训效果。

组织的领导、具备特殊知识和技能的员工是重要的内部资源，利用内部资源，可使受训者和培训者多方都得到提高。当组织业务繁忙，组织内部分不出人手来设计和实施员工的培训计划，那么就要求助于外部培训资源。外部培训资源是指培训机构专用培训人员、公开研讨会或学术会等。外部培训资源会比内部培训资源提供更新的观点，更开阔的视野。但外部培训资源也有其不足之处：一方面，外部人员需要花时间和精力了解组织的情况和具体的培训需求，这将提高培训成本；另一方面，利用外部人员培训，组织的领导可能会对具体的培训过程不负责任，对员工的发展逃避责任。

外部培训资源和内部培训资源各有优缺点，现实中，往往是把两种培训资源结合使用。所选的培训师必须具有广博的知识、丰富的经验以及专业的技术，才能受到受训者的信赖与尊敬；同时，还要有卓越的训练技巧和对教育的执着、耐心与热心。

6. 培训时间与期限

培训时间是培训计划的一个关键项目。培训时间选择如及时合理，就会顺利地保证组织目标的实现，提高劳动生产效率。培训时间过于超前，就可能会在需要时，员工已经忘记了培训内容，会影响工作。培训时间过于滞后，就会影响组织正常的生产经营活动，使培训失去作用。培训的时间和期限，一般而言，可以根据培训的目的、培训的场地、讲师、受训者的能力及上班时间等因素而决定。

7. 培训的方法

选择哪些方法来实施培训，是培训计划的主要内容。根据培训的项目、内容、方式的不同，所采取的培训技巧也有区别。组织培训的方法有多种，如讲授法、演示法、案例法、讨论法、视听法、角色扮演法等，各种培训方法都有其优缺点，为了提高培训质量，达到培训目的，往往需要各种方法配合起来，灵活使用，在培训时可根据培训目标、培训内容以及受训者情况选择一种或多种方法配合使用。

8. 培训场所及设备的选择

培训场所有教室、会议室、工作现场等。培训场地的选用可以因培训内容和方式的不同而有差别，一般可分为内部培训场地和外部专业培训机构两种。内部培训场地的训练项目主要有工作现场的培训和部分技术、技能或知识、态度等方面的培训，其优点是组织方便、费用节省，缺点是培训形式较为单一，且受外来环境影响较大。外部专业培训机构的培训项目常常需要借助专业培训工具和培训设施，或利用优美安静的环境实施一些重要的专题研修的培训，其优点是可利用特定的设施，并让学员离开工作岗位而专心接受训练，且应用的培训技巧亦较内部培训多样化；缺点是组织较为困难，费用较高。

培训设备则包括教材、笔记本、笔、模型，有时还需要幻灯机、录像机等。不同的培训内容及培训方对培训场所和设备的要求不同。

9. 培训经费预算

培训经费分两个部分：一是整体计划的执行费用；二是每一个培训项目的执行或者实施费用。

以上就是培训计划包括的一些具体内容。在实际操作中，培训计划可以像上面介绍的那样，制订得较为详细，但也不是一成不变的，也可只制定一个原则和较大的培训方向和内容，在每个培训项目实施前再制订详细的实施计划。

（三）培训的方法

培训方法有许多种，培训过程中，选择一种适宜的培训方法至关重要。一方面，不同的培训方法有各自的优点和缺点；另一方面，不同的培训方法的适用范围不同，所培训的对象也不同。所以组织应综合考虑具体的培训需求、受训者的特点、培训内容等来选择最恰当的培训方法。培训方法主要包括直接传授式、体验法、实地培训法。

1. 直接传授式

（1）课堂讲授法。课堂讲授法是应用最为普通，同时也是最古老的培训方法，即通过语音和文字书写的方式将学习信息和材料传达给受训者的一种演示法。简而言之就是培训者讲，受训者听并汲取知识。

（2）研讨法。研讨法也叫会议方法，是将兴趣相同的人聚集在一起讨论并解决问题的一种广泛使用的教学方法。通常，讨论小组的负责人是管理人员。小组负责人的作用是使讨论正常进行并避免某些人的观点偏离主题。讨论问题时，负责人倾听并允许小组成员自己解决他们的问题。参与会议方法的人虽然身处培训中，但是可以解决日常工作中面临的实际问题。

（3）视听法。视听法就是利用幻灯片、电影、录像、电脑等视听教材进行培训，它是一种多感官参与的培训途径，多用于对新员工的培训。通过录像、录音等设备可以帮助教师增强其讲授内容的直观效果，非常客观地记录研究对象的活动，学员在学习中的表现，教师的教学过程；在必要时还可以反复播放，对帮助学员掌握知识，提高他们的技能有着其他培训方法所不及的优点。其中录像是最常用的方法之一，它可以用来提高学员的沟通技能、谈话技能和顾客服务技能，并能详细阐明一道程序的要领。不过，这种方法很少单独使用，它通常与讲授法结合使用，向员工展示实际生活经验和例子，会达到更好的效果。

2. 体验法

体验法就是要求受训者积极参与培训过程的方法。这种方法可使学习者亲身经历一次任务完成的全过程，或学会处理工作中发生的实际问题。具体包括：

（1）情景模拟法。情景模拟法将参训者置于模拟的现实工作环境中，让他们依据模拟现实中的情境做出及时反应，分析实际工作中可能出现的各种问题的一种培圳方法。情景模拟法是一种再现现实中真实生活情况的培训方法，受训者的决策结果能反映出如果他在那个工作岗位上工作会发生的真实情况。在实际培训中，按照具体培训方式的不同，可以把情景模拟法分为角色扮演法、管理游戏法、一揽子公文处理法等具体方法。

（2）案例研究法。案例研究法（case study）指为参加培训的学员提供员工或组织如何处理棘手问题的书面描述，让学员分析和评价案例，提出解决问题的建议和方案的一种培训方法。案例研究法为美国哈佛管理学院所推出的。案例学习法旨在给受训者提供一种体验、一个认识和分析实际管理情景并提出管理对策的模拟实战机会，从而培养参加者分析、解决实际问题的能力。

（3）行为示范法。行为示范法（behavior modeling）是指向受训者示范演示关键行为（完成一项任务所必需的一组行为），然后给他们实践这些关键行为的机会的学习方法。这一方法的理论基础是社会学习理论。这一理论认为，许多行为模式是通过观察别人而得来的，而人们的行为模式也可以通过看到别人使用某些行为而得到强化。在组织中，员工学习各种各样的行为，这当中有工作性行为也有非工作性的。员工是通过观察主管、经理、同事等来学习行为的。模范角色的行为示范对人的影响是很大的。

3. 实地培训法

实地培训法就是为了避免所学知识与实际工作相脱节的问题，在工作场地进行培训的一种方法。具体包括：

（1）师徒制。师徒制是一种最为传统的在职培训方式。它既有在职培训又有课堂学习，兼顾工作和学习的培训方法。

传统的师徒训练法早在行会制时期就已存在，它没有固定的模式，师傅凭借自己的知识和技能指导徒弟，先给徒弟讲一些基本要点，然后自己示范，徒弟通过观察和模仿获得经验。新式的师徒训练要求根据学习的技术程度，制订学习计划，并指定专人负责，采用在职培训和课堂培训相结合的方式分阶段进行培训，因而效率大大提高了。

（2）工作轮换。工作轮换亦称轮岗，指根据工作要求安排新员工在不同的工作部门工作一段时间，以丰富新员工的工作经验的培训方法。现在，许多企业采用工作轮换来培养新进入企业的年轻的管理人员或有管理潜力的未来的管理人员。

（3）行动学习法。行动学习指给团队或工作群体一个实际工作中面临的问题，让他们合作解决并制订一个行动计划，然后由他们负责实施这一计划的培训方法。行动学习的群体一般由6~30人构成，成员的构成可以是同部门的，也可以是跨部门的，还可以包括客户和分销商等，具体人员构成根据任务要求而定。

（四）制订培训计划的流程

培训计划的制订是培训实施的前提条件，为确保培训计划顺利实施，培训计划的制订程序一般包括如下步骤。

1. 分析确定培训需求

培训需求是制订培训计划最重要的依据，没有了培训需求就会失去培训的意义，或使培训没有了方向。

2. 确定培训目标

组织培训目标要从培训的一般需求转变而来，培训目标的确定为培训提供了方向和框架，培训计划则可使培训目标变为现实。培训目标是考核培训效果的标准。有了目标，才能确定培训对象、内容、时间、教师、方法等具体内容，并在培训之后，对照此目标进行效果评估。

3. 确定培训计划组成要素，形成培训计划方案

培训计划是培训目标、培训内容、培训指导者、受训者、培训时间、培训场

所与设备以及培训方法的有机结合，要在培训需求分析和培训目标的基础上对培训计划各组成要素进行具体分析，在对各项培训要素分析的基础上进行培训经费预算。然后编写培训计划方案。培训计划方案是一个以培训目标和结果为指南的系统，而不能把各组成部分做分离处理而任意组合。虽然一个系统的培训计划不一定是有效的培训计划，但一个有效的培训计划必须是系统考虑的培训计划。

4. 培训计划的评估及完善

从培训需求分析开始设计培训计划，从制订培训目标、选择培训方法到最终制订一个系统的培训计划，这并不意味着培训计划的设计工作已经完成，因为任何一个好的培训计划必是一个“制订→测评→修改→再测评→再修改→……→”实施的过程，使培训计划甄于完善。

5. 培训计划的沟通与确认

培训计划制订出来以后要获得决策者的审批，其中的沟通很重要。沟通时主要做好培训报告。首先，明确报告的目的，主要获得与培训相关的部门、管理者和员工的支持，以利于培训计划的落实。其次，要说明报告的内容，如培训的出发点、培训要解决的问题、培训的行动计划、希望得到的支持等。培训计划签批之后就可以付诸实施了。

（五）培训方案实施过程中的注意事项

为了保证培训计划的顺利实施，培训实施准备工作一般分为培训前、培训中和培训后，见图 5-5 所示。

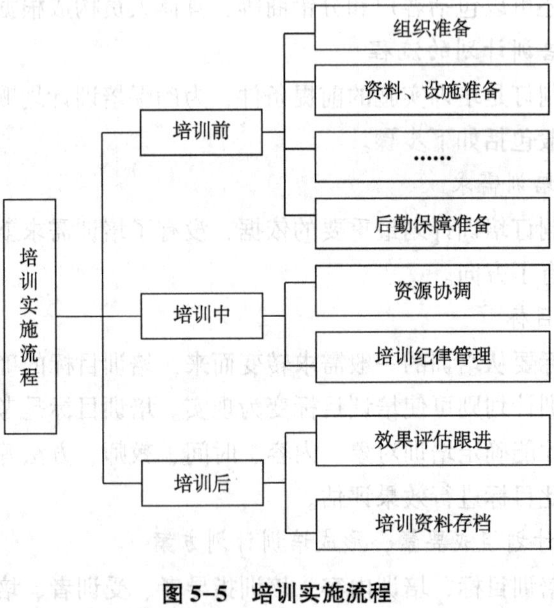

图 5-5 培训实施流程

培训实施过程中，培训组织者需要做好以下工作：

1. 做好培训实施前的准备工作

培训实施前的准备工作包括：组建培训项目小组，明确成员间的分工与职责，确保各司其职，分工协作；准备各种培训文件，譬如员工培训需求调查表、员工培训申请表、学员签到表、培训考勤表、学员自我评估表、培训满意度调查表等；后勤保障，主要是确认并安排好培训场地和设备，要充分考虑培训性质、交通情况、培训设施与设备、行政服务、座位安排、费用（场地、餐费）等；另外要做好培训开发的应急预案工作。

2. 培训实施中的组织管理

培训负责人作为学员上级主管，有义务保证学员培训期间的工作得到妥善安排，同时做好培训现场的监控和管理工作，保证培训出勤率及质量。

3. 培训后的组织管理

培训实施后，培训组织者将培训实施报告、考勤记录等上报给学员所属职能培训负责人及部门经理，并抄送人力资源部备案，进行培训评估和跟进；对于培训中使用到的课件及其他有价值的资料进行存档管理。

三、实验内容

- 编制培训计划的流程
- 熟悉培训计划的构成要素
- 熟悉培训的方法

四、实验准备

- 表 5-14 培训项目计划书
- 案例 5-1 材料

五、实验组织方法及步骤

- 学生分组：6~8 人为 1 组
- 学习相关理论知识和实训案例材料（见案例 5-1）
- 根据需求分析结果，形成培训计划书。培训计划中要明确培训目标、培训内容、培训时间、培训对象、培训讲师、培训预算等重要信息
- 各组成员根据培训目标和培训内容进行教学设计
- 编撰实训报告

六、实验思考与作业

- 培训计划的主要内容有哪些
- 培训计划的制订以及实施过程注意哪些事项

- 培训方法的选择依据是什么
- 怎样为培训的有效实施准备环境与氛围
- 如何做一名优秀的培训师

七、范例

本节参考表单见表 5-14、表 5-15 和表 5-16。

表 5-14 培训项目计划书

培训项目背景
1. 专业机构对行业与企业的了解 2. 企业培训需求描述与说明 3. 对企业培训需求的理解
培训内容简要介绍
1. 培训项目名称 2. 预期培训效果 3. 建议的培训形式 4. 受训者的构成 5. 使用的培训方法 6. 培训时间
培训实施计划
1. 日期 2. 培训主要内容 3. 培训课程体系 4. 培训对象 5. 培训方法简述
培训前期准备工作
1. 培训地点的确定、培训场所的布置 2. 培训设备与器材的准备 3. 教材的制作与具体负责人 4. 培训前设备调试时间与具体负责人
培训师简介
对培训师的工作、培训经历、培训课题进行相应的介绍
培训费用预算
1. 培训师讲课费 2. 场地租赁费 3. 设备、器材租赁费 4. 教材、讲义制作费 5. 交通费 6. 培训期间餐费 7. 其他费用

续表

培训后期效果评估
1. 确定评估指标体系 2. 确定评估方法 3. 确定评估后应该采取的后续行动

表 5-15　员工培训申请表

申请部门		申请人	
申请时间		总时数	
培训讲师		预计费用	
培训地点			
培训内容			
部门主管审核		主管领导批准	
审核时间		批准时间	

表 5-16　培训费用汇总表

项目编号	项目名称	预计费用	费用科目	实际支出	培训时间	申请部门

第四节　培训效果评估

一、实验目的

- 了解培训效果评估的重要性
- 熟悉培训效果评估的一般流程
- 掌握评估方案的设计思路
- 能够结合企业实际应用具体方法设计培训效果评估方案

二、理论知识要点

（一）培训效果评估概述

培训效果评估旨在运用预先设计的培训方案，对培训活动的有效性进行测量和评价。科学的培训效果评估对于了解培训的效果、界定培训对组织的贡献等非常重要。一个全面的培训评估体系不仅要包括对培训课程、师资、时间、环境等培训方案的评价，也包括对培训需求、培训的短期和长期效果以及后续追踪情况等的考察，它是一项系统工程，需要利用多种评估工具进行综合评价。

（二）培训效果评估的内容

现代组织的培训效果评估是对培训过程的全程评估，大体上可以分为三个阶段，即培训前的评估、培训中的评估和培训后的评估。

1. 培训前的评估

培训前的评估包括：培训需求整体评估；培训对象知识、技能和工作态度评估；培训对象工作成效及行为评估；培训计划评估。对受训者进行训前的状况摸底，了解受训者在与自己的实际工作高度相关的方面的知识、技能和能力水平，目的是与培训后的状况进行比较以测定培训的效果。如果培训的内容比较单一，摸底也没有必要在很大的范围内进行，只需在与培训内容相关的方面进行即可。

2. 培训中的评估

培训中的评估包括：培训组织准备工作评估；培训学员参与培训情况评估；培训内容和形式的评估；培训讲师和培训工作者的评估；培训进度和中间效果的评估；培训环境和现代培训设施应用评估。

3. 培训后的评估

培训后的评估包括：培训目标达成情况评估、培训效果效益综合评估、培训工作者的工作绩效评估，目的是在培训结束后评估培训究竟发挥了多大效果，培训使企业和受训者的行为发生了多大程度的改变。

（三）培训效果评估的流程

1. 做出评估决定

在作出评估决定之前，要先进行评估可行性分析、明确评估的目的、选择评估者和参与者。

2. 制定评估方案

评估方案需要明确的内容包括培训评估的目的，评估的培训项目，培训评估的可行性和价值分析，培训评估的时间、地点和人员确定，培训评估的标准、方法、推进步骤，培训评估的频率、人员分工与配合，培训评估的报告形式与反馈。

3. 收集评估信息

评估信息的来源渠道有组织的业绩记录、学员、学员的主管、下属、服务对象等，获取信息的常用方法有问卷调查、访谈、关键事件评估、测验等。

4. 数据整理和分析

数据整理和分析常用的统计方法有集中趋势分析、离中趋势分析和相关趋势分析。

（四）撰写培训效果评估报告

培训效果评估报告是整个培训效果评估的最后工作环节，同时也是影响培训效果评估结果的重要环节，因此在撰写评估报告时不可仅凭一两个人的观点，那样会严重影响培训效果评估结果的价值，也会失去培训效果评估的重要意义。

1. 评估报告的结构和内容

培训评估报告的基本结构和主要内容大致如下：

（1）导言。导言说明评估实施的背景，即被评估的培训项目的概况。可包括：被评估培训项目的目标与性质是什么？谁掌管培训机构？培训已进行多长时间？哪些因素阻碍着培训的顺利进行？受培训者对培训的参与状况如何？撰写者应该通过对这些问题的回答，使读者对被评估的培训项目有一个大致的了解。另外，报告撰写者要介绍评估目的和性质，此评估方案实施以前是否有过类似的评估。如果有的话，评估者能从以前的评估中发现哪些缺陷与失误。

（2）概述评估实施的过程。评估实施过程是评估报告的方法论部分。撰写者要交代清楚评估方案的设计方法、抽样及统计方法、资料收集方法和评估所依据的量度指标。

2. 阐明评估结果

结果部分与方法论部分是密切相关的，撰写者必须保证两者之间有因果关系，不能出现牵强附会现象。

3. 解释、评论评估结果和提供参考意见

这部分涉及的范围可以较宽泛，例如：在需求评估中，进行培训的理由是否充足？在总结性评估中，赞成或反对继续培训的理由是什么？在建设性评估中，应该采取哪些措施改善培训等。

4. 附录

附录的内容包括收集和分析资料用的图表、问卷、部分原始资料等。

5. 报告摘要

摘要是对报告要点的概括，是为了帮助读者迅速掌握报告要点而写的，要求简明扼要。在内容上要注意主次有别，详略得当，构成有机联系的整体。

（五）柯氏评估模型

对培训效果评估贡献最大的专家是柯克帕特里克，他所确定的四个层次的评估是最知名的，也是被使用得最广泛的。他确定了四个评估层次，见表5-17。每个层次都回答了一个重要的，但是又不同的关于项目的效果的问题，如果可能，对一个项目的评估应该包括所有的四个方面。

表5-17 经典评估的四个层次

层次	描述	衡量
反应层	学员对培训项目的哪些方面感到满意	调查问卷
学习层	学员从培训项目中学到了什么	纸笔测验、绩效测验、模拟测验
行为层	通过培训，学员的行为是否发生了变化	主管的绩效评估、同事的绩效评估顾客的绩效评估、下属的绩效评估
结果层	行为的变化是否对组织产生了积极的影响	事故率、品质、生产率、流失率、士气、成本、收益

资料来源：Kirkpatric D. *Evaluating Training Programs*, Berrett-Koehler Publishers, 1994.

（六）培训效果评估中的方案设计

为了更好地对培训效果进行评估，使评估结果更科学，培训管理者和培训教师可以通过一些方案设计来对培训有效性进行评价。

培训项目评估方案有多种，不同的方案设计思路不同，实施过程不同，避免误差的程度也存在差异。一般看来，误差越小的实验设计，所需的投入就越大。我们将培训效果评估的设计种类从是否有对照组、是否进行培训前评估和培训后评估两个方面来考虑，分为后测、前测与后测、时间序列、有对照组的后测、有对照组的前测与后测、有对照组的时间序列、所罗门四组等多种类型，见表5-18。

表5-18 培训效果评估方案设计种类

设计	评估对象	评估（测量）是否进行	
		培训前	培训后
仅有后测，无对照组的设计	培训组	否	是
前测-后测的设计	培训组	是	是
后测-对照组的设计	培训组和对照组	否	是
前测后测-对照组的设计	培训组和对照组	是	是
所罗门四组设计	培训组A	是	是
	培训组B	无	是

续表

设　计	评估对象	评估（测量）是否进行	
		培训前	培训后
	对照组 A	是	是
	对照组 B	无	是
时间序列设计	培训组	是	是，分时间进行多次

资料来源：石金涛．培训与开发［M］．北京：中国人民大学出版社，2021：156.

三、实验内容

- 培训评估的内容构成
- 培训评估的一般流程
- 柯氏评估模型的应用
- 培训评估方案的设计

四、实验准备

- 培训评估调查表
- 学员反应评价表
- 学员学习层的评估表
- 行为层、结果层的评估表
- 培训效果评估报告

五、实验组织方法及步骤

- 学生分组：6~8 人为 1 组
- 学习培训评估理论知识和实训案例（见案例 5-2）
- 要求学生对 ABC 公司的培训效果进行信息收集，运用柯氏评估模型对培训效果进行评估
- 由教师组织每个小组在规定的时间内进行讨论和汇报演讲
- 个人总结并撰写实训报告

六、实验思考与作业

- 柯氏模型的每一层级评估分别考察哪方面的培训效果
- 为什么要进行培训效果评估
- 分析培训评估的难点

案例 5-2

ABC 公司的 MBTI 培训

在月底的管理层联席会议上，ABC 保险公司的总经理张先生就公司所有主管和经理级以上干部参加的沟通培训课程，询问了培训及开发部经理周女士。该课程以 MBTI 为工具，向参加的学员展示了在日常的活动中如何理解别人和与别人打交道。

“我发现课程很有意思，也很吸引人。”张总说，“我可以很快地确认我的人格类型，但我想知道的是，这些课程到底能给公司带来哪些具体的好处和价值。你有什么方法能说明这 25 期培训的结果吗？”

周女士马上回答道：“我们整个公司的团队合作和沟通当然有了提高。我听到很多人评价说，这些流程对他们本人来说真是太有用了。”张总接着问：“是否有相对具体的一些衡量标准啊？我们在这些课程上花了多少钱啊？”“现在我不敢肯定我们是否有这方面的具体数据，而且我也说不出费用的准确数字，但我肯定会知道的。”周女士回答。

“好。”张总以鼓励的口吻总结道，“任何量化的信息都会是有帮助的。相信你也理解，我并不是否定这次培训的效果。只不过当我们要推进这种类型的课程时，需要确认它们对我们财务状况的改善有价值。给你两周时间把你的想法和结果交给我。”

张总的话让周女士有点担心。张总自己也参加了这个课程，而且很喜欢，对课程也有很积极的评价。为什么他会质疑培训的有效性呢？又为什么会关心费用呢？这些问题开始困扰周女士。

她几乎花了一年半的时间才安排完所有的主管和经理参加了这个课程。她第一次了解 MBTI 是在参加了一个朋友主持的 MBTI 课程之后，她对这个工具印象深刻，认为在对自己的人格类型有了更多了解之后，受益良多。周女士认为，这些流程对公司的经理也会很有用。于是她先请一个顾问在公司内部讲了一次。在得到很好的反馈之后，她决定对公司的高层管理人员讲一次这样的课程，包括张总，反响也都很好。然后她才安排所有的管理干部参加，反馈也是出人意料的好。

她知道课程的成本有点高，这是因为有超过 600 名管理干部参加了培训。不过她认为公司的团队合作有了改善，却无法证实。对有些培训来说，你永远也没办法知道它们是否起作用了，她这样想着。不过她仍然要面对这件事情。

她该对张总实话实说，还是避开这个问题不谈？

资料来源：石金涛．培训与开发［M］．北京：中国人民大学出版社，2021：170.

七、范例

本节参考表单如表 5-19、表 5-20、表 5-21、表 5-22、表 5-23 所示。

表 5-19　培训评估调查表

培训主题（课程名称）		讲师		日期	年　月　日

一、关于培训课程、教材

您认为本次课程对您的工作是否有帮助　□很大　□较大　□一般　□没有

您觉得本次课程内容的安排逻辑及层次如何　□很大　□较大　□一般　□没有

您认为本次课程是否能够解决您工作中的实际需要　□能够解决　□部分解决　□没有解决

每次授课的关联性　□很满意　□满意　□一般　□不满意

总体课程的进度　□很满意　□满意　□一般　□不满意

……

二、关于培训讲师

您认为培训讲师的专业水平和培训经验如何　□优　□良　□中　□差

培训讲师对教学内容、培训目标阐述是否具体明确　□优　□良　□中　□差

您对此次的培训教学方式是否满意　□很满意　□满意　□一般　□不满意

您对培训讲师在培训辅助设备的运用上有何感想□很满意　□满意□一般　□不满意

……

三、关于培训组织人员

1. 您认为此次培训的后勤协助工作做得如何　□很好　□好　□一般　□不好
2. 您认为此次培训的场地符合培训要求吗　□符合　□不符合 请简单说明理由
3. 您认为此次培训的辅助设备、培训资料是否齐全　□齐全　□不齐全
4. 您认为培训的餐饮、交通安排如何　□很满意　□满意　□一般　□不满意

……

四、其他方面

您对本次培训课程的整体评价是什么：________________

您对本次培训是否还有其他的改善建议：________________

您认为还需要组织哪些方面的培训：________________

……

表 5-20　学员反应评价表

评价项目	评价等级				
	极好（5）	很好（4）	好（3）	一般（2）	差（1）
调查项目					
培训内容					

续表

评价项目	评价等级				
	极好（5）	很好（4）	好（3）	一般（2）	差（1）
培训讲师					
培训方法					
培训材料					
培训场地					
培训支持	（成绩统计表、图）				
培训设施	（存在的问题说明）				
培训时间					
整体效果					
培训进度					
……					

表 5-21　学员学习层的评估表

受训者姓名：　　　　部门： 培训项目名称：　　　　时间： 1. 在工作中您遇到的最大困难是什么？为什么会给您的工作带来困难？ 2. 通过本期培训，您有哪方面的收获？您感觉是否能帮助您解决问题 1 中提到的困难？请结合工作具体说明。 3. 本次培训巩固了您哪方面的知识？请结合工作具体说明。 4. 通过本期培训，您在今后工作中将采用何种不同方式做事？ 5. 为配合今后工作开展，您认为自己还需要哪方面的知识与技能培训

表 5-22　行为、结果层的评估报告表

说明：本报告用于培训结束后一段时间内评估受训者相关绩效变化情况，应该由受训者所在部门、财务部门、培训讲师共同配合完成
第一部分：培训项目基本信息
培训项目名称：　　　　受训者所在部门： 时间：　　　　地点： 培训主要技能与期望达成标准：

续表

<table>
<tr><td colspan="3">技能点</td><td colspan="3">达成标准</td></tr>
<tr><td colspan="3"></td><td colspan="3"></td></tr>
<tr><td colspan="3"></td><td colspan="3"></td></tr>
<tr><td colspan="6">第二部分：培训前后的主要指标对比</td></tr>
<tr><td rowspan="2">绩效指标</td><td rowspan="2">数据来源</td><td colspan="4">对比期间</td></tr>
<tr><td>培训前</td><td>培训结束时</td><td>培训结束后三个月</td><td>培训结束后六个月</td></tr>
<tr><td></td><td></td><td></td><td></td><td></td><td></td></tr>
<tr><td></td><td></td><td></td><td></td><td></td><td></td></tr>
<tr><td colspan="6">第三部分：培训后一定时期内对受训者提出的问题</td></tr>
<tr><td colspan="6">1. 您认为是否可以很快将培训内容用于实际工作中？
2. 您是否认为把培训内容用于工作中存在一定的困难？困难具体是什么？困难将如何影响您的工作？您将如何解决这些问题？解决问题过程中您希望得到什么帮助？
3. 您认为此次培训后您的工作发生了什么变化？举例具体说明
培训结束后三个月：
培训结束后六个月：
4. 公司是否提供了帮助以便您更好地应用此次培训内容？您认为哪些方面需要改进？举例具体说明。</td></tr>
</table>

表 5–23　培训效果评估报告

报告包括的内容	
导言	
培训评估实施过程（收集培训结果的方法、评估样本、评估依据）	
阐述评估结果	
对评估结果的简要评析并提供参考意见	
附录，包括收集和分析信息时用的相关图表、原始资料等	
报告提要	

第五节　新员工导向培训

一、实验目的

- 了解新员工导向培训的意义
- 掌握新员工培训方案的制定过程
- 熟悉新员工导向培训的内容

二、理论知识要点

导向培训是一种常见的培训类型。新员工刚入职时，对公司的情况所知甚少。这时，虽然新员工的归属感和敬业精神尚未形成，工作所必备的知识和技能也未完全掌握，但他们对公司、工作和个人的前途充满了憧憬和希望。如果企业在这段时间倍加关注新员工，引导新员工有正确的观念，帮助新员工提升工作所需的知识与技能，激发新员工对公司的热爱之情，那么，新员工不仅能成为适应企业发展需要的人才，亦会培养起对企业深厚的感情，产生强烈的归属感。所以，导向培训非常必要。

（一）新员工导向培训的意义

新员工导向培训是员工实现组织社会化的重要途径和方法。所谓组织社会化是指使新员工转变为合格的组织成员的过程。组织社会化是新员工进入一个组织必然经历的阶段，有效的导向培训可以缩短新员工的组织社会化过程，尽快使员工进入适应阶段。具体讲，导向培训的意义体现为以下三点。

第一，帮助新员工了解和熟悉新的工作环境，尽快适应新的工作环境。导向培训能培养新进人员职务上所需的特定技能，让他们了解工作方法与内容，并努力掌握新技能，从而能胜任当前的工作。这也是导向培训最直接的作用。如果不及时对新员工进行导向培训，就不能及时降低或消除新员工的不适应感、失落感和挫折感，从而使企业工作绩效大打折扣。

第二，对新员工进行企业文化教育，使他们较快地融入企业文化之中。现代成功企业总是十分强调优秀企业文化的建立、巩固和延续，很多企业将认同本企业的文化作为甄选新员工，特别是管理人员的主要标准之一。然而，对人的价值观念的测评难度很大，尽管经过招募测试或层层选拔，也不能够保证在工作经历、价值观念、文化背景等各方面各不相同的新员工与企业的文化要求完全相符；而对于新员工来说，尽管在应聘、竞聘过程中已对企业有所了解，但很可能认识是比较片面和零碎的。因此企业总是在导向培训中十分强调企业文化教育，从而加强新员工对企业的认同感，使新员工较快地融入本企业的文化氛围之中。

第三，培养员工对企业的归属感，提高员工的保留率。导向培训对于培养新员工的组织归属感的意义更为长远重大。员工的组织归属感是员工对于所在组织从思想、感情以及心理上产生的认同、依附、参与和投入，是员工对自己单位的忠诚、承诺与责任感。从本质上说，员工的组织归属感是他们对自己工作单位的一种态度或心理取向。根据行为科学研究，态度是指人们对某一特定对象以喜、怒、亲、疏等方式而表现出来的行为倾向，包含认知、感情和行为倾向三个要素。员工的组织归属感作为一种态度，也包含这三个要素：它的认知要素主要是指员工对自己在这个组织中所处地位的感受，以及对该组织的目标、宗旨及所尊崇的价值观和组织文化的高尚性的认识与接受程度；其感情要素便是基于这种认识而产生的对本组织的热爱；员工对组织归属感的行为倾向自然是由这种认识与感情而衍生出来的。实践证明，导向培训能够有效强化员工对组织的认知和感情，从而产生积极的行为倾向，有助于培养员工的归属感。

（二）新员工导向培训流程

新员工培训体系与所有培训一样，按照时间顺序包括培训需求分析、培训计划设计、培训实施过程、培训效果评估并形成评估报告。围绕新员工培训目标，新员工培训方法应突出导向性、示范性、实践性，应注重营造良好的组织氛围和工作氛围。因此，有效的培训方法包括企业高层领导者亲自授课、老员工示范和指导、团队活动、讲授法、演示法、案例法、视听法、角色扮演法等。每种方法都有其各自特点和适用条件，在新员工入职培训中，要依据企业的需要和可能，合理地选择采用。新员工导向具体培训流程如图 5-6 所示。

（三）新员工导向培训的组织

有效的导向培训的安排与组织，离不开人力资源管理部门（或培训管理部门）职能人员与新员工所在部门的直线管理人员的通力合作与配合。人力资源管理部门（或培训管理部门）职能管理人员主要负责制订整个导向培训的计划，协调各有关部门之间的活动，提供有关人事政策与奖酬方面的信息，安排导向培训班次，编写并且提供有关的手册、讲义、入门性介绍材料等。通常在新员工已经上岗的 1~2 个月内，人力资源管理部门还有责任对他们进行（全部或抽选）访谈调查，了解他们的困难与问题，同时也是对已进行过的导向培训的效果进行检验。

新员工所在部门的直线管理人员，特别是直接主管在导向培训中起着更为重要的作用。一是因为这些主管人员对于新员工的职位及其权责最为了解，最熟悉

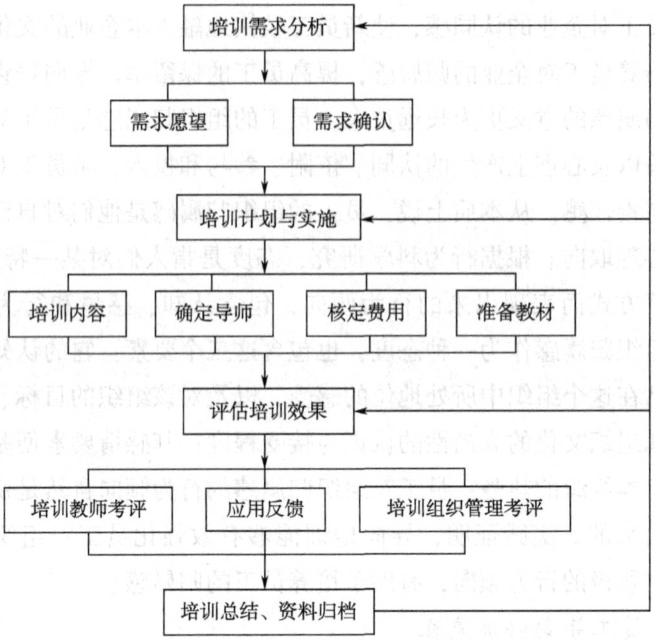

图 5-6　新员工培训工作流程图

他们的业务性质与工作、生活规范；二是因为新员工最注意他们的上司的一言一行，并且觉得他们的一举一动都有暗示性，所以直线管理人员不可对导向培训掉以轻心。

另外，导向培训的一个有效方法是给新员工配备职业顾问。顾问可以是新员工的老师、上级、知己或人力资源管理人员。这种顾问人员应该睿智豁达、阅历丰富、深谙组织中的权力和政策，并愿意与新员工分享这些知识。组织应积极促进这种指导关系，特别是在员工进入组织的初期，应该规定顾问与员工固定的会面时间。顾问的任务是：①为新员工讲解有关公司的"内情"，如权力结构、行为方式等；②将别人对该员工的评价给予客观的反馈；③以朋友的身份帮助新员工处理工作中的有关问题。成功的指导关系能帮助新员工降低对组织的不切实际的过高期望，减轻新环境所产生的压力。最重要的是增加新员工在组织中的生存发展机会。

（四）新员工导向培训的内容

新员工导向培训的内容安排应该着眼于满足新员工对组织的期望，主要包括以下三方面。

1. 让员工感受到尊重

这部分内容首先是以各种形式表示的对新员工的欢迎，如专人接待迎接、标语、墙报、内部通讯小报（或企业报）等欢迎仪式所营造的气氛，都显示了对迎接新员工的重视。新员工工作地点的欢迎卡片、主管上司或他委托的一位资深员工陪同引领参观且共进工作餐等，都属于这类性质。此外，对新员工报到后的祝贺，也表示了对他们的重视。如果新员工到来无人过问，或随便让一个员工将新员工引至工作地点而撒手不管，使新员工觉得受到冷落，感觉自己在此组织中无足轻重，自然会对企业或部门产生疏离感。

2. 对组织与工作的介绍

导向培训要“先务虚，再务实”，即先进行企业文化等软因素的教育与灌输，然后介绍组织制度及概况，以及讲明新员工关心的薪酬制度、工作规范等问题。

（1）公司基本情况与企业文化，包括：公司创业及发展史；经营战略和目标、经营范围，公司的性质，公司的优势和面临的环境；公司的产品和服务，主要客户情况；组织结构及主要经理人员；公司文化、经营价值观、行为规范和标准；创业者及公司英雄；等等。

（2）主要政策及程序：假期、请假、加班、报销的政策及其程序；购买内部产品的特权和享受内部服务等政策及其程序，工资、福利和奖励政策；绩效管理的政策及程序；员工培训与职业发展政策及其程序；等等。

（3）公司设施和部门参观。新员工参观须知的公司有关部门和设施，如用餐地点、急救站、休息室、主管办公室等，对有关设施如灭火器、报警器、建设箱等进行讲解或练习。

（4）部门职能和岗位职责，包括：部门目标及最新优先事项或项目，与其他职能部门的关系；部门结构及部门内各项工作之间的关系；工作职责说明、工作绩效考核标准和方法；常见的问题及解决办法，工作时间和合作伙伴或服务对象，请求援助的条件和方法；加班要求，规定的记录和设备或工具的领取与维护；等等。

三、实验内容

- 新员工培训流程的应用
- 新员工导向培训的组织
- 柯式模型在新员工培训效果评估中的应用

四、实验准备

- 新员工培训跟踪考核表（表 5-24）
- 新员工培训成果检测表（表 5-25）

- 案例 5-3 资料

五、实验组织方法及步骤

- 学生分组：6~8 人为 1 组
- 学习新员工导向培训理论知识和实训案例（见案例 5-3）
- 每个小组对案例进行讨论，为 A 软件公司制定新员工培训方案
- 由教师组织每个小组在规定的时间内进行讨论和汇报
- 个人总结并撰写实训报告

案例 5-3

A 软件公司主要从事软件开发、系统集成、产品分销、软件外包、咨询服务等业务。公司每年都要吸纳一大批高校的应届毕业生，如何让这些优秀毕业生尽快融入企业，加深对企业氛围及文化的理解，完成从局外人到企业人的转变，是公司人力资源部门在新员工培训环节中特别关注的问题。

六、实验思考与作业

- 新员工的培训方案主要包括哪些内容
- 新员工培训需注意的事项有哪些
- 新员工培训的方法包括哪些

七、范例

参考表单见表 5-24、表 5-25。

表 5-24 新员工培训的跟踪考核表

姓名		专长		学历	
培训期间		培训项目		培训部门	
新进人员对所施与培训工作项目的了解程度如何					
对新进人员专门知识（包括技术）的考核					
新进人员对各项规章、制度的了解情况					
新进人员提出改善意见评述，以实例说明					
分析新进人员工作专长，判断其是否适合此项工作，列举理由说明					
新进人员辅导员评语：					
总经理签字：		部门经理签字：		评核者签字：	

表 5-25　新员工培训成果检测表

公司的经营理念	□了解企业的经营理念
	□随口能背出经营理念
	□会逐渐喜欢经营理念
	□以经营理念为荣
	□以经营理念为主题，写出感想
企业存在的意义	□了解企业的社会存在意义
	□了解本企业的社会使命
	□了解创造利益的重要
	□了解什么是工资与福利
企业的组织结构、特征	□以简单的图解表示出企业的组织结构
	□了解各部门的主要业务
	□了解企业的产品
	□能说出企业的资本额、市场比例等数字
热爱企业的精神	□了解企业的历史概况
	□了解企业创业者的信念
	□了解企业的代表颜色或标志
	□了解企业的传统

第六章　职业生涯管理

本章学习目标

- 了解职业生涯管理的概念
- 掌握员工职业生涯规划的步骤和方法
- 掌握组织职业生涯管理的操作步骤和方法

职业生涯管理是根据组织发展目标和发展需要，对于组织内正从事各类职业的员工提供帮助、指导和管理的过程。职业生涯管理最终是为了满足个人和组织的双重需要。它包括个人职业生涯管理和组织职业生涯管理。本章主要是对个人和组织职业生涯管理的操作步骤进行详细阐述，让学生学会如何进行有效的员工和组织职业生涯管理，以便在实际工作中推进员工的成长和组织的发展。本章的学习思路如图 6-1 所示。

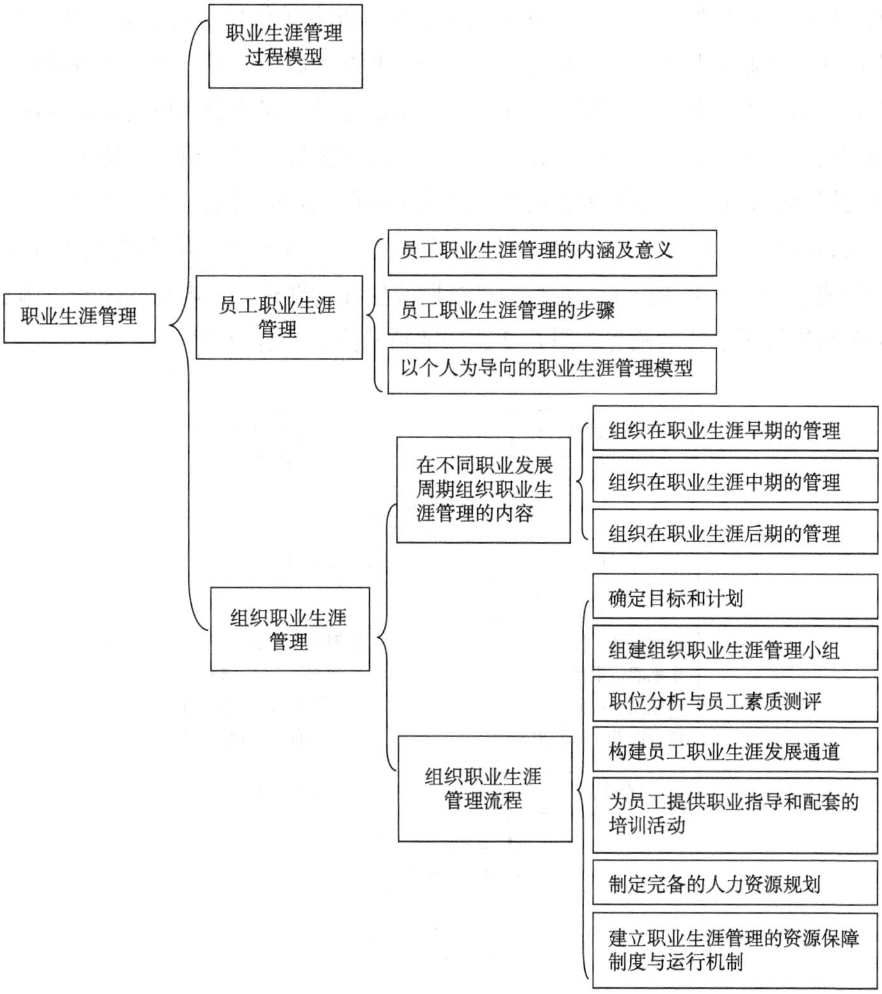

图 6-1　本章思维导图

第一节　职业生涯管理的过程模型

职业生涯管理是现代组织人力资源管理的重要内容之一，是组织对于组织内正从事各类职业的员工提供帮助、指导和管理的过程。职业生涯管理必须满足个人和组织的双重需要。

职业生涯管理包括员工个人层面的职业生涯管理和组织层面上的职业生涯管理。员工个人层面的职业生涯管理一般称为员工职业生涯规划，包含一系列职业中的重大转折性的选择，如专业发展方向的选择、就业单位的选择、职务的选择等；组织层面的职业生涯管理，主要是对员工的职业发展进行引导，是由管理部门根据组织发展和人力资源规划的需要，在组织中制定与员工职业整体规划相适应的职业发展规划，为员工提供适当的教育、培训、轮岗和提升等发展机会，协助员工实现职业发展目标。职业生涯管理实质就是把员工职业规划的制定、实施和调控纳入组织的人力资源规划体系中。可见，职业生涯管理与职业规划之间不是截然分开的，它们组成了一个连续体。个人与组织进行职业生涯管理有一个内在的逻辑，施恩对这种关系进行了系统的阐述。图 6-2 比较清晰地描述了这个过程。

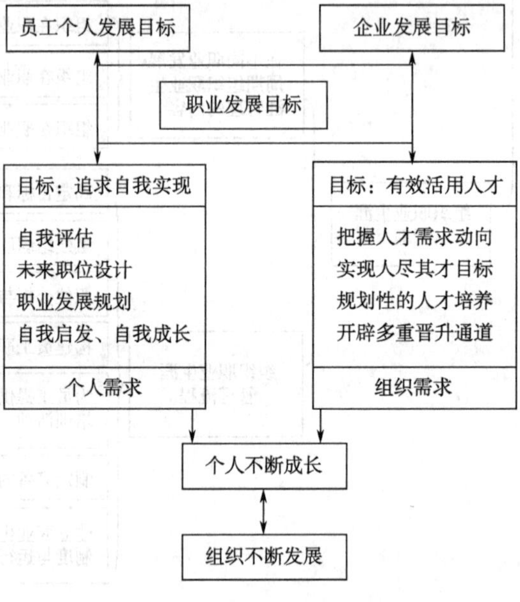

图 6-2　职业生涯管理示意图

资料来源：石金涛 . 培训与开发［M］. 北京：中国人民大学出版社，2021：176.

为了能够从整体上把握职业生涯管理设计和实施的各个流程，下面通过职业生涯管理的过程模型，来阐明职业生涯管理设计与实施过程中各个环节之间的关系，见图 6-3。

由图 6-3 职业生涯管理过程模型图看出，职业生涯管理包括员工职业生涯管理和组织职业生涯管理。员工职业生涯管理主要由员工本人和员工所在组织两方面的工作构成。员工本人职业生涯管理的工作主要有：①做好自我评估，尤其是分析自己的职业锚；②在自我评估和对组织发展目标了解的基础上，对职业生涯机会进行分析判断；③根据生涯机会分析自己的职业锚，确定职业发展目标；根

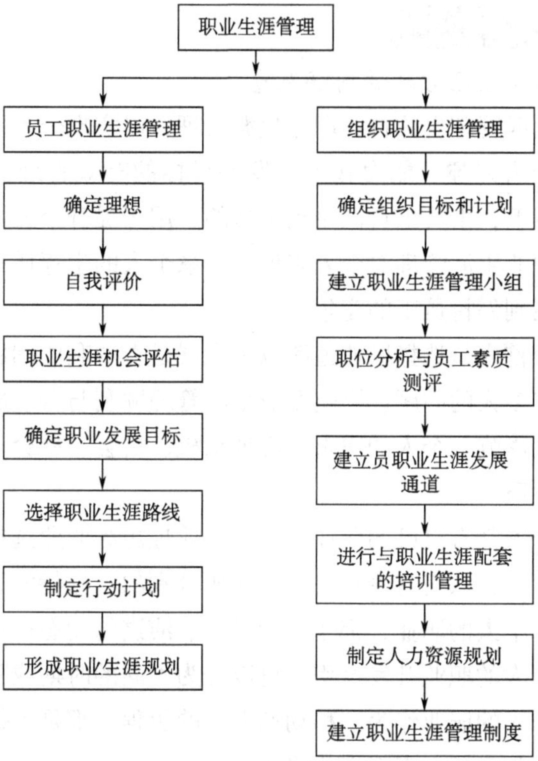

图 6-3　职业生涯管理过程模型图

据发展目标选择和设计职业生涯路线，制订行动计划和具体措施，然后付诸实施。从组织方面进行职业生涯管理主要是对员工的职业发展进行引导，努力实现员工与组织的共同发展，进行职位分析，对员工进行素质测评，实现人岗匹配；设立多重职业生涯发展通道，满足不同员工的发展需求；为员工提供与职业生涯配套的职业培训和制定完备的人力资源规划；最后建立完善的职业生涯管理制度，保障各项工作的落实。

第二节　员工职业生涯管理

一、实验目的

- 了解员工职业生涯管理的内涵及意义
- 掌握员工职业生涯管理的内容
- 掌握员工职业生涯管理模型

二、理论知识要点

（一）员工职业生涯管理的内涵及意义

员工的职业生涯管理也称自我职业生涯管理，以实现个人发展成就的最大化为目的，通过对个人兴趣、能力和个人发展目标的有效管理实现个发展人的愿望。即在组织环境下，由员工自己主动实施的、用于提升个人竞争力的一系列方法和措施。自我职业生涯管理对个人来说，关系个人的生存质量和发展机会；对于组织来说，关系到保持员工的竞争力。

一个人的职业首先是选择职业道路以及发展是否顺利的问题，其次是能否获得成功以及成就有多大的问题。影响职业生涯管理顺利与否、成功与否的因素包括教育背景、家庭影响、个人的需求与心理动机、机会、社会环境等方面。职业具有如下的基本性质。

独特性。每个人都有自己的职业条件、职业理想和职业选择，有为实现职业所作的种种努力活动，从而有着自己与别人相区别的、独特的职业历程。

发展性。每一个人的职业，都是一种发展、演进的动态过程。

阶段性。每个人的职业开发过程，可以分为不同的时期或阶段。

终生性。每个人的职业作为一种动态发展的历程，都是根据个人在不同阶段的追求而不断蜕变与成长，直至奋斗终生。

整合性。由于个人所从事的工作或职业，往往会决定他的生活形态，而且职业与生活二者之间又很难分隔，因此，职业具有整合性，涵盖人生整体发展的各个层面，而非仅仅局限于工作或职位。

互动性。人的职业，都是个人与他人、个人与环境、个人与社会互动的结果。人的“自我”观念、人的主观能动性、个人所掌握的社会职业信息、职业决策技术，对其职业有着重要的影响。

个人职业生涯管理的意义：首先，能增强员工对工作环境的把握能力和对工作困难的控制能力；其次，能更好地确立人生方向和奋斗的策略，处理好工作生活和生活其他部分的关系；最后，可以实现自我价值的不断提升。

（二）员工职业生涯管理的步骤

员工职业生涯管理包含一系列职业中的重大转折性的选择，如专业发展方向的选择、就业单位的选择、职务的选择等。具体包括以下五个步骤。

1. 自我分析

员工对自己的经历、绩效、兴趣、抱负、喜好等进行实事求是地分析、评价，要注意听取上级、同事和下属的意见和建议，对自己有全面、客观、深入地了解，明确自身的优势和弱点。此外，员工要对自身面对的具体环境的特征、要求和发展趋势有准确的了解和把握，明确未来的发展机会和不利因素。

2. 自我定位

在自我分析的基础之上，确认个人的能力与兴趣，确定个人的价值观念、处世的基本原则和追求的价值目标，选择自己将要走的道路，即明确自己在社会、组织和部门中的位置和行动方向。

3. 目标设定

目标设定是指在正确的自我定位基础之上，设立更加明确的职业目标。要求对组织内外可供选择的路径进行评估，尽量设立量化的、可行的、有时限的、有挑战性的生活和工作目标。目标可以是多层次、分阶段的。一个远大的、宏伟的目标往往要分解成若干易于达到的阶段性目标。另外，设定目标要注意由于职业与生命阶段的变化，个人在兴趣和目标方面也会发生变化，从而有针对性地调整目标。

4. 目标实现

目标设定以后，要通过各种积极的具体行动使目标得以实现。具体行动包括选择组织与部门、应聘、制定并完成工作目标、参加公司培训和发展计划、构建人际关系网络、谋求晋升、抵制与主要目标无关的诱惑、跳槽换工作等等。目标实现的主要内容是个人在工作中的表现及业绩，前瞻性的准备（如自费学习，掌握一些额外的技能或专业知识），以及为平衡职业目标和其他目标（如生活目标和家庭目标）所做出的种种努力。

5. 反馈与修正

在达成目标的过程中要自觉地总结经验和教训，修正对自我的认知和最终的职业目标。调查表明，很多人是在经历一段时间的工作尝试之后，才了解自己到底适合哪个领域、哪个层面的工作。及时地反馈和修正能够缩短尝试时间，使个人的职业发展道路及早走向正轨。此外，在自我定位和目标设定正确时，反馈和修正分阶段目标中出现的偏差，可以极大地增强个人实现目标的信心。

（三）以个人为导向的职业生涯管理模型

格林豪斯等提出一个以个人为导向的职业生涯管理模型。这个模型是一个解决问题和进行决策的循环过程。个人首先收集相关的信息，以便更充分地认知他们自己和周围的世界，然后他们会选择目标，制定和实施实现这些目标的战略和计划，在实施进行的过程中他们还会通过获得反馈对自己的目标和战略进行调整。这一模型所描述的是个体进行职业生涯管理时应该如何做，而不是人们实际上如何做的，具体见图 6-4。

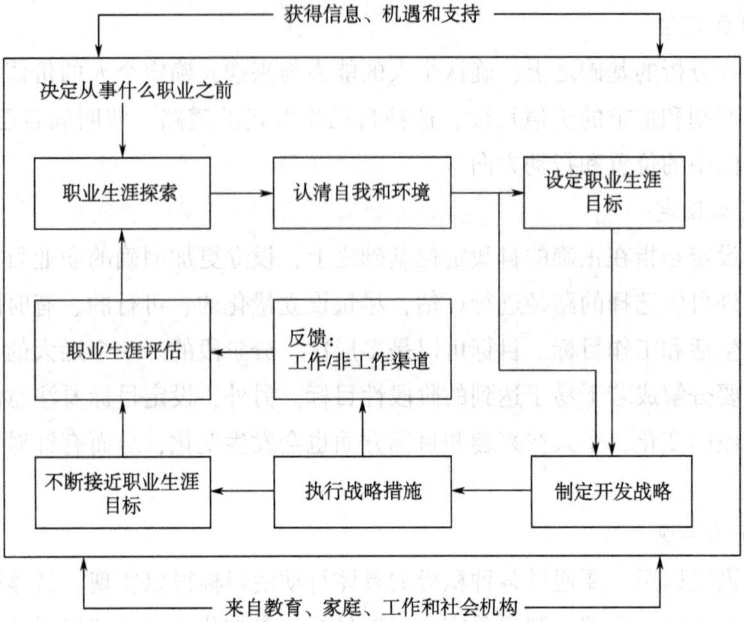

图 6-4 个人职业生涯管理模型

职业生涯管理过程是一个循环的不间断的过程。无论是个体、组织，还是环境发生的变化，都可以使计划发生变化。这一模型还告诉我们，个人职业生涯管理的成功与否，不仅要看个人的晋升或者满意状况，也应该考察他如何实现这一状况的，看他在进行决策时是否全面地考察了自己和自己所处的环境，看他选择目标时能否坚持现实主义的态度，看他是否有恰当的战略，看他是否有持续的反馈等。这一模型能指导个人和组织更好地了解如何才能更有效地管理职业。能够用这样的步骤来管理自己的职业无疑有益于个人，组织鼓励员工用这样的方法来实现自己的职业目标，也会有利于组织自身。组织只有坚持不懈地进行组织的职业生涯管理活动，才能保证组织不会因为员工流失而使许多重要的岗位任务无人胜任，这样组织才能随时有充足的人力资源可以利用。

三、实验内容

- 查阅相关书籍和资料，学习如何规划和管理个人职业生涯
- 查阅相关书籍和资料，为自己撰写一份职业生涯规划书

四、实验准备

- 宽敞、明亮的教室
- 案例 6-1 资料

五、实验组织方法及步骤

• 查阅相关书籍，理解员工职业生涯管理的概念、流程及员工职业生涯管理模型

• 以小组（6~8 人）为单位对员工职业生涯管理的步骤进行研讨，掌握自我评估、职业生涯机会评估的方法，并发表个人观点

• 学习本章案例 6-1，研讨如何做好个人职业生涯管理

• 查阅相关书籍及资料，理解职业生涯管理的主要知识点，按照职业生涯规划的步骤，为案例中的 Susan 编写一份职业生涯规划书

案例 6-1　Susan 的辞职之路①

Susan 大学毕业后，拥有英语专业八级证书、高级口语证书，口语水平相当出色，她选择的第一份职业是某外贸公司翻译，但这份工作她只做了一年多。Susan 认为，这份工作根本不具有任何挑战性，她总觉得自己的工作就是在机械地把别人听不懂的语言转化为能听懂的语言，简直把自己变成了一台没有思想只会传声的老式机器。

通过一位亲戚的关系，也凭借自己出挑的学历、能力，Susan 来到了一家中外合资企业做总经理助理。由于亲戚重量级的关照，以及上司特殊的青睐，在这里，Susan 四处受宠。但最后，这份工作她还是只干了不到一年，原因出奇的简单，她感到公司事务性的工作实在太多太琐碎了，丝毫没什么成就感，于是，她再一次义无反顾地炒了老板的鱿鱼。

Susan 又发现，市场咨询是一项相当有挑战和趣味的工作，于是她又来到一家刚刚起步的小型企业，为外企的新产品在中国上市做市场调查和消费者情况分析。正如她所愿，这份工作给予了她挑战性和趣味性，月薪也达到了她满意的数字。可是，这份工作工作量特别大，常常是几个项目一起进行，加班加点使她根本没有个人休闲的时间，强大的工作压力使她不堪重负。Susan 竟又一次萌生了辞职的想法……

一次次的转换工作让 Susan 心力交瘁，感觉也越来越差。Susan 发现，自己在职场中摸爬滚打竟也 4 年多了，可是，自己跳来跳去，为何总也找不到自己的归属？自己到底想要什么？究竟适合做什么样的工作？表面看上去，自己似乎可以胜任很多职业，但为什么每一样都做不好，也做不长？Susan 心里清楚，作为一个女人，到了 27、28 岁，自己的青春悄然流逝，就像走到了三岔路口，是该

① 资料来源：https://m.book118.com/html/2017/0118/85094450.shtm.

认真选择自己人生的时候了。到了现在这个时候，都还不明白自己到底要什么，究竟何去何从……

六、实验思考及作业

• 案例 6-1 中，分析 Susan 为什么一次次地转换工作？如何做好个人职业生涯管理

• 设计个人职业生涯管理的前提是什么

• 阐述员工职业生涯管理的内容

七、案例分析

妙手工匠，敬业奉献

学技术、做“工匠”，是人的一种职业选择；如何工作，更是影响人生的重要抉择。让我们看看这些出色的大国工匠。

用比头发丝还细的金线，将芯片与外部电路连通，这种工艺被称为金线键合。大国工匠、女工艺师顾春燕，用自己的一双巧手，串连起我国最尖端雷达的核心。1 克黄金，拉出 10 微米直径、661 米长的金线，这大概是一根头发丝的 1/8 粗细。这种对键合金线的极致要求来自最尖端的太赫兹雷达，而顾春燕要把组装的不可能变成可能。

2007 年，刚到中国电科第十四研究所（以下简称“十四所”）上班的顾春燕，领到了一把编号 1 的小镊子，和 9 个同事装起了中国第一部星载相控阵雷达中的上千个组件。10 多年过去了，镊子闪亮如新，而大块头组件，变成了指尖般的小方格，这样的距离以微米来计算。

2014 年春天，高分三号卫星研制到了关键阶段，每平方厘米的收发组件上，装配密度超过了一万个点，顾春燕创造性地将劈刀打薄并旋转 90 度安装，将芯片倾斜 15 度角顺利键合。然而大家在整机测试时发现，雷达讯号比预计的要微弱。改制芯片起码需要半年，会极大拖延研制进度，只有再次通过键合工序，将已经连好的几千根线条当中的一条割断，连接到另一枚器件上，一旦割错或者割伤别的线条，芯片就会立刻报废。这是一场雷达的“心脏搭桥手术”，顾春燕把现场 15 微米的硬质针头，用酸微腐蚀方法使它进一步变细、作为自己的“手术刀”。几分钟后，她站了起来——“心脏搭桥”成功了！

2016 年 8 月，搭载着“超级透视眼”的高分三号卫星成功发射。作为十四所微组装首席技能专家，顾春燕担负起了所有研制性产品的首件全流程作业任务。从我们的航母和驱逐舰上的“海之星”，到新一代战机火控雷达，一枚枚中

华神盾捍卫着祖国的国防安全，一双双战鹰之眼在顾春燕的手中被轻轻点亮。

宝剑锋从磨砺出。中央电视台播出了《大国工匠》系列节目，展现的我国工匠们文化不同、年龄有别，但他们都拥有一个共同的闪光点 - 一热爱本职、敬业奉献。他们技艺精湛，有人能在牛皮纸一样薄的钢板上焊接而不出现一丝漏点，有人能把密封精度控制在头发丝的1/50，还有人检测手感堪比X光般精准，令人叹服。他们之所以能够匠心筑梦，凭的是传承和钻研，靠的是专注与磨砺。

“问渠那得清如许，为有源头活水来。”人的心灵深处一旦有了源源流淌的“活水”，便有了创业创造、建功建树的不竭“源泉”。这个“成功之源”就是——爱岗精神、敬业自觉。

爱岗敬业，是社会主义核心价值观中的内容之一。筑就人生美丽梦想也好，践行核心价值观也罢，既不是虚无缥缈的，也不是高不可攀的。“成功之源”就根植在你我他的职业道德里、情感良心中。表面上，爱岗敬业是利他的；实质上，爱岗敬业也是利己的。换言之，它是满足社会需求与实现个人价值的有机统一。

案例思考：如何根据国家和社会的需要确定个人的职业生涯规划？

资料来源：央视新闻客户端 2019 年 05 月 01 日 .

第三节　组织职业生涯管理

一、实验目的

- 了解组织职业生涯管理的主要活动
- 了解组织职业生涯管理与个人职业生涯规划之间的关系
- 掌握组织职业生涯管理的操作流程

二、理论知识要点

职业生涯管理主要包括组织方面的活动和个人方面的活动，这也是职业规划的内容。实际上，职业生涯管理是员工与组织相互作用的结果。员工从应聘到上岗，同时组织从挑选、基础训练、组织社会化到安排工作。员工进入组织实质上是“新成员”与组织的一种谈判式的相互作用，即个人能做的贡献与组织的预期、个人的需要与组织对个人需要的预期满足之间的配合关系，最终确定能否相互接纳。在个人与组织相互作用的过程中，组织社会化是一个很重要的环节。组织社会化是指使新员工转变为精干的组织成员的过程。有效的社会化包括为胜任本职工作做准备，对组织有充分的了解以及建立良好的工作关系。所以职业生涯管理应从两方面努力。

组织进行职业生涯管理的目的在于把员工个人的需要与组织的需要统一起来。每个组织都有自己的运转目标、组织结构和用人需要，组织为了顺利达到目标，必须基于员工的能力、人格、需要、动机，有效地配置和使用本组织的人力资源。

（一）组织不同职业发展周期的职业生涯管理

1. 组织的职业生涯早期管理

职业生涯早期管理仍可从组织与个人两个角度考虑，严格地说，一个人一旦选定一项职业，意味着从报到之日起，职业管理的主动权就转移到组织手里，因此要把组织目标和组织采取的措施作为重点。

（1）进行上岗引导和岗位配置。要让他们充分了解工作现场和团队的基本情况，如人际环境、工作流程、规范、态度价值观、行为模式等，以减少、减轻陌生环境所导致的紧张不安的心理和理想与现实之间的差距所带来的心理冲突，尽快地接受组织的使命，融入组织之中。

（2）安排富有挑战性的第一件职业任务。允许他们发挥已有技能，激励他们做好工作，更多地参与整个组织的事务，以防因“期望”落差太大而产生厌烦、沮丧的心理。

（3）进行相关培训。培训内容包括组织历史、组织使命、组织结构，和直接主管交谈、参观、报告会等。总之，任何的不足都可以借助于针对性强的系统培训来解决，要避免听任员工“自主沉浮”。

（4）提供及时可靠的反馈。新成员自我意向的形成和对自己前途的评估，很大程度会受第一次职业绩效评价的影响，组织应该给新成员客观的、带有鼓励倾向的反馈。

（5）设计适当的从业培训方案。与之前较广泛的培训内容不同，这次从业培训要向新成员传达他们想知道的具体信息，例如工作绩效考评、工资薪金的升降条件、休假、福利，岗位技能与知识、本岗位的职业通道、人事政策等。

（6）安排一位好“师傅”。员工开始职业生涯的第一年，由受过特殊训练、具有较高工作绩效和丰富工作经验的“师傅”指导，可以帮助他们更快地建立起较高的工作标准，同时也可对他们的工作提供有力支持，帮助其获得成功。研究表明，组织对员工期望越高、对员工越信任、支持，那么员工工作就可能干得越好。

（7）对不称职的员工及时处理。组织要注意考察新员工在组织中的工作状况，尽可能多地获取有关他个人的信息，如果个人的价值观与才能与组织不相符，就要及时作出调整和处理。

2. 组织的职业生涯中期管理

（1）为员工提供更多的职业发展机会。有计划地、适时地变换工作部门或者更换组织，是有利于激发员工创造力的。因为人们到一个新的环境，总是希望自己能树立一个新形象，在树立新形象的努力中，人们就会爆发出无穷的创造力；如果工作处于稳定期，形象已经树立，人们就易于躺在成绩簿上享受而失去活力。另外，换一个环境，换一个交往群体，不同的观念之间有碰撞，也会产生创造力。因此，为员工创造更多的职业发展机会，不但能让员工成长和发展，也会为组织带来更多的活力。

（2）转变观念，提高员工的竞争力。新技术的引进和经济状况的变化，给员工带来挑战，需要不断学习新的知识和技术适应新的工作环境和岗位。一个组织如果注重员工成长和学习，将个人发展融入人力资源的政策之中，比如鼓励工作轮换、鼓励管理人员跨部门流动或提升，学习新的前沿知识和技能，那么遇到经济或行业发展不景气时，员工就会有较强的调整能力和竞争能力，中期职业生涯就不会因偶发事件而中断。

（3）帮助员工形成新的自我观念。在职业生涯中期，由于个人职位、地位上升困境，许多员工会对早期确立的职业理想产生动摇，需要重新审视自己的理想和追求，建立新的自我。对中期职业生涯的模糊和不确定性认识，个人强烈需要获得相关的信息，如关于职业发展机会的信息，自己的长处和不足的信息等。组织要给予员工充分的信息支撑，帮助其做出判断和决策。

（4）增加员工的工作经验。工作经验的丰富本身就是职业追求的目的。有意识地进行工作再设计，将工作重新整合起来，可以使员工产生对已有工作的再认识、再适应，从而产生积极的职业情感。工作本身丰富了，工作具有了挑战性，尽管没有晋升，但工作本身带来的成就感超越了简单的晋升。

（5）协助员工解决工作与家庭的冲突。研究表明，来自家庭和来自工作场所的社会支持有助于减少工作与家庭的冲突。这些社会支持可以是情绪性的（如倾听、表示同情），也可以是工具性的（如对解决问题的实质性的帮助）。

工作环境中的支持主要体现在组织的一些政策上和管理者的行为上。组织可以有意识地采取一些政策和措施以减轻员工的家庭负担，帮助员工平衡工作与家庭责任。比如设立幼儿日托机构，提供产假和家庭休假，设计灵活的职业发展通路，实行弹性工作制等等。与此相似，支持性的管理者是指乐意帮助员工寻求家庭和工作之间平衡的人。这种支持包括乐于让员工使用弹性工作时间表，允许员工给放学后的子女一个简单的私人电话，同意调换一次工作时间以便员工能检查看护对老人的照顾是否妥当，甚至是当员工被家庭问题困扰时讲几句安慰话等。

3. 组织的职业生涯后期管理

（1）理解和尊重的原则。知识与技能的迅速更新，许多曾为组织做出贡献的老员工与年轻员工相比，他们不再具有竞争优势，甚至在工作上逊色于年轻人，组织不应对他们有所歧视，而是应该给以充分的理解和关心。

（2）制度化与差别化管理相结合的原则。一般情况下，应该严格地按组织规定的相关制度对待退休职工，但也要结合组织实际和市场变化，对特殊情况差别化处理。

（3）真诚关心原则。对即将退休的员工，要减少他们的工作和会议，增加他们旅游、疗养的时间，让他们逐步处于半工作、半退休的状态。另外组织可以以退休员工座谈会、联谊会等形式，向退休者通报组织发展情况，互通信息；征求退休员工对组织的意见和建议；加强员工之间的沟通、联系和友谊。

（4）提前准备的原则。在退休前夕，首先应做好新老员工接替工作，其次还应该有计划地组织一些活动，帮助即将退休的员工了解退休后的生活，尝试性地适应这种生活。具体包括：做好退休之际的工作衔接、进行退休准备教育、请退休员工谈经验、退休后的生活技能培训。

（5）发挥经验优势的原则。组织中年长的员工更注重组织对他的尊重和认可，可以说，这是对年长员工一生价值的评价。如果对他们的贡献缺乏适当形式的予以认可，容易使他们产生心理上的不平衡感。老年员工积累了丰富的工作经验，这些经验是年轻员工学习的宝贵资源和财富，可以采取“指导人”指导的形式，把这些宝贵的经验传授给年轻的员工，促进年轻员工成长的同时体现其自身价值。

（二）组织职业生涯管理的操作流程

1. 确定目标和计划

进行组织职业生涯管理先要明确组织职业生涯管理的目标并依据目标制订工作计划。做好这项工作需要清楚三个问题：一是要知道组织的发展战略是什么；二是战略落地对人力资源有哪些需求；三是组织现有的人力资源状况是什么样的。在对这三个问题了解清楚后，就可以为组织的职业生涯管理设置一个合理的目标了。组织根据不同的战略发展目标设定的职业生涯管理目标也是有差异的。这里需要强调一点，组织的职业生涯管理目标要充分考虑员工的需求，组织只有准确地把握员工的主导需求，才能采取针对性措施满足其需求。特别是组织中的骨干员工，他们在个人发展上的愿望更为迫切，职业规划更为清晰，组织尤其应注意重点了解和把握。因此，组织的职业生涯管理目标要包含员工个人目标，同时要通过有效地沟通使员工了解组织目标，让他们看到实现组织目标给自己带来的利益。

2. 组建组织职业生涯管理小组

组织职业生涯管理工作是一项跨部门、跨领域的复杂工作，为了保证组织职业生涯管理工作的有效进行，在执行的过程中，组织需要组建一个专门的跨部门、跨领域的团队来负责员工职业生涯管理工作的有序推进。小组成员由组织的人力资源部领导，各部门负责人和员工代表按照一定的比例组成。人力资源部负责人发挥主导和协调的作用；各部门负责人主要负责协调本部门的员工，职业生涯管理工作关系到各个部门的员工，各部门负责人的参与便于沟通落实工作；员工代表主要充当信息反馈的角色。组织的职业生涯管理制度、所运用的技术和方法是否符合员工的需求、员工的心理状况是怎样的、他们对职业生涯管理的认知达到了哪个层次等，这些信息都需要来自一线的员工及时反馈给组织，组织根据反馈可以及时调整。

3. 职位分析与员工素质测评

做好职业生涯管理的前提是全面了解员工的职业倾向、兴趣偏好以及对未来的职业规划，从而设计出一条与员工的职业倾向和组织发展目标相吻合的职业生涯规划路线。首先要了解组织职位信息，利用组织的职位说明书了解每个职位的职责、权限、职位关系以及任职资格条件等内容，其次通过对管理人员的深度访谈确认每个职位的基本资料、职位描述和职位要求。员工素质测评的方式多种多样，很多组织向员工提供绩效评价的信息，明确该员工在过去所取得的成就、所具备的能力、存在的不足和改进的方法，使员工明确自己下一步努力的方向；有些拥有现代开发系统的组织还采用心理测试来评价员工的人际交往风格和行为。当前比较流行的人员测评工具主要有迈尔斯-布里格斯人格类型测试（Myers-Briggs Type Indicator，MBTI）、评价中心、基准评价法、绩效评价与360度反馈系统等。多样的测评方法帮助员工对个人职业生涯的发展有一个较全面、客观的评价。

4. 构建员工职业生涯发展通道

构建员工职业生涯发展通道是组织职业生涯管理的重要任务。所谓职业通道是一个人变换职业所走的路线或者途径。员工在一个组织期间沿着既定的职业道路变换工作，但这一道路又是柔性的，并非所有的员工都必须经历同样的职业道路。因此顺畅的职业生涯发展通道有利于员工职业生涯管理目标的实现。各种网状的、横向的以及双重职业道路都为员工提供了更多的可能。当前员工职业生涯发展通道主要有以下几种类型。

（1）网状职业发展通道。网状职业发展通道包括纵向的工作序列和一系列横向的机会，是纵向与横向的结合。网状职业通道承认某些层次的经验的可替代性。一般来说，一个人很难完全走纵向的通道，在上升到一定层次后在横向上做一些积累，将更可能胜任纵向的工作序列。对于大部分人来说，这种职业通道可能是最为现实的选择。这种纵向和横向的选择，减少了堵塞的可能性。

（2）横向职业发展通道。横向职业发展通道是指跨职能边界的工作变换。例如从生产制造部门转到采购供应或销售部门。这种变化有利于员工扩大知识面，增长见识，积累工作经验。许多组织通常采取横向调动来促使员工激发新的活力，迎接新的挑战。尽管这条道路可能没有晋升，也没有加薪，但是员工可以增加自己的阅历，提升对组织的价值，使自己获得新的发展机会。

（3）双重职业发展通道。双重职业道路的基本思想是技术专家不必成为管理者而同样可以为组织做出贡献。一个人完全可以选择只是做一个技术专家，他既不必在纵向上提升，也不必在横向上调动。他可以凭借自己的能力提高而为组织做出更大的贡献，同时也会得到更好的待遇和应有的承认。

5. 为员工提供职业指导和配套的培训活动

为帮助员工达成职业目标，组织要做好以下工作：

（1）为员工提供职业指导，职业指导有三种途径：一是通过管理人员进行。管理人员长期与下属员工共事，对下属员工的能力和专长有较深入的了解，所以能对下属员工适合从事的职业提供有价值的建议。二是通过外聘专家进行。组织可以请专家为员工进行职业发展咨询。三是向员工提供有关的自测工具。组织可以使用这类工具，帮助员工进行能力及个人特质方面的测试。

（2）提供多样化、多层次的培训。培训与员工职业发展的关系最为直接。职业发展的基本条件是员工素质的提高，而且这种素质不一定要与目前的工作相关，这就要依靠持续不断地培训。组织应建立完善的培训体系，使员工在每次职业变化后都能得到相应的培训；同时也应鼓励员工自行参加组织内外提供的各种培训。

6. 制定完备的人力资源规划

职业生涯管理计划是人力资源规划的主要内容之一，人力资源规划内容包括人员配置规划、人员补充规划、人员接替和提升计划、人员培训和开发计划、裁员计划等，这些业务计划的有效实施是总体规划得以实现的重要保证，也是组织战略目标落地的重要保障。

7. 建立职业生涯管理的资源保障制度与运作机制

为了保证组织职业生涯管理的顺利进行，就必须建立相应的制度和方法。

第一，职业生涯管理活动是一种人力资本投资项目，要保证组织职业生涯管理工作的开展，必须建立相应的资源保障体系。组织应建立资金投入制度和职业生涯管理会计制度，保证资金到位，对职业生涯管理的投资、成本、价值、收益做定量的分析。

第二，组织职业生涯管理工作是组织发展战略的重要组成部分，也是组织人力资源管理工作的重要内容。因此，职业生涯管理工作的落实和实施必须与组织的整体发展战略和其他人力资源管理工作相结合，这样才不至于使职业生涯管理成为无源之水、无本之木。

第三，要使组织职业生涯管理计划得以顺利实施，组织还必须赋予管理人员以培养人才的责任，使各级管理人员对其下属员工的职业生涯发展负责，并将其培养人才成效纳入对管理人员的考核机制中，以此增强管理人员的责任心，促进职业生涯管理活动的开展。

第四，要保证组织职业生涯管理计划的实施，组织还必须建立相应的制度，对人力资源管理工作进行不懈地监督、评估与修正。

（三）以组织为导向的职业管理模型

尼科尔生提出著名了组织职业开发三大系统论，这三大系统包括人员系统、职务市场系统和管理与信息系统。人员系统包括人员的筛选、培养和激励系统，职务市场系统包括通过组织结构设计和晋升阶梯而构成的开发机会，管理与信息系统包括人员、信息和思想的交换。尼科尔生认为组织职业管理必须通过管理和信息系统将人员系统和职务市场系统连接起来，因此必须保证相关的信息是可利用的，而且是有价值的。因此，组织中甚至组织之间应该有比较良好的关于个人和职务的信息库。这样的信息库对个人一方来说可以产生下列结果：人与职务的匹配，胜任能力建设和领导力建设。而对组织一方来说可以产生下列结果：更好的团队合作，更好的灵活性和更强的动力。

尼科尔生的模型也有不足之处，在它的职务市场系统中，过分强调的是晋升，而忽略了在培训、经历、技能和能力成长等方面的职业开发。

这两个模型都强调了组织结构和组织目标的设计是组织职业开发的动力，这使职业开发变成了一种具有战略性的活动。这些模型虽然具有一定的意义，但是在作为指导组织职业开发可普遍适用的模型上还有很长的路。

三、实验内容

- 查阅相关书籍和资料，学习如何进行组织职业生涯管理
- 查阅相关书籍和资料，了解员工素质测评的方法

四、实验准备

• 宽敞、明亮的教室

• 案例 6-2 资料

五、实验组织方法及步骤

• 查阅相关书籍，理解组织职业生涯管理的概念和职业生涯管理的内容

• 以小组（6~8 人）为单位对组织职业生涯管理的内容进行研讨，掌握员工素质测评的方法

• 学习本章案例 6-2，研讨如何做好组织职业生涯管理

六、实验思考与作业

• 怎样使员工的职业生涯规划与组织经营目标之间达到匹配

• 根据案例 6-2，谈谈如果你是这家银行的负责人，你认为怎样做才能更好地管理类似小白这样的员工

• 根据案例 6-2，谈谈组织如何对员工进行职业生涯管理

案例 6-2

一个明星员工的故事①

小白在大学高年级时就在大公司实习过。作为商科毕业班的尖子生之一，小白相信自己有资格去选择老板。她择业的一个重要标准就是看招聘她的公司能否替她支付将来要读 MBA 的费用，最后她选择了一家中等规模的商业银行做一名研究助理。该银行给她的工资很高，还给她报销了研究生学费。

为了实现自己的目标，小白立刻利用业余时间，进入了一所全国著名的商学院开始攻读 MBA 学位。三年后，她的公司已经为她花了 4.5 万元，小白终于取得了金融学的 MBA 学位，还辅修了国际商务。

小白在学校为 MBA 毕业生举行的招聘会上，背着银行参加了好几次面试。她对一家到该校招人的大投资银行尤其感兴趣，并希望能在上海工作。小白对现在这家商业银行并非不满意；事实上正相反——银行对她很好，给了她有挑战性的工作，还两次给她晋级。小白只是想看看自己到底有多大的市场价值，并以此为筹码与商业银行谈条件。另外，如果能进这家大投资银行，小白就能一圆她从小就有的上海梦。

后来，小白接到了上海两家著名投资银行的录取函，她喜出望外。这两家投资

① 资料来源：李亚慧，韩燕．精编人力资源管理［M］．武汉：武汉理工大学出版社，2021：179.

银行给她开的工资比现在这家银行要高50%，并给她报销搬家费用。这两份工作都能让她专业对口，都让她管理公司的研究部门。小白相信自己别无选择，只不过还想问问现在这家商业银行是否愿意付出同样的代价来挽留她。当然，她知道这家银行的薪酬制度非常死板，对于给她涨这么高的工资必然非常勉强，而且她的经理也不会很快离开而腾出这个职位。不出所料，这家银行拒绝了她，但声明可以在下次绩效评估时慷慨地为她加薪。小白觉得不够满意，第二天就递交了辞呈。

小白对于离开这家银行并没感到太多的遗憾，她给自己开脱的理由是，开放的劳动市场才有效率。小白还感到，这也许是她既能过大都市生活又能实现个人理想和职业兴趣的唯一机会。银行的管理层有苦说不出来，因为他们失去了一位优秀员工，而且一大笔投资打了水漂。但这家银行并不是第一次经历这种事，以前它的优秀员工也有取得研究生学历后就投奔竞争对手的事情。而这家银行最近的行长办公会正在研究不再为员工提供读研究生学费的补助问题，并认为从外部人才市场上聘请 MBA 学生可能更有把握。

第七章　员工绩效管理

本章学习目标

- 了解绩效及绩效管理的相关概念
- 了解绩效管理对于组织和员工的意义
- 掌握绩效管理的流程和具体内容
- 熟悉绩效考核的方法
- 掌握绩效计划、绩效监控、绩效考核、绩效反馈各阶段的实际工作与方法
- 培养在绩效管理工作中公平公正的思想，树立科学的“竞争意识”和“绩效意识”，对绩效痕迹要有正确认识，既要“留痕”更要“有绩”

在一个组织中，绩效包括组织整体的绩效和员工个体的绩效。从人力资源管理的角度，本章主要讨论的是员工个体绩效的管理问题。员工绩效是指在工作过程中所表现出来的与组织目标相关，并且能够被评价的工作结果与行为。绩效管理作为员工培训与开发、薪酬管理、员工职业发展管理、员工关系管理的基础，是组织中重要的人力资源管理职能活动。

本章着重讲述员工绩效管理流程各环节的实验训练，以绩效计划中的绩效指标的设计、绩效监控中的绩效信息的收集、绩效考核、绩效反馈面谈为主要内容，要求学员了解员工绩效管理的基本流程和各环节工作，掌握常用的绩效指标设计工具、绩效监控过程、绩效考核方法与绩效结果反馈沟通的形式，以此达到利用绩效管理实现将员工个人努力与组织目标相结合的目的。

本章学习的知识脉络如图 7-1 思维导图所示。

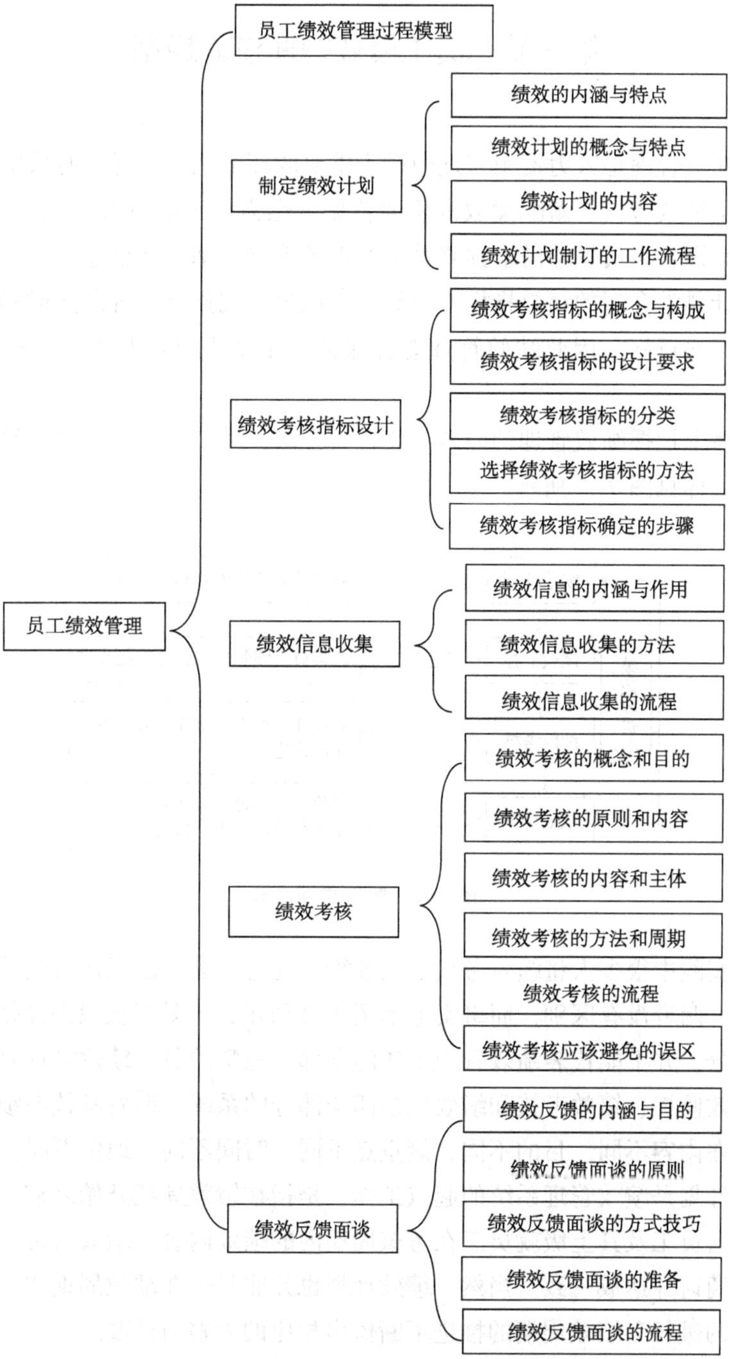
员工绩效管理
员工绩效管理过程模型
制定绩效计划
绩效的内涵与特点
绩效计划的概念与特点
绩效计划的内容
绩效计划制订的工作流程
绩效考核指标设计
绩效考核指标的概念与构成
绩效考核指标的设计要求
绩效考核指标的分类
选择绩效考核指标的方法
绩效考核指标确定的步骤
绩效信息收集
绩效信息的内涵与作用
绩效信息收集的方法
绩效信息收集的流程
绩效考核
绩效考核的概念和目的
绩效考核的原则和内容
绩效考核的内容和主体
绩效考核的方法和周期
绩效考核的流程
绩效考核应该避免的误区
绩效反馈面谈
绩效反馈的内涵与目的
绩效反馈面谈的原则
绩效反馈面谈的方式技巧
绩效反馈面谈的准备
绩效反馈面谈的流程

图 7-1　本章思维导图

第一节 员工绩效管理过程模型

员工绩效管理是人力资源管理中最为重要的环节之一。行之有效的绩效管理系统不仅是绩效考核、薪酬发放的重要依据，也为员工的晋升、职业生涯发展、人力资源培训、人员供给需求预测等工作提供重要的基础性信息。员工绩效管理是通过设计科学合理的绩效指标，引导员工通过完成指标实现薪酬激励，同时完成组织的战略目标。因此绩效管理能够保证员工个人目标和组织整体目标的一致性。

为整体上把握绩效管理的内容、流程与方法，本节主要介绍绩效管理的内容和过程，具体见图 7-2 所示。

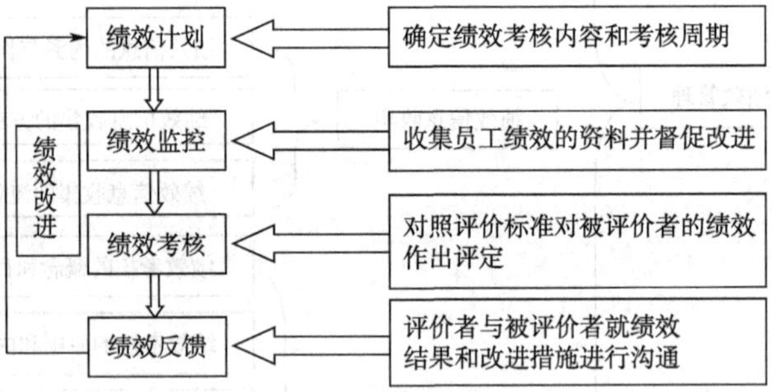

图 7-2 绩效管理流程

企业实践中很多人将绩效考核与绩效管理混为一谈，甚至认为绩效管理就是绩效考核，两者没有区别，而事实上如图 7-2 所示，绩效考核只是绩效管理的一个组成部分，并不能代表绩效管理工作的全部。完整的员工绩效管理是包括绩效计划、绩效监控、绩效考核和绩效反馈四个部分的系统。绩效考核与绩效管理的不同体现在内容不同、目的不同、侧重点不同、时间不同、地位不同。

绩效计划是绩效管理系统的起点工作，是指在绩效周期开始之初，选择一定的方法，由员工及其上级就员工在考核周期内的绩效内容、绩效目标、绩效考核方法进行商讨并达成一致。当然，绩效计划也并非只是在绩效周期之初进行，会随着工作的进行和绩效周期的推进不断做出相应的调整与修改。

绩效监控是在绩效周期内，通过员工及其上级之间的持续沟通来收集获取与绩效有关的信息，发现、预防并解决员工绩效完成过程中可能或者已经出现的各种问题，保证员工绩效目标的达成。

绩效考核是组织确定好考核主体，借助一定的考核手段和方法，对员工实际的工作绩效与绩效指标与标准进行比较和评价的过程。从某种意义上讲，绩效考核并不是绩效管理最重要的环节，绩效计划中考核指标的确定更为重要，它决定了员工的行为导向和组织绩效的实现程度。当然，绩效考核对于员工非常重要，因为它直接影响着员工的薪酬奖励和职业发展，但是绩效考核并不是目的，只是鼓励员工实现个体绩效和整体绩效相结合的手段。

绩效反馈是指在绩效周期结束后，考核主体或者上级与员工之间进行的绩效面谈。特别注意，这个环节不仅是要将考核结果告知员工，更为关键的是肯定员工的绩效成就，指出不足并制订后续绩效改进计划。绩效反馈的过程会在很大程度上决定组织实现绩效管理目的的程度，但这个环节经常在实践中被忽略，导致的结果是绩优者不满意，绩劣者不知如何努力，也使得绩效考核的意义大为降低。

绩效管理作为一项常规的、持续而长期的人力资源管理职能工作，其作用主要体现在能够把员工的努力与组织的战略目标紧密联系在一起，通过提高员工的个人绩效来实现组织整体的绩效。通过绩效管理，可以对员工的行为和绩效进行评价考核，以便适当给予相应奖惩，考核结果作为薪酬奖励、职业发展等重要人力资源决策的可靠依据。

绩效管理的责任并非只是绩效考核主体的事情，所有的管理者都会不同程度涉及员工绩效指标与标准的确定、考核周期的调整、绩效考核参与、绩效反馈的面谈等事项，而且管理者日常工作多是根据员工的绩效信息、工作表现，不断提醒敦促员工绩效的达成。因此，绩效管理不仅仅是专职人力资源管理工作者的责任，所有的管理者都是绩效管理工作者。绩效管理水平反映了一个组织整体管理水平的高低。

企业通过绩效管理要实现的目标包括：

第一，通过绩效管理实现企业经营目标。绩效管理的目标是根据企业战略确定的，在将企业战略目标层层分解的过程中，会确定部门目标和岗位的目标，在此基础上确定员工个体目标，通过提升员工的业绩达成组织的战略目标。

第二，有助于保证员工行为与企业目标的一致性。通过绩效管理的计划制订、绩效监控、绩效考核、绩效反馈环节，及时发现员工在工作中的绩效偏差，并通过绩效考核明确问题，绩效考核指标的确定对员工有较强的指向性，在帮助员工实现绩效目标的同时确保了组织目标的实现。

第三，有助于提高员工的满意度。员工通过企业合理确定绩效考核目标、合理进行绩效监控指导、公平绩效考核和人性化绩效反馈等环节，不仅可以明确个人努力的方向，还能提高自己的技能和能力，最终实现较高的工作绩效。同时，员工还会得到组织的认可和奖励，因此通过科学的绩效管理环节是可以提高员工工作满意度的。

第四，有助于实现人力资源管理科学合理的决策。绩效管理工作可以为人力资源管理的其他职能工作提供准确可靠的信息，提高决策的科学性和准确性。例如，通过绩效管理可以验证组织招聘工作和培训工作的效度，可以为人力资源内部供给提供准确的预测，也能为后续岗位评价、薪酬激励提供基础性依据。

第二节 制订绩效计划

一、实验目的

- 了解绩效计划的相关概念、作用及原则
- 熟悉绩效计划制订的目的、程序和实施步骤
- 掌握绩效计划制订的信息收集方式、沟通技巧和绩效计划书的编制
- 要能够根据企业不同时期的战略目标和绩效管理目的，为不同的被考核者制订相应的绩效考核计划

二、理论知识要点

（一）绩效与绩效计划

1. 绩效的内涵与特点

绩效是指员工在工作过程中表现出来与组织目标实现相关的工作行为与结果。绩效是基于工作产生的，与员工的工作过程直接联系在一起，工作之外的行为和结果不属于绩效的范畴；绩效与组织目标有关，对目标的实现有直接影响作用，且与职位的职责高度相关；绩效应该是表现出来的工作行为和结果，表现出来才能够被评价，因此具有现实性。

绩效具有多因素、多维性和动态性的特点，也因为这样的特点，确定考核目标和具体考核工作需要科学合理和权变灵活。员工的绩效会受到多种因素影响，如员工个体的能力、个性、价值观等个体因素，组织激励制度、管理政策、他人评价、工作场所设备等外部环境因素。绩效并不是由哪一个单一因素就能决定的，一般用 $P=f(K, A, M, E)$ 表示，在这个函数关系中，绩效 P（performance）由与工作相关的知识 K（knowledge）、员工个人能力 A（ability）、员工受到的激励 M（motivation）和工作的环境 E（environment）所决定，充分体现了绩效的影响因

素众多的特点。

绩效的多维性是指绩效体现的多面性。工作结果和行为都属于绩效的范畴，如员工的出勤，生产产品的数量、质量、材料的损耗，与同事的合作等都是绩效的构成要素。

绩效的动态性表现为员工的绩效因为受多种因素影响体现在不同方面，因而不是一成不变的，在主客观条件变化下会经常发生变动。因此确定绩效考核周期非常重要，要根据岗位和工作性质的不同确定合理的绩效考核周期，也要以发展的眼光看待员工的绩效，切忌主观僵化。

2. 绩效计划的概念

作为绩效管理系统循环的第一个环节，制订绩效计划是一个确定组织对员工的绩效期望并得到员工认可的过程。绩效计划必须清楚地说明组织期望员工达到的工作结果以及为达到该结果所期望员工表现出来的行为和技能。在这一过程中，人力资源管理部门统筹安排绩效计划工作，包括设计绩效标准的框架（指导直线管理人员和员工制订具体的绩效计划）、开发培训材料（指导直线管理人员进行绩效计划工作）。直线管理者是绩效计划的最终责任人，是绩效计划的主要制订者；员工参与绩效计划的制订。人力资源管理部门负责组织工作，各职能部门管理人员和员工的参与则最为关键。也就是说，在新的绩效周期开始时，管理者和员工经过讨论就员工在新的绩效周期内将要做什么？为什么做？需要做到什么程度？何时应该做完？员工的权限和能够获取的帮助等问题进行识别、协商。作为整个绩效考管理流程的起点，绩效计划将个人目标、部门目标和组织目标结合起来，是员工全面参与管理、明确自己职责和任务的过程，是绩效管理一个至关重要的环节。

3. 绩效计划的特点

（1）绩效计划是管理者与员工的双向沟通过程。常规的工作计划和目标确定过程通常是由最高管理者制定总目标，然后依据组织结构分解，是一个由上至下的单向制订过程。而绩效计划的制订则强调通过互动式沟通，使管理者和员工对绩效目标的内容和实现途径达成共识，信息不仅自上而下传递，而且同时自下而上传递，是双向沟通的过程。也就是说，在这个过程中管理者和员工双方都负有责任，要在制订各级目标时保证每个成员的充分发言权，并鼓励下级员工积极参与上级目标的制订。组织目标从上至下层层分解，又从下至上层层承诺，进而保证各层次目标的相互支撑和最终实现。

（2）绩效计划的制订是全员参与的过程。全员参与的绩效计划指的是组织内所有人都参与到绩效计划的制订过程当中，每个人都对绩效计划的最终实现做出责献。这一过程中，直线经理、员工及人力资源管理者都是不可或缺的重要角色。

直线经理。制订员工绩效计划的过程中要求制订者掌握职位的详细信息和要求，而直线经理是最了解每个职位的工作职责和绩效周期内应该完成的各项工作的人，由他们与员工协商并且制订绩效计划能够使整个计划更加符合现实情况，更有利于部门内部人员之间的合作。直线经理在整个过程中扮演着非常重要的角色，并且是整个计划的最终责任人。

员工。员工参与是绩效计划得以有效实施的保证。目标设定（goal-setting）理论认为，员工参与制订绩效计划有助于提高员工的工作绩效。社会心理学家认为，由于人们对自己亲自参与做出的选择投入程度更大，从而增加了目标的可执行性，有利于目标的实现。另外，绩效计划不仅仅要确定员工的绩效目标，更重要的是让员工了解如何才能更好地实现目标，并且了解组织的战略计划和自己能够从组织获得的帮助。因此，绩效计划的制订应该是员工全面参与的过程。

人力资源管理者。在绩效计划阶段，人力资源管理者的主要责任是帮助相关人员制订绩效计划。人力资源管理者会提供政策框架、开发相关培训资料、指导直线管理者和员工进行绩效计划工作，并且解决员工与管理者之间的冲突，确保绩效计划工作围绕如何更好地实现组织的目标进行。在许多组织中，人力资源管理者与高层管理者会共同设计一个符合各部门情况的、有关绩效结果和绩效标准的框架，以指导直线经理与员工针对每个职位的情况制订具体的绩效计划。总体来说，人力资源管理者的职责就是向管理者和普通员工提供必要的指导和帮助，以确保整个组织在绩效计划中确定的绩效目标和绩效标准具有相对的一致性，从而保证整个绩效管理系统的战略一致性。

4. 绩效计划的内容

在绩效周期开始的时候，管理者和员工必须对员工的工作目标和标准签订契约，这个契约就是绩效计划。绩效计划包含两方面内容：做什么和如何做。所谓做什么，实际上就是员工个人的绩效目标；而如何做，就是实现目标的手段。通常，制订绩效计划之后，管理者和员工应该能够就以下问题达成共识：①员工在本绩效周期的主要工作内容和职责是什么？②应实现哪些工作结果？③这些结果可以从哪些方面衡量，评判标准是什么？④员工各项工作目标的权重如何？⑤从何处获得关于员工工作结果的信息？⑥员工在完成工作任务时拥有的决策权限如何？可以得到哪些资源？⑦员工在本绩效周期应如何分阶段地实现各种目标，从而实现整个绩效周期的工作目标？⑧员工在达到目标的过程中可能遇到哪些困难和障碍？如何应对？⑨管理者和员工如何对工作的进展情况进行沟通？如何防止出现偏差？⑩管理者会为员工提供哪些支持和帮助？如何与员工保持沟通？⑪员工是否需要学习新技能以确保完成任务？

形成绩效计划的过程是一个双向沟通的过程，因此管理者和员工之间要保持沟通与互动。在这个过程中，管理者主要向员工解释和说明的是：①组织的整体目标是什么？②为了完成整体目标，我们部门的目标是什么？③为了达到整体目标和部门目标，对员工的期望是什么？④对员工的工作制订什么样的标准和期限？⑤员工在工作过程中的权限与资源如何？员工应该向管理者说明的是：①自己对工作目标及如何完成的认识。②自己工作中的困惑与疑难问题。③需要组织给予的支持与帮助。

（二）绩效计划工作流程

1. 准备阶段

绩效计划的制订需要管理者与员工的双向沟通，而在沟通之前需要做一些必要的准备，否则就难以取得理想的效果。准备的内容主要是与绩效计划制订相关的信息准备和拟采用的沟通方式，具体包括：

（1）信息准备。关于组织的信息。为了使员工的绩效计划能够与组织目标结合在一起，在制订绩效计划之前，管理者与员工都需要重新回顾组织目标，包括组织战略和年度经营计划，只有对组织目标和实现目标的路径有了清晰的认识之后，员工才可能调节自己的方向和行动以适应组织要求。如果绩效计划所设定的目标方向与组织战略背道而驰，不仅无益于组织发展，还会给组织带来严重的负面影响。

关于部门团队的信息。部门团队的目标是根据组织的整体目标分解而来的，它与每个部门团队的具体职能和任务紧密联系，进而与员工个人的绩效标准密切结合甚至就是个人绩效任务的直接来源。作为部门团队负责人的管理者要将本单位所承担的绩效任务和相关信息，如本单位的工作计划等，向其成员进行详细的说明，以便与员工就任务的分解和目标的实现等问题达成共识。

关于个人的信息。关于员工个人的信息包括两方面内容：一是所在职位的工作分析；二是上一个绩效周期的评估结果。从工作分析入手，可以使员工更好地了解自己所在的职位，并把职位与部门的目标和自己的目标联系在一起。职位的要求可能随着新的绩效周期工作环境和目标的改变而发生变化，因此在每个绩效周期开始前重新思考和定位职位的基本职责并传递给员工是非常重要的。同样，上一绩效周期的反馈也很重要，根据员工在上一绩效周期的表现给予相应的指导和帮助是改进和提高员工绩效水平的有效方法。

（2）沟通方式的选择。决定采用何种方式进行绩效计划的沟通也是非常重要的，需要结合企业的文化氛围、员工特点以及所要达到的工作目标等因素进行选择。如果希望借绩效计划的机会向员工做一次动员，那么就可以选择召开员工大会；如果只是与某个团队或小组有关，那么仅召开团队会议就完全可行。如果是管理者与某位员工的单独交谈，那就要选择好谈话的时间、地点、程序及表达方式。有的管理者喜欢先向员工介绍公司未来的发展前景和计划，再讨论员工个人的工作目标；也有的管理者喜欢请员工畅谈个人对未来发展的想法，之后再引出组织的期望；或者也可以开门见山，直接与员工谈工作和任务。这些方式各有特点，管理者应根据情况加以选择。

2. 沟通阶段

沟通阶段是整个绩效计划阶段的核心。在这个阶段，管理者与员工经过充分的交流，对员工在本次绩效周期内的工作目标和计划达成共识。

(1) 营造良好的沟通氛围。首先，管理者和员工都应该确定一个专门的时间用于绩效计划的沟通。在这个时间段，双方都应该放下手头的工作以专心致志地做这件事情。其次，在沟通的时候最好不要有其他人的干扰。很多情况下，沟通是在管理者的办公室中进行的，那么就应该格外注意尽量避免第三者的进入和电话的打扰。因为意外的打扰可能会使双方的思路中断，经常要重复"刚才说到哪了?"之类的问题，严重影响沟通效果。另外，沟通的气氛要尽可能宽松，不要给人太大压力。选择办公室以外的场所（如咖啡厅等）作为沟通环境也是不错的选择，或者在开始之前聊一些轻松的话题等也会起到缓解气氛的作用。

(2) 明确沟通原则。在沟通之前，员工和管理者都应该对几个问题达成共识：第一，双方在沟通中是一种相对平等的关系，是为了本部门的成功而共同出谋划策。第二，认识到员工是真正了解自己所从事工作的人、是他所在领域的专家，因此在制定工作衡量标准时应该更多地发挥员工的主动性，更多地听取员工的意见。第三，管理者的主要职责在于如何使员工个人的工作目标与整个部门乃至组织的目标结合在一起，以及员工如何在组织内部与其他成员或其他业务部门进行协调配合。第四，管理者应该是与员工一起做决定，而不是代替员工做决定，不能将自己的意志强加于员工身上，而是要调动员工的积极性以确保目标的正确和计划的成功。

(3) 设计沟通过程。绩效计划是管理者与员工的双向沟通过程，沟通的过程并无一定之规，这里所讲的只是最普通的一种过程。

回顾有关的信息。在进行绩效沟通时，往往先要回顾一下已经准备好的各种信息，包括组织的经营计划、部门的工作计划、员工的工作描述和上一个绩效期间的评估结果。

确定绩效目标。在组织总体目标的基础上，每个员工需要设定自己的工作目标。

虽然这次沟通没有最终形成绩效目标和契约，但对基本的绩效目标和实现途径进行了确定。形成绩效计划可能不是一次沟通就能够完成的，可能需要几次不同形式的沟通。管理者要注意给员工机会让他们自己去发现问题和明确目标，并且引导员工找到实现目标的途径。

讨论管理人员提供的帮助。在沟通过程中，管理者还需要了解员工在完成计划时可能遇到的困难和障碍，以便及时为其提供可能的支持和帮助。

结束沟通。在将要结束绩效计划的沟通时，双方还将约定下一次沟通的时间。

3. 制订阶段

在经过了周密的准备并且与员工进行了充分沟通之后，绩效计划就初步形成了。达成共识后，管理者和员工要对双方协商达成的绩效计划签字确认，也就是签订绩效契约。所谓绩效契约，就是管理者和员工就员工工作的绩效目标和标准达成的一致性契约。在员工的绩效契约中，至少包括以下几方面内容：

（1）员工在本次绩效期间内所要达到的工作目标是什么？

（2）目标实现的具体结果如何？

（3）这些结果可以从哪些方面去衡量，考核的标准是什么？

（4）从何处可以获得员工工作结果的信息？

（5）员工各项工作目标的权重如何？

最后要说明的是，要保证绩效计划的灵活性。也就是说，当情况变化时，必须调整或改变整个计划或其中的部分内容。

（三）表单或者工具

参考使用的表单工具详见表 7-1。

表 7-1　＿＿＿＿＿　岗位绩效计划

姓名		职位		直接上级	
绩效周期					
绩效目标	产出结果	完成时间	绩效标准	权重（%）	考核主体岗位
计划执行人（签字）：		直接上级（签字）：		日期：	
备注：					

三、实验内容

- 运用绩效计划的常用方法编制绩效计划书
- 熟悉绩效计划的制订流程，掌握编制绩效计划书的常用方法和工具

四、实验准备

- 可容纳八人以上交谈沟通的房间
- 椭圆形会议桌或长条形办公桌，椅子若干把
- 签到表，用以确认经理与相关员工是否参与实际讨论。签到表上有姓名、职务、部门、报到签名栏及备注
- 指导语，绩效计划编制小组告知参与讨论的双方需要讨论的事项及程序
- 录音设备，用于记录交谈双方的对话，以免整理文字时有所遗漏
- 电脑，把讨论的过程和结果等进行记录备案
- 打印机及打印纸，在双方结束交谈之后，把整理好的绩效计划书打印出来，以供核对和签字
- 签字笔，谈话双方阅读绩效计划书，确认无误之后手写签字
- 其他制度性材料，如公司绩效管理制度、岗位说明书等需要确定绩效计划的相关材料

五、实验组织方法及步骤

- 教师统一讲授实验内容、实验要求与实训任务，并告知实验评价办法
- 教师确定实验小组，组成绩效计划制订小组成员，并分配角色，一般以每组 5~8 人为宜
- 每个小组仔细阅读案例相关材料，分析绩效计划制订的作用与意义，提出问题
- 根据小组角色分工，经过准备阶段、沟通阶段、审定和确认阶段，清晰定义绩效目标、产出结果、完成时间、绩效标准、考核主体、权重，编制一份绩效计划书，并讨论在绩效计划编制过程中用到的沟通技巧和方法
- 各小组进行交流展示，辅以组内互评、组间互评和小组自评
- 各小组总结并编撰实验报告

六、实验思考与作业

- 绩效计划制订需要哪些基础性材料
- 绩效计划制订应该由哪些人参加会更加科学合理
- 组织整体绩效计划与个人绩效计划应该如何保持一致
- 绩效计划沟通过程中应该注意哪些事项

• 每组6人，以组为单位模拟绩效计划制订过程，并根据所选案例实际情况编制一份绩效计划书

案例 7-1

高总是某公司销售公司经理，根据公司的发展状况，公司决定在2022年市场占有率在上一年基础上提高10%。根据目前销售部的情况，高总计划主要通过增加大客户数量来实现公司的目标。所以，他决定决定成立一个大客户部。经过与总公司领导和人力资源管理部沟通后，总公司同意了高总的计划。下一步，高总将会同人力资源管理部和大客户部经理人选为大客户部经理制订2022年绩效计划。

第三节　绩效考核指标设计

一、实验目的

• 了解员工绩效考核指标的内涵、原则和考核指标设计的重要性
• 熟悉绩效考核指标设计的主要方法及步骤操作流程、使用的工具方法
• 要能够根据不同的岗位设计出不同的绩效考核指标

二、理论知识要点

（一）绩效考核指标的概念

在绩效计划设计中，绩效考核指标设计是最为重要的环节。绩效考核指标是考核要点或评估项目，是绩效目标的具体化，它指出对被考核对象的哪些方面进行考核。如销售人员的绩效目标可以通过销售额、客户满意度等指标来进行考核。只有通过考核指标的合理设计，绩效考核才具有可操作性。

（二）绩效考核指标的构成

绩效考核指标由指标名称、指标定义、标志和标度构成。

指标名称是考核指标内容的概括。

指标定义是指标内容的操作性定义，用于揭示考核指标的关键可变特征。

考核的结果通过表现为将某种行为、结果或特征划归到若十个级别之一。考核指标中用于区分各个级别的特征规定就是绩效考核指标的标志。

标度用于对标志所规定的各个级别包含的范围做出规定，以揭示各级别之间的差异。

（三）绩效考核指标的设计要求

1. 内涵明确清晰

含义明确，用词准确，词义唯一，以避免不同考核者对考核指标产生不同的

理解，从而使考核产生误差。

2. 具有独立性

各考核指标之间要有明确的界线，避免同一绩效在多个指标中被考核。

3. 具有针对性

绩效指标是绩效目标的具体化，应根据岗位工作内容及相应的绩效目标和绩效标准制定。

（四）绩效考核指标的分类

1. 根据绩效考核的内容划分

（1）工作业绩考核指标。工作业绩就是工作行为产生的结果。一般情况下，工作业绩主要包括工作的数量、工作的质量及成本费用三方面。工作的数量是指所完成工作的总量及按期完成的程度，工作的质量是指完成工作的细致程度、准确程度及工作效率，成本费用是指工作在进行中及最后完成工作所花费的时间和财物的总量。

（2）工作能力考核指标。员工具有的或在职务工作中表现出来的基本素质。对业绩考核起补充作用，并引导员工提高自身素质。不同的工作岗位对个人的能力要求不同，在绩效考核中加入工作能力指标，一方面可以明确该岗位所需要的能力，另一方面可以引导员工不断提高自身的工作能力，以与现在的岗位匹配并向更高层的岗位努力。工作能力一般包括体能、智能及技能等。

（3）工作态度考核指标。员工对待工作所采取的立场和看法。对工作业绩和工作能力指标的补充，并引导员工转变立场和观点，提高工作业绩和工作能力。

2. 根据指标的量化程度划分

（1）定量指标。定量指标是以统计数据为基础，把统计数据作为主要评估信息，建立评估数学模型，并以数量表示评估结果的绩效考核指标。定量指标相对客观、公正，可以摆脱主观因素和个人经验的影响，评估结果更加准确、可靠。但是当所依据的数据不准确时，评估结果就难以客观和准确，而且定量指标缺乏灵活性，不能说明工作的质量，难以表现工作的全部事实。

（2）定性指标。定性指标指无法直接通过数据计算分析考核内容，需对考核对象进行客观描述和分析来反映考核结果的指标。在考核时，主要通过人的主观判断得出考核结果。定性指标可以充分发挥人的主观能动性，在绩效考核时应综合考虑更多因素，使考核更加全面。但定性指标所反映的被考核者的业绩往往是笼统的，对被考核者业绩的总体感觉给出一个印象分，所以，定性指标的准确性相对较差。

考虑到定量指标和定性指标的优缺点，在实际运用过程中，可将二者结合起来。在数据充足全面的情况下，以定量指标为主，以定性指标为辅。缺乏或者难以量化的情况下，以定性指标为主，以定量指标为辅来设定绩效考核指标。

3. 特质指标、行为指标、结果指标

（1）特质指标指的是个人的性格和能力，如道德、忠实、敬业、吃苦、领导能力等。特质指标注重的是评价员工是什么样的人，而不考虑工作成果。

（2）行为指标指的是工作流程，工作具体如何执行，适用于程序化的工作。

（3）结果指标是指工作产出，重点是工作成果而不是如何取得结果。

（五）制定绩效考核指标的 SMART 原则

Specific（具体的、明确的）：指标集中，能够准确地定义相关工作；

Measurable（可衡量的）：指标要可以度量、衡量，能够被评价；

Attainable（可实现的）：绩效指标在付出一定努力的情况下可以实现，避免设立过高或过低的目标；

Relevant（与工作相关的）：现实、可行的，可接受但可延展的挑战；

Time-based（有时间限定的）：有时限性的，确定目标完成最后期限和检查日期。

（六）选择绩效考核指标的方法

1. 工作分析法

工作分析是为了确定某个工作岗位的工作任务、工作职责和完成工作任务应具备的知识和技能。工作分析法是根据工作分析的结果选择绩效考核指标，是一种基本的方法。

2. 个案研究法

个案研究法是指选择具有代表性的人物或事件作为调查对象，通过对他们的观察和分析，确定考核内容，根据选择绩效考核指标的原则，形成考核指标。

3. 问卷调查法

问卷调查法是指事先设计出尽可能全面的考核内容，然后通过问卷的形式，收集不同人的意见，以确定考核内容和考核指标。

4. 专题访谈法

专题访谈法是指就绩效考核指标的确定问题，进行有针对性的面谈。

5. 经验总结法

经验总结法是指通过对过去成功和失败案例的分析，设计出正确的绩效考核指标。

（七）绩效考核指标确定的步骤

1. 工作分析

根据考核目的，对被考核者的工作性质、内容以及完成这些工作所具备的资格条件等进行分析和研究，从而了解被考核者在该岗位上工作所应达到的目标、采取的工作方式等，初步确定绩效考核的各项内容及具体指标。

2. 工作流程分析

绩效考核指标必须在工作流程中加以把握。工作流程分析是指根据被考核对象在流程中扮演的角色、承担的责任以及同其他相关上下游工作之间的关系，来确定衡量其工作的绩效指标。如果流程不够完善，还应对进行优化或重组。

3. 绩效特征分析

绩效特征分析是指使用图标标出各指标要素的绩效特征，按需要考核程度分档进行分析。例如，可以按照非考核不可、非常需要考核、需要考核、需要考核程度低、几乎不需要考核五个档次，对指标要素进行分档，然后根据少而精的原则按照不同的权重进行选取。

4. 理论验证

理论验证是指依据绩效考核的基本原理与原则，对所设计的绩效考核指标要素进行验证，保证各指标要素能够有效可靠地反映被考核对象的绩效特征和考核要求。

5. 要素调查，确定指标

根据上述步骤所初步确定的要素，可以运用多种灵活方法进行要素调查，最后确定绩效考核指标体系。在要素调查和确定指标体系时，往往将几种方法结合起来使用，使指标体系更加准确、可靠、完善。绩效考核系统关心的是考核对象对公司战略目标有明显相关的行为因素，而不可能是全部因素。因此，在确定考核指标时，必须去寻找那些对组织目标的实现起重要影响的要素。这些关键要素则更进一步地体现在绩效考核指标上。

6. 修订

根据调查结果将之前确定的考核内容和指标进行调整，尤其是考虑到绩效的多因性、多维性和动态性，要灵活设计一些权变性指标，以应对工作说明书上没有及时跟进的内容。

7. 确定指标权重和赋值

权重是指各绩效考核指标在考核体系中的重要性或各绩效考核指标在总分中所应占的比重，是各个绩效考核指标在整个指标体系中重要性的体现。各个指标相对于不同的考核对象来说，会有不同的地位和作用，因此，要根据不同的考核对象和不同的时期，以及各考核指标对考核对象反映的不同程度恰当地分配与确定不同的权重。

赋值是按照一定的标准，根据指标之间的差异程度，给每一个指标赋予一定的分数。

8. 编制绩效考核指标相关表格

根据不同岗位的特点、不同考核内容和指标设计，编制适用的绩效考核表格，方便后期进行绩效考核使用。

(八) 使用表单参考

本部分参考表单见表 7-2。

表 7-2 ＿＿＿＿＿ 岗位绩效考核指标

绩效指标	指标释义	考核标准	分值	权重	实际完成情况及得分
总　分					

三、实验内容

- 熟悉绩效指标的构成及分类
- 熟悉绩效指标设计的原则和步骤
- 掌握绩效指标的选取及其权重确定的主要方法
- 编制完整的绩效指标体系

四、实验准备

- 工作说明书、工作流程单等有关岗位的基础性材料纸质版或者电子版，保证岗位的工作内容、主要职责以及任职资格要求清晰，明确绩效指标设计的依据
- 电脑、打印机、网络等基础条件，用于记录、打印、传输基本材料，进行绩效指标设计的交流和研讨
- 数据录入及分析软件，如 SPSS、STATA 等，用于问卷结果的录入与分析
- 调查问卷，用于前期调查分析
- 其他实验临时需要的设备，如展示研讨的投影或者显示屏等

五、实验组织方法及步骤

- 教师统一讲授实验内容、实验要求与实训任务，并告知考核办法
- 教师确定实验小组，分配绩效考评指标设计小组成员，并分配角色，一般

以每组 4~6 人为宜

- 每个小组通过阅读案例材料，分析绩效考评指标设计的作用、意义、流程
- 运用本节所讲的内容，设计一套绩效考评指标体系，并讨论权重确定与企业战略的关系
- 各小组进行交流展示，辅以组内互评、组间互评和小组自评
- 各小组总结并编撰实验报告

六、实验思考与作业

- 绩效考核指标设计的原则是什么？如何选取考核指标
- 确定指标权重的依据是什么
- 确定绩效指标过程中应该注意哪些问题
- 根据范例内容设计绩效考核绩效指标

七、范例

材料：

现在公司需要做一份销售人员绩效考核表，表 7-3 已经给出部分定量和定性指标，可依照样板完成其余的指标设计部分。

表 7-3　销售员岗位绩效考核指标

<table>
<tr><th colspan="2"></th><th>绩效指标</th><th>指标定义</th><th>考核标准</th><th>分值</th><th>权重</th><th>得分</th></tr>
<tr><td rowspan="8">工作业绩</td><td rowspan="4">定量指标</td><td>销售计划完成率</td><td></td><td></td><td></td><td></td><td></td></tr>
<tr><td>销售增长率</td><td></td><td></td><td></td><td></td><td></td></tr>
<tr><td>…</td><td></td><td></td><td></td><td></td><td></td></tr>
<tr><td>…</td><td></td><td></td><td></td><td></td><td></td></tr>
<tr><td rowspan="4">定性指标</td><td>市场信息收集情况</td><td></td><td></td><td></td><td></td><td></td></tr>
<tr><td>销售合同管理情况</td><td></td><td></td><td></td><td></td><td></td></tr>
<tr><td>…</td><td></td><td></td><td></td><td></td><td></td></tr>
<tr><td>…</td><td></td><td></td><td></td><td></td><td></td></tr>
<tr><td colspan="2" rowspan="5">工作能力</td><td>专业知识</td><td></td><td></td><td></td><td></td><td></td></tr>
<tr><td>沟通能力</td><td></td><td></td><td></td><td></td><td></td></tr>
<tr><td>…</td><td></td><td></td><td></td><td></td><td></td></tr>
<tr><td>…</td><td></td><td></td><td></td><td></td><td></td></tr>
<tr><td>…</td><td></td><td></td><td></td><td></td><td></td></tr>
</table>

续表

	绩效指标	指标定义	考核标准	分值	权重	得分
工作态度	出勤率					
	规章制度遵守情况					
	…					
	…					
总分						

第四节　绩效信息收集

一、实验目的

- 了解绩效信息收集的相关概念
- 掌握绩效信息收集的目的、程序和实施步骤
- 熟悉绩效信息收集的信息收集方式

二、理论知识要点

（一）绩效信息收集内涵

绩效信息收集是绩效监控的重要环节，指收集和记录绩效相关信息的过程。它是绩效考核的一项基础性、常规性工作，其目的在于为绩效考核提供基础依据，降低绩效评价的随意性，同时及时监控绩效的完成情况，督促员工按时完成绩效指标。绩效信息收集的内容主要包括工作目标即任务的完成情况、工作中有明显积极或消极意义的典型行为、来自客户的反馈信息等。绩效信息主要来自测评者和被测评者的记录、收集以及其他相关部门评价、反馈等。

（二）绩效信息收集的作用

绩效信息收集为绩效考核提供依据。收集了详细的绩效信息，下一阶段的绩效考核就有了事实依据，有助于对员工绩效进行客观的评价。

绩效信息收集为绩效改善提供具体事例。进行绩效考核的目的是不断提高员工的能力水平。通过绩效考核，可以发现员工绩效的需要提升之处，而收集到的信息则可以作为具体事例，用来说明或者指向为什么提升以及如何提升。

（三）绩效信息收集的常用方法

绩效信息收集的内容包括能证明目标完成情况的信息、能证明绩效水平的信息以及关键事件。

绩效信息收集常用方法有观察法、工作记录法、定期抽查法、调查反馈法、关键事件记录法等。

观察法是管理人员直接观察员工在工作中的表现，并如实进行记录。

工作记录法是对于生产、销售、服务的数量、质量、时限等指标，按照规定由相关人员填写原始记录单，并定期进行汇总统计获得绩效考核有关信息。

定期抽查法是指当工作记录数量过大，难以记录全样本时采取的一种抽样调查方法。

调查反馈法是向员工的服务对象或与员工有工作关系的人调查并收集有关信息。如客户满意度调查就是通过这种方法获取信息的典型方法。

关键事件记录法是针对员工特别突出或异常失误的情况进行记录，关键事件的记录有助于管理者对员工的突出业绩进行及时的激励，对员工存在的问题进行及时的反馈和纠偏。

关键事件的STAR法，STAR法是由四个英文单词的首字母组合表示的一种方法。由于STAR中文翻译为“星星”，所以STAR法又叫“星星法”。星星就像一个连起来的十字形，分成四个角，记录的一个事件也要从四个方面来写：S是situation（情境），即这件事情发生时的情境是怎么样的；T是target（目标），即他为什么要做这件事；A是action（行动），即他当时采取什么行动；R是result（结果），即他采取这个行动获得了什么结果。

不管采用哪种方法手机信息，管理人员都需要做到客观、如实记录具体实施，不应该对事实进行主观推测。

（四）绩效信息收集的步骤

1. 梳理关键绩效指标

进行绩效信息收集的首要目的是为绩效考评提供依据，因此，在绩效收集的过程中要保证所收集的信息与关键绩效指标高度相关。所以，在绩效信息收集之前，要先回顾和梳理一下关键绩效指标。

2. 根据关键绩效指标对绩效信息进行分类

针对关键绩效指标，我们所要收集的信息基本可以分为三类，分别为来自业绩记录的信息、由上级主管人员进行观察得到的信息、来自他人评价的信息。收集的绩效信息的内容主要包括：工作目标或任务完成情况的信息、来自客户的积极的和消极的反馈信息、工作绩效突出的行为表现、绩效有问题的行为表现等。在收集信息的过程中，要特别留意收集员工的关键事件信息。关键事件是指员工的一些典型行为，它既包括能够证明绩效优异的事件，也包括会证明绩效存在问题的事件。

3. 记录和收集绩效信息

在对关键绩效指标进行分类之后，可以按照如下步骤进行绩效信息的记录和收集。

（1）确定信息周期和抽样方法。根据工作特点和岗位工作样本规模确定信息周期和抽样方法。对一些完成周期较长，难以当时见效的工作，考核周期一般为半年或者一年。对于工作样本较大的岗位，还应当选用固定间隔抽样法、随机抽样法、分层抽样法等抽样方法抽取有代表性的样本。

（2）编制结构化工作记录表。在绩效信息收集的过程中，由于主管人员很难完整地观察到每位员工的所有工作情况，在使用工作记录法的时候，往往需要让员工参与绩效信息收集，但是，为了避免工作记录的随意性，应当编制结构化的工作记录表。

（3）记录绩效信息。收集的绩效信息应当是事实的行为事件，而不应记录对事实的推测和主观判断。通过观察可以看到某些行为，而行为背后的动机或情感则是通过推测得出的，记录的信息尽量客观详细。比如，在记录培训师的工作行为时，可以这样记录信息“与学员进行直接交流、回答问题”，而不应当简单地记录成“认真上课”之类的评价性语句。主管人员与员工进行绩效沟通的时候，也是基于事实的信息，而不是推测得出的信息。

（4）绩效信息的汇总。在完成绩效信息收集之后，主管人员应当把绩效信息分类整理，整理可以按照关键绩效指标进行分类，也可以按照绩效信息的收集对象分类，还可以按照员工表现的等级分类（例如积极的关键事件和消极的关键事件分别列表整理）。

三、实验内容

- 熟悉绩效信息收集相关基础知识和作用意义
- 运用绩效信息收集的常用方法制定相应的关键绩效指标
- 熟悉绩效信息收集的方法和流程，分类整理绩效信息表，为绩效考核提供客观依据

四、实验准备

- 可容纳两人及以上交谈的独立空间场所，以及办公用桌椅
- 绩效信息分类表格，按照绩效测评者、被测评者、其他相关部门、客户等类别列出参与绩效信息收集的人员情况，包括编号、姓名、职务、所属类别及确认签字栏
- 指导语，负责绩效信息收集的人力资源主管告知参与者需要讨论和记录的

事项及程序

• 录音笔，用于记录交谈双方的对话，以免整理文字时有所遗漏

• 电脑，把讨论的过程和和记录结果输入电脑

• 打印机及打印纸，在双方结束交谈之后，把整理好的绩效信息记录表打印出来，以供核对

• 签字笔及其他记录用品，谈话双方阅读绩效信息记录表，确认无误之后签字确认

• 调查问卷及访谈提纲，用于信息收集中向受访对象发放

五、实验组织方法及步骤

• 教师提前讲授实验内容、实验要求与实验任务，并告知考核办法

• 教师确定实验小组，分配绩效信息收集小组成员或者自由组队，并分配小组角色，一般以每组 4~6 人为宜

• 各小组通过阅读案例材料，分析绩效信息收集的作用、意义、流程、方法

• 运用关键事件法等方法进行绩效信息收集，设计一份绩效信息收集的问卷及访谈提纲，并讨论绩效信息收集的技巧和方法

• 实验结束，各组进行分享交流，并进行组内互评、组间互评、老师点评总结

• 总结并撰写实验报告

六、实验思考与作业

• 绩效信息收集的意义和目的

• 针对不同岗位的工作，应该使用哪些绩效信息收集的不同方法

• 绩效信息收集沟通过程中应该注意哪些问题

• 选择特定岗位和方法模拟绩效信息收集的过程，并编写绩效信息收集问卷

第五节　绩效考核

一、实验目的

• 加深对绩效考核基础知识和作用意义的了解

• 掌握绩效考核的方法与特点

• 掌握常用绩效考评方法的步骤与程序与适用条件

• 能够正确处理员工绩效考核过程涉及的考核内容的确定、考核主体的选

择、考核周期的确定以及考核方法的选择等事项

• 学会运用配对比较法、行为锚定法、360 度考核法、等级评价法、强制分布法、排序法、关键事件法、目标管理法、KPI 管理法、平衡计分卡法等常用工具进行绩效考核

• 通过绩效考核实验，树立公平公正的考核原则

二、理论知识要点

（一）员工绩效考核概念

员工的绩效会因时间、空间、工作条件、自身情况、外部激励等相关因素的变化而不同，这也就决定了绩效考核必须是多角度、多方位和多层次的。

员工绩效考核是指利用一套正式的结构化制度，来衡量、考核员工的工作行为和结果，在将员工的实际绩效与绩效目标进行比较的过程中，了解员工的发展潜力，以期获得员工与组织的共同发展。通过绩效考核，反映不同员工的劳动支出、努力程度和贡献份额，有针对性地支付薪酬、给予奖励，并及时向员工反馈信息，促使员工调整行为，最大限度地实现组织目标。

（二）员工绩效考核的目的

1. 实现企业战略目标

通过绩效考核以及相应的管理，可以提高企业竞争力，实现企业战略转型。绩效考核根据企业战略目标和部门工作目标，确定各岗位的具体绩效考核指标，通过绩效考核的有效引导，保证战略目标的实现。

2. 为人力资源管理提供决策依据

通过绩效考核，收集员工的绩效相关信息，对组织成员在日常工作中所表现出的能力、态度和业绩，进行以事实为依据的考核，为人力资源管理提供决策依据。如薪酬管理决策、晋升决策、职业发展决策、调任决策、临时解雇决策等。

3. 实现人力资源开发

绩效考核为了解员工优缺点和提高工作绩效提供了一个反馈渠道。通过绩效考核，发现员工的不足，从而有针对性地采取措施，解决问题，达到提升绩效的目的。所以说，绩效考核是绩效管理的重要内容，也是绩效管理的前提条件。

4. 提升日常管理的效果和效率

通过绩效考核，企业经营者可以迅速地了解企业经营现状及年度目标的完成情况，并考察绩效情况是否与企业发展战略相契合；通过绩效考核，员工可以充分了解组织对自己的期望；通过绩效考核，员工个人可以及时了解自己工作的不足，认识到在工作中存在的问题，从而为自己制订一套系统完善的绩效改进计划；绩效考核可以激励企业内部人员发挥个人潜能，努力工作，改善绩效。

（三）员工绩效考核的基本原则

1. 开放公开原则

绩效考核是企业全体员工的共同责任。坚持开放公开原则，就是要把绩效考核体系公开，并吸收被考核者参与，上下级之间通过沟通完成考核工作，包括考核标准制定、考核活动进行和考核结果的公开。

2. 反馈提升原则

将考核结果及时反馈给被考核者，并以此鼓励员工保持优秀业绩并继续提升，改进不足之处，要关注员工绩效水平的持续提高。

3. 定期程序原则

绩效考核是一项连续性的工作，它既是对员工工作能力、工作过程、工作结果和工作态度的考核，也是对员工未来行为表现的一种预测。绩效考核制度要具有连续性和程序化，决不能搞短期行为和随机性，否则会影响员工对于绩效目标和个人能力的怀疑，不利于组织整体绩效的长期改进。

4. 可靠准确原则

要保证考核结果的稳定性和考核内容的准确性，绩效指标设计具有较好的信度和效度。

5. 实用可行原则

要考量实施考核方案客观条件的具备程度、考核方案符合考核要求的程度、考核方案适应本单位人员素质的情况，不能追求高大上的复杂指标体系。越简单越接近员工实际岗位工作情况，越是好的绩效考核方案。

（四）绩效考核的内容

1. 工作业绩

工作业绩是员工履行岗位职责的直接结果。工作业绩考核就是对员工履行岗位职责情况进行考核的过程。这个考核的过程不仅要说明各级员工的工作完成情况，更重要的是通过这些考核指导员工有计划地改进工作，以达到企业发展的要求。

2. 工作能力

工作能力主要是指员工从事工作的实际能力。一般来说，工作能力由以下四个部分组成：一是常识、专业知识和其他相关知识，二是技能、技术或技巧，三是工作经验，四是体力。

由于工作能力具有内生性，难以衡量和比较。因此工作能力考核要相对困难一些。我们可以通过一系列中介指标来对人的能力进行判断，并不一定是通过直接的能力测评来进行的。

3. 工作态度

虽然工作能力强弱会影响员工工作业绩的优劣，但在现实中，工作能力的强弱与工作业绩的优劣之间并非完全的正相关。在工作能力向工作业绩转化的过程中需要借助一种转化剂——工作态度。工作能力强的人可能由于工作态度的原因并不能取得相应优异的工作业绩，而工作能力较差的员工也可能由于工作态度较好而取得较好的工作业绩。不同的工作态度可能产生不同的工作结果。事实上我们对员工的工作态度进行考核的意义，就在于通过考核，鼓励员工端正工作态度，充分发挥现有的工作能力，最大限度地创造优异的工作业绩，同时，也要反思绩效激励制度是否能够真正激发员工的积极性。

（五）绩效考核主体

1. 绩效考核对象

绩效考核对象包括组织、部门和员工三个层面，针对不同的对象，考核内容也会有所不同。绩效指标确定过程使用的平衡计分卡和关键绩效指标，可以很好地将三个层面的绩效指标相结合。企业绩效管理虽然是实现整体绩效水平的提升，但是要通过部门目标和员工个体目标的达成来实现，因此本节主要介绍对员工个体绩效指标的考核。

本节提到的员工的绩效，是指某位员工在其具体的工作岗位上表现出来的工作结果和行为。由于岗位的性质和工作内容、工作目标等的不同，在建立员工绩效考核体系和实施员工绩效考核时，必须分岗位进行，考核的对象不是员工而是员工所表现出来的绩效。

不同的考核对象，需要不同的考核主体。所以绩效考核的主体是多元的，当然不同的考核主体也会具有不同的特点，以此保证绩效考核的有效性。

2. 绩效考核主体

绩效考核主体就是对被考核者做出考核的人或组织，在绩效考核体系设计时，一定要注意考核主体与考核对象及考核指标的匹配，选择什么样的考核主体很大程度上与考核谁和考核什么密切相关。

确定考核主体的原则包括绩效考核主体应掌握所考核的内容、绩效考核主体应了解所考核岗位的工作内容、有助于实现一定的管理目的。

现代组织中的岗位设置和专业分工日益复杂，因此，仅凭一个人的观察和考核很难对员工做出全面、准确的判断。上级、下级、同事、员工本人以及外部客户分别从不同角度接触员工、获得员工绩效信息，因此，都可以参与到考核过程中来，都可以成为绩效考核主体。

3. 不同考核主体的选择

不同的考核主体具有不同的特点，在考核过程中的考核职责不同，因此，选择不同的考核主体不仅是绩效考核的需要，而且是实现绩效管理目标的需要。

（1）上级。上级是最重要的考核主体，在绩效管理过程中自始至终都发挥着十分关键的作用。上级考核具有一定的优点，因其对员工有直接的管理责任，因此最了解员工的工作情况，此外，以上级作为考核主体有助于实现管理的目的，可以及时督促目标的实现。上级考核的缺点在于上级领导经常没有足够的时间全面观察员工的工作情况，考核信息来源单一，也容易受到领导个人的作风、态度以及对下属员工偏好等因素的影响，从而产生个人偏见。

（2）员工本人。自我考核的实施能够提高员工对最终绩效考核结果的接受程度，提倡自我考核的员工会在自我工作技能开发等方面变得更加积极主动。班杜拉（Bandura）的自我强化理论是自我考核的理论基础，如果员工理解组织对自己的期望、工作目标以及考核所采用的标准，则员工实际上处于考核自己业绩的最佳位置。

员工自我考核的优点是增强了员工的参与感，加强自我开发意识和自我约束意识，有助于提高员工对考核结果的接受度；缺点是员工对自己的评价往往偏高，当自我考核与其他主体考核结果有差异时，容易引起矛盾。

（3）同事。同事考核是由被考核者的同级同事对其进行考核。这里的同级不仅包括被考核者所在团队或部门的成员，还包括其他部门的成员。这些人员一般与被考核者处于同一层级，并且与被考核者有密切的工作联系，同事考核的信度和效度比较高。同事考核的优点在于相互比较了解情况，一般也不止一个同事，可以提供全方位的考核，避免个人偏见，有助于促使员工在工作中与同事配合。同事考核的缺点是人际关系有时候会影响考核的公平性，大家还有可能互评高分，也可能会造成相互间猜疑，影响正常工作。

（4）下级。如果下级考核使用得当，会对提高管理质量、培养组织氛围大有好处，有利于企业高层管理者对企业的管理风格进行诊断，因此越来越多的企业让员工以不署名的方式参与对上级的考核，特别是对员工进行广泛的问卷调查，这种方式通常被称为自下而上的反馈。下级考核给管理者提供了一个了解员工对其管理方式和管理风格看法的机会。由于下属员工的视角独特，因此这种自下而上的反馈侧重于对管理者管理技能的评判，而不是对其实际工作业绩的考核。适用下级考核的管理指标包括领导能力、口头表达能力、沟通能力、团队协调能力、组织能力等，而与管理者的特定工作职责如计划、预算、创造力分析等相关的能力，由下级考核就不太适合，这些指标也很少在下级考核指标体系中出现。

（5）客户。客户也可以成为重要的考核主体，服务业的快速增长以及客户满意度对企业发展的重要性是企业将客户纳入考核体系的重要原因。更为重要的是，由于客户满意度已经成为企业成功的关键因素，因此将客户作为考核主体来引导员工行为可以促进员工更好地为客户提供服务。由于服务所具有的特殊性质——服务的生产和消费往往是在同一时点上发生的，上级、同事和下属都没有机会去观察员工的行为。相反，客户是唯一能在工作现场观察员工行为的人。因此，客户评价就成了最好的绩效信息来源。愈来愈多的企业开始以内部和外部的客户作为员工考核的主体之一。

客户考核最适合在以下两种情况下采用：第一种情况是员工所从事的工作是直接为客户提供服务，或者需要为客户联系在公司内部所需要的其他服务；第二种情况是公司希望通过搜集信息来了解客户希望得到什么样的产品或服务时，利用客户考核的方式也是有效的。

客户不仅包括外部客户，同时还包括内部客户。

总之，绩效本身具有多维性，而不同考核主体从不同角度观察和感受，自然对同一员工的工作绩效判断也不同。各种考核主体并不是相互孤立、相互排斥的，而是应该根据岗位特点选择多个考核主体即多视角的方法，以保证考核结果的客观、公正。平时所说的360度考核的方法实际上就是指考核主体的多元性。

（六）绩效考核方法

绩效考核方法一般表现为各种考核日程表和考核表格。

绩效考核方法是指评定员工个人工作绩效的过程和方法。由于绩效考核的影响因素很多，所以产生了很多考核方法。每一种方法都各有千秋，任何一种方法单独都无法满足现实的需要，因此，在实践中它们往往被结合起来使用，以满足不同的需要，达到绩效考核的不同目的。

1. 绩效考核方法的分类

考核方法的分类与考核标准的分类密切相关。一般来说，考核标准可以分为相对标准与绝对标准，与此相对应，可以将考核方法分为相对考核和绝对考核。

相对考核又称比较法，是通过在部门团队内对人员进行相互比较得出考核结论，而不是根据事先统一制定的考核标准进行考核。相对考核法主要是岗位之间相对比较，一般包括简单个体排序法、配对比较法、人物比较法和强制分布法。

绝对考核是根据统一的尺度去衡量相同职位的人，也就是将个人的工作情况与客观工作标准相比较。通常使用量表法来进行绝对考核，一般包括评级量表法、行为锚定量表法、行为观察量表法、混合标准测评法等。这种利用客观尺度进行的绝对考核是绩效考核发展的大趋势。实施绝对考核之前，必须通过研究和分析，事先确定一个客观的考核标准。这种客观标准的表现形式在具体的考核方式中各不相同。例如，可以用数量、质量、时间等因素来表示工作业绩的客观标准（结果导向型考核指标），或者可以用具体的关键事件的发生情况作为客观的考核标准（行为导向型考核指标）。绝对考核的标准不以考核对象为转移，是客观的、固定的，由于这个特点，可以采用绝对考核对组织成员单独进行考核。

此外，还有一种比较特殊的考核方法，即描述法。描述法，就是指考核者用描述性的文字对考核对象的能力态度、业绩、优缺点、发展的可能性、需要加以指导的事项和关键事件等做出考核，由此得到对考核对象的综合考核。通常，将这种方法作为其他考核方法的辅助方法。描述法一般包括态度记录法、工作业绩记录法、指导记录法和关键事件法等。

可以说，尽管每一种方法都具有科学性，但在管理上没有完美的方法。管理者就是要在综合考虑多种影响因素的前提下，从众多的方法中选择出较优的方法，并付诸行动。一个方法能否起到应有的效果，关键在于适用条件是否具备，是否充分发挥所长，如表 7-4 可以作为选择考核方法的参考。

表 7-4　绩效考核方法及主要特点

分类	方法	主要特点
比较法	简单个体排序法 配对比较法 人物比较法 强制分布法	* 简单容易操作 * 适用于作为奖惩的依据 * 无法提供有效的反馈信息 * 无法对不同部门的员工进行比较
量表法	评级量表法 行为锚定评价法 行为观察量表法 混合标准测评法	* 具有客观的标准，可以在不同部门之间进行比较 * 有具体的考核指标，可以明确员工在哪些方面存在不足和问题，有助于提升绩效 * 可以为其他人力资源管理职能提供科学指导 * 需要制定合理的指标和标准，开发量表的成本较高
描述法	业绩记录法 能力记录法 态度记录法 综合记录法	* 提供对员工进行绩效考核和反馈的事实依据 * 一般只作为其他考核方法的辅助方法使用

2. 选择绩效考核方法应考虑的因素

（1）绩效考核的目的。考核目的对方法的选择有重要影响，考核方法选择不当，不仅达不到绩效考核的目的，反而有可能产生负面作用。如比较法不利于开发目的的实现，而量表法总的来讲有利于管理目的的实现。同一个考核指标由于考核结果的应用目的不同，所选择的考核方法也会出现差异。考核结果的应用目的主要是绩效改进和为人力资源管理决策提供依据，由于薪资调整和奖金发放、培训和开发、晋升等不同管理职能都需要通过绩效考核提供决策依据，因此选择考核方法时需考虑并满足这一管理需求。

（2）工作特征。不同的工作只能用相应的考核方法，工作的程序化程度高的工作岗位，适用量表法，程序化程度低的适用目标管理法和比较法；工作的独立性程度高的工作岗位，不适用以客观考核尺度对员工工作绩效进行考核的方法，如量表法等。工作环境的变动性高的工作岗位，适用比较法。

（3）考核方法的特点。将考核方法的特点与绩效考核目的、考核对象的工作特征进行综合考虑，通过创造合适的条件来充分发挥每一种方法的优点，实现绩效考核的目的。

（4）指标特性。不同类型指标在结果导向与行为导向、主观与客观、前置与滞后等方面具有各自的特性。一般来说，结果导向的指标多为滞后指标，既包括软指标，也包括硬指标。软指标要通过行为锚定和主观判断相结合方式来进行考核，而硬指标则只需通过客观数据的统计分析即可作出考核。行为导向的指标多为前置指标和软指标，需要基于关键行为事件和工作记录来做出判断。因此，管理者应该以每个指标的特性为基本依据，确定考核方法，并进一步选取具体的考核方法。比如，销售业务经理的工作业绩维度包括多个指标，其中“客户满意度”是一个依赖客户意见调查的主观判断指标，该指标可选取量表法进行考核，同时这一指标又是一个以结果导向为主，兼具行为导向的综合考核指标，所以可以选取量表法中的综合尺度量表法进行考核。同理，“销售额增长率”是一个滞后指标，完全可以基于客观的销售数据进行绩效分析，因此可以采取比较法中的排序法进行考核。

（5）绩效数据的可获得性。选择考核方法的时候不仅要考虑该指标的特性，而且要分析获取该指标的绩效数据的可行性和便利性。不同的考核指标在衡量的难易程度上是有显著差异的，对于绩效数据的类型、来源、规模、采集和分析过程等有相应的具体要求。因此。需要根据指标在绩效数据上的差异化要求选择相应的考核方法。例如，两个主观判断指标，“协作性”和“文化认知度”前者需要通过关键事件记录来分析考核对象在工作协调上的表现，而后者则需要通过认知度调查来收集考核对象对组织文化的认知程度以及相应的行为表现。

（6）考核方法的使用成本。管理是需要资源投入的，选用考核方法也不能例外。不同的考核方法对成本的要求具有较大的差异，相对来说，量表法对专业人员和资金投入的需求要高于比较法。因此对于同一个指标，管理者应该根据自身的实际情况，以形成相对准确的考核结果并以考核的应用目的为标准，选择恰当的而不是最佳的考核方法。

（七）绩效考核周期

绩效考核周期也可以称为绩效考核期限，是指多长时间对员工进行一次绩效考核。绩效考核需要耗费一定的人力物力，考核周期过短会增加企业管理的成本，也不利于员工工作成果的展现，但是绩效考核周期过长也会降低绩效考核的准确性，不利于员工绩效的改进，从而影响到绩效管理的效果。因此，在绩效考核之前需要确定合理的考核周期。

绩效考核周期需要根据以下因素的考量来确定：

1. 岗位的性质

不用的岗位工作内容是不同的，绩效考核的期限也应该有所不同。一般来讲，岗位的工作绩效比较容易考核的，周期应该相对短一些，如工人岗位的考核周期应该比管理人员要短一些；岗位的工作绩效对企业整体绩效影响比较大的，考核周期应该相对短一些，这样有利于及时发现问题并进行改进，如销售岗位的绩效考核周期相对应该比销售内勤的岗位要短。

2. 指标的性质

不同的绩效考核指标因其性质不同，考核的时间长短也应该不同。一般来说，对性质比较稳定的指标，考核周期可以相对长些；对性质比较不稳定的指标，周期应该短些，这样能及时反映其动态性。如工作能力指标比工作态度指标和工作结果指标都要稳定，因此可以适当延长考核周期。当然，根据指标的不同性质确定考核周期需要进行合理判断并科学实施。

3. 标准的性质

同样的绩效标准，也要根据员工能力水平的高低来决定不同的考核周期，所以绩效考核周期应该考虑绩效标准的性质，也就是绩效考核周期的时间应该保证员工经过努力能够实现绩效标准，这一点要求和绩效标准的适度性相联系。

（八）绩效考核流程

1. 建立绩效考核系统

完成绩效考核目标、绩效考核对象、绩效考核指标、绩效考核标准、绩效考核主体、绩效考核方法的确定。

2. 收集整理数据

准确的数据是保证考核公正性的重要保障，绩效考核的一个主要目的是把管理从依靠直觉和预感转变为以准确的数据和事实为依据。在绩效监控阶段收集的数据一般是零散的，因此有必要把这些零散的数据整理成系统的体系。在绩效监控阶段往往记录了一些关键事件，此时对这些关键事件要在不带任何主观色彩的条件下进行分析、界定、归类，然后将所记录的关键事件、绩效结果和文档归入相应的考核标准的级别中。可以说，不带任何主观色彩是很难做到的，但主观判断必须是科学的、反映客观事实的，这就需要考核者具有较高的职业素养和丰富的经验。在现实中，此项工作是长期连续性的，不是阶段性的，要成为管理者的日常工作。

3. 分析判断

分析判断就是运用具体的考核方法来确定考核结果的过程。考核要根据组织的特点、考核对象的职位特点、考核内容和考核目的，选择合适的方法和形式。高层管理人员的考核指标主要是围绕战略的实施展开的相关指标和管理状况，述职的形式恰好能够达到这样的目的。中层管理者、业务和操作人员的考核相对就比较简单。

4. 输出结果

通过使用适当的考核方法进行考核后，就要对考核对象得出一个具体的考核结果。考核结果不仅仅是简单的绩效得分及绩效排名，而且应对绩效不佳的具体原因进行分析，以便在下一个绩效周期加以改进。绩效考核的结果的运用在整个绩效管理中非常重要。只有详尽的绩效考核输出结果，才能为进一步的绩效反馈和结果应用提供依据。

（九）避免绩效考核中的误区

绩效考核是一种人对人的评价，这一过程难免会出现一些错误或者不当的行为，会影响到考核结果。为避免这些问题，应该分析会产生哪些错误。在绩效考核中容易产生的误区一般会有以下几种。

1. 晕轮效应

晕轮效应是指以员工某一方面的特征对员工做出总体评价，通俗讲就是“一白遮百丑”。

2. 逻辑错误

逻辑错误是指考核主体使用简单的逻辑推理而不是个别客观情况对员工进行评价。

3. 近期误差

近期误差是指以员工在近期的表现为根据对整个考核周期的表现进行评价。

4. 首因效应

首因效应与近期误差正好相反，指考核主体根据员工最初的表现对整个绩效周期的表现做出评价，也称为“第一印象效应”。

5. 类我效应

类我效应是指考核主体将员工和自己进行对比，对与自己相似的就给予较高评价，对与自己不同的评价较低。

6. 对比效应

对比效应是指在绩效考核中，因他人的绩效评定而影响对某一员工的绩效评价。

7. 溢出效应

溢出效应是根据员工在考核周期以外的表现或者与工作无关的能力对员工进行评价。

8. 宽大化倾向

宽大化倾向是指考核主体放宽考核标准，给所有员工的考核成绩都比较高。与此类似的误区还有严格化倾向和中心化倾向，前者考核的标准过于严格，给员工的成绩比较低；后者对员工的考核成绩过于集中。

为避免绩效考核主体陷入误区影响绩效考核结果，应完善绩效目标体系、选择恰当的考核主体、选择合适的考核方法，并对考核主体进行必要培训。

三、实验内容

- 实验操作利用行为锚定评价法进行绩效考核
- 熟悉常用绩效考评方法的要点，能够借助主要的工具进行绩效考评

四、实验准备

- 办公用空间及用于绩效考评主体办公的设备，如办公室（可以进行小型考核培训）、桌椅、电脑、打印机等
- 绩效考评表格
- 不同方法使用的数据统计软件等

五、实验组织方法及步骤

- 教师安排讲授实验内容、实验要求与实验操作任务，并告知考核办法
- 教师确定实训小组，组成绩效考核小组，并分配角色，一般以每组4~6人为宜
- 各小组内部研讨合作方式，仔细阅读案例材料，梳理相关理论知识，分析绩效考核方法的优缺点与技巧
- 运用行为锚定评价法的注意事项，进行绩效考核
- 各小组进行交流展示，辅以组内互评、组间互评和小组自评
- 各小组总结并编撰实验报告

六、实验思考与作业

- 员工绩效考核方法都有哪些？各自的特点是什么
- 不同绩效考核主体进行评价的优缺点是什么？如何选择绩效考核主体

- 选择绩效考核周期应该考虑哪些因素
- 绩效考核中容易出现的误区有哪些？该如何避免
- 根据以下范例内容使用行为锚定评价法设计绩效考核方案

七、范例

（一）行为锚定评价法使用的表单和工具

行为锚定量表法是一种利用特定行为锚定量表上不同的点的图形测评方法，由传统的绩效评定表演变而来，是图示量表法与关键事件法的结合。这种考核法是行为导向型量表法的最典型代表。在这种考核方法中，每一水平的绩效均用某标准行为来加以界定，如表 7-5 所示。

表 7-5　对某零售商店销售经理的考核

考核指标	管理与指导下属的能力	
指标定义	使销售人员明确自身的工作责任和职权；使用适当的技巧和管理方法处理与下属的关系；公平地、有效地分配工作；对下属进行一定的指导以补充正式培训；不断关注下属销售人员的工作情况，在与下属签订的协议中符合公司有关政策	
考核等级（锚定物）	9	能与两个新聘员工合作完成一天的销售任务，并将他们培养成为本部门优秀的销售人员
	8	通过向下属分派部分重要工作，使销售人员增加信心和责任感
	7	从未错过每周一次的培训会议、并向他们传递员工期望的信息
	6	表现得友好、热情且尊重其下属的销售人员
	5	提醒销售人员随时准备为顾客服务，而非互相交谈
	4	在下属面前批评企业的内部制度，不利于员工养成良好的工作态度
	3	背弃对下属做出的在工作满意度较低的情况下进行换岗的承诺
	2	向下属轻率地承诺将按部门销售额进行工资分配，但双方都了解这种做法不符合公司政策
	1	无法公平、有效地分配工作
考核结果：		

在该例中，同一绩效指标存在一系列的行为事例（行为锚），分别表示这一指标下的特定绩效水平。建立行为锚定考核量表的步骤如下：

第一，获取关键事件。首先要求对工作内容较为了解的人（通常是工作承担者及其主管人员）找出一些代表优等绩效和劣等绩效的关键事件并进行描述。

第二，初步定义绩效考核指标。然后由这些人将获取的关键事件合并为不多的几个绩效考核指标（通常是5~10个），并对绩效指标的内容加以界定，形成绩效考核指标的定义。

第三，对关键事件重新加以排列，确定相应的绩效考核指标。这时由另外一组同样对工作内容比较了解的人来对关键事件进行重新排列，将所有这些关键事件分别放入他们自己认为最合适的绩效指标中去。通常情况是如果就同一关键事件而言，第二组中某一比例以上（通常是50%~80%）的人将其放入的绩效指标与第一组人将其放入的绩效指标是相同的，那么，这一关键事件的最后位置就可以确定。

第四，确定各关键事件的考核等级。第二组人对关键事件中所描述的行为进行评定（一般是7点或9点等级尺度评定法），以判断它们能否有效地代表某一工作绩效指标所要求的绩效水平。

第五，建立最终的工作绩效考核体系。对于每一个工作绩效指标来说，都会有一组关键事件（通常每组中有6~7个关键事件）作为其“行为锚”，见表7-6和表7-7。

表7-6 ______________ 岗位行为锚定量表

考核指标		
指标定义		
考核等级（锚定物）	9	
	8	
	7	
	6	
	5	
	4	
	3	
	2	
	1	
考核结果：		

表7-7 ______________ 岗位绩效考核汇总表

绩效指标	指标定义	考核标准	分值	权重	得分

续表

绩效指标	指标定义	考核标准	分值	权重	得分
总　分					

（二）案例材料

案例 7–2

某房地产销售人员岗位职责

一、项目前期，项目准备工作

1. 服从销售部整体工作安排，接受专案组人员编排决定。

2. 专案培训工作。按时参加销售部或公司组织的案前培训，无故不得缺席。协助专案组进行前期准备工作，积极参与实地观测与市场调查。

3. 参加专案组上岗考核，考核通过后正式编入项目销售专案小组。

4. 协助专案组进行入场准备，按时进场，迅速适应环境并开展日常工作。

二、项目销售期

1. 完成计划销售任务，发挥主观能动性，能自主地克服困难，完成各阶段及总体项目销售任务。注意销售数量与质量之间的关系，追求销售量高质优的目标。

2. 遵守现场操作流程，以规范行为完成集中引导，促进成交。销售代表在现场应严格按照既定的现场操作流程开展工作，有条理有秩序地进行从楼盘介绍到订购成交的各个环节。

3. 客户跟踪服务，销售代表应对累积的潜在客户进行随时跟踪回访，并正确详细记录在客户接洽表内，以主动出击的精神，争取有效客户，促进销售。销售代表有责任对已成交客户进行售后服务工作，根据客户订购条款内容、特殊情况与专案组其他成员共同完成合同签定 、催款、特殊事项协调等售后收尾工作，并确保工作的时效与质量。销售代表有责任对流失的客户进行统计与分析，并从中发现自身的问题，自主地加以改进，不断提升销售技能与销售质量。

4. 钻研业务，努力学习案场其他人员的销售特点，提高自身业务水准。

5. 维护专案组团结，发挥团队合作精神，增强互相之间的销售配合，积极进行业务技能的交流，以公司利益为最高目标共同进步。

6. 与专案组外的其他部门或单位取得良好沟通，顾全大局，步调一致，协同解决问题。

7. 销售代表的一切销售行为均须符合公司总的业务精神，并接受现场销售主管的指示监督，安排与调配。

三、项目收尾期

1. 结合公司工作重心的转移，服从部门工作岗位调整安排。

2. 协助整个专案组进行收尾撤案工作。进行客户遗留问题处理，于撤案前进行合理解决。协助进行现场财、物、档案整理，并安全转移至公司。

3. 完成项目销售个人总结。

案例 7-3

工作总结

在房地产行业工作也已经一年多了，经历了上次开盘，从前期的准备到后期的成功销售，整个的销售过程都开始熟悉了。在接待客户当中，自己的销售能力有所提高，慢慢对于销售这个概念有所认识。从自己那些已经购房的客户中，在对他们进行销售的过程里，也体会到了许多销售心得。工作总结如下：

第一，最基本的就是在接待当中，始终要保持热情。

第二，做好客户的登记，及进行回访跟踪。做好销售的前期工作，便于后期的销售工作，方便展开。

第三，经常性约客户过来看看房，了解我们楼盘的动态。加强客户的购买信心，做好沟通工作，并针对客户的一些要求，为客户准备几种方案，便于客户考虑及开盘的销售，使客户的选择性大一些，避免集中在同一个户型。这样也方便了自己的销售。

第四，提高自己的业务水平，加强房地产相关知识的学习及最新动态的了解。在面对客户的时候就能游刃有余，树立自己的专业性，同时也让客户更加相信自己，从而促进销售。

第五，多从客户的角度想问题，这样自己就可以针对性地进行化解，为客户提供最适合他的房子，打消他的疑虑，让客户可以放心的购房。

第六，学会运用销售技巧，营造一种购买的欲望及氛围，适当地 逼客户尽快下定。

第七，无论做什么，如果没有一个良好的心态，肯定是做不好的。在工作中态度决定一切，当个人的需要受挫时，态度最能反映出你的价值观念。积极、乐观者将此归结为个人能力、经验的不完善，他们乐意不断向好的方向改进和发展，而消极、悲观者则怪罪于机遇、环境的不公，总是在抱怨、等待与放弃。什么样的态度决定什么样的生活。

第八，找出并认清自己的目标，不断坚定自己勇往直前、坚持到底的信心，这个永远是最重要的。一年来我一直坚持做好自己能做好的事，一直做积累，一步一个脚印坚定地向着我的目标前行。

工作中存在的问题分析如下：

①首次与房地产工作亲密接触，作为新人，实践经验不足。②在引导客户方面有所欠缺。③工作主动意识需进一步加强，特别是在回访客户方面总存在一定心理障碍，不够积极主动。④缺少统一说辞，致使面对顾客时的口头传递消息的准确性打了折扣。

新的一年工作计划及目标：

①明年公司的任务是4.5个亿，我给自己的任务是5 000万，一步一个脚印踏实前进。②加强销售技巧的锻炼，努力形成适合自己的销售方法和技巧。③调整心态，建立自信心。④加强业务能力及沟通能力的学习，补充能量，为迎接下一个挑战做好准备。

2017年这一年是有意义的、有价值的、有收获的。公司在每一名员工的努力下，在新的一年中将会有新的突破，新的气象，能够在日益激烈的市场竞争中，占有一席之地。2018年，公司还有更多的挑战在等待着我。房地产公司的前景不被看好，房价也是在升降中来回打转，让人摸不着头脑，所以房地产行业是极难做的。不过相信只要我们全体员工一致努力，做好自己的本职工作，我们就会取得一个不错的结局，相信我们一定能够做好2018年的工作。走过“动荡”的2017年，迎来“辉煌”的2018年。在未来的岁月里，愿我们与成功有约，与快乐有约。

资料来源：李亚慧，池永明．人力资源管理实验实训教程［M］．经济科学出版社，2019

第六节　绩效反馈面谈

一、实验目的

- 加深对绩效反馈面谈的内涵的了解
- 熟悉绩效反馈面谈的主要程序与步骤
- 掌握绩效反馈面谈的常用技巧
- 熟悉填写绩效反馈面谈记录表

二、理论知识要点

（一）绩效反馈面谈的内涵

绩效反馈面谈是绩效管理的最后一个环节，它是在绩效管理过程中，绩效考核的结果确定后，部门主管与员工针对绩效考评的结果，结合员工的个人意见与观点进行面对面的交流与讨论，从而指导员工提高工作绩效、改进绩效计划、修订下一阶段绩效目标与标准的一项管理活动。对于个人层面的绩效反馈，参加者是评价对象本人及其直接上级。

（二）绩效反馈面谈的目的

1. 总结和交流员工的绩效表现

在一个绩效周期结束后，员工需要了解他在整个绩效周期中的表现，以及管理者和其他同事对自己的看法。根据这些反馈信息，员工可以总结经验和教训，在下一个绩效周期中不断改进并提高自己的绩效水平。此外，员工也需要就一些工作中的问题、想法与管理者进行交流，绩效反馈的过程其实也为双方提供了这样交流的机会。

2. 对绩效考核结果达成共识

虽然绩效管理制度的设计力求客观、科学，但绩效考核中不可避免地包含了一些主观判断的成分。即使是客观的考核指标和标准，也存在对于采集客观数据的手段和考核工具是否认同的问题。更何况由于考核者和被考核者的不同地位和角色，双方对于绩效水平的看法必然存在差异，对考核结果的认同也必须经过一个沟通的过程。只有通过面谈得到双方认可的考核结果才会被员工接受，才能被应用到人力资源管理职能中去，否则就会受到员工的抵制。

3. 制订绩效改进计划

在管理者和员工就绩效考核结果达成一致意见之后，双方应该针对面谈中提出的各种绩效问题制订一个详细的绩效改进计划。在现实中，不但绩效不佳或者绩效平平的员工存在一些不足的地方，绩效优良的员工同样也有需要改进的地方。除了被告知考核结果外，员工希望能够有人帮助自己找出存在的问题和解决问题的方法，而且有时候绩效不佳的原因并不在于员工，可能是管理或是其他方面的问题。因此对于双方来说，共同寻找绩效问题的原因和对策是非常有意义的。

4. 明确下阶段绩效目标和计划

绩效计划制订的过程和绩效反馈面谈的过程是不可分割的。一个绩效周期的结束恰恰是下一个绩效周期的开始。有些时候，绩效反馈面谈和绩效计划面谈可以放在一起进行。绩效反馈所确认的考核结果和改进计划，为下一个绩效周期的绩效目标和绩效计划提供了依据，也为员工有的放矢地实施绩效改进提供了具体的目标。

5. 为员工的个人发展提供信息

员工的职业规划和个人发展是建立绩效管理体系的目的之一，因此在绩效反馈阶段，管理者应当鼓励员工讨论和提出个人发展的需要，以便建立起达成这些发展目标的路径。双方共同探讨员工进一步发展所需要的技能、在哪些方面需要培训和学习，管理者应当在未来提供一定的资源和机会，为员工的发展提供支持。

（三）绩效反馈面谈的原则

绩效反馈面谈是一种面对面的沟通，对组织、部门及个人绩效水平的提高，对组织成员间关系的改善等问题具有非常大的影响，因此在实施绩效反馈面谈时要重点把握好以下几个原则。

1. 直接具体原则

绩效反馈面谈要直接具体，不能抽象地泛泛面谈或仅做一般性评价。对于上级领导来说，无论是赞扬还是批评，都应有具体、客观的结果或事实来支撑，使面谈对象明白哪些地方做得好，清楚地了解自己存在的差距与缺点。如果面谈对象对绩效评价结果有不满或质疑的地方，可以向上级领导进行申辩或解释。唯有如此，绩效评价结果的反馈才能够准确、透明、公平，真正取得实效。

2. 互动原则

绩效反馈面谈是一种双向的沟通，为了获得对方的真实想法，管理者应当鼓励面谈对象多说话，充分表达自己的观点。由于职位和沟通角色的差异，管理者常常处于下达指令的位置，下属只是在被动地接受，然而，有些时候管理者得到的信息不一定是真实情况，为此，管理者应当允许下属针对模糊或疑惑之处进行询问和辩解，而不应打断与压制，要对下属提出的好建议给予充分肯定，从而提高绩效反馈面谈的效果。

3. 基于工作原则

绩效反馈面谈所涉及的是评价对象的工作绩效，即具体工作是怎么做的，采取了哪些行动与措施，效果如何，等等。因此，上级在进行绩效反馈面谈时必须以下属的工作情况为基础，而不应掺杂与工作无关的情况和个人情感因素。在明确客观事实的基础上，面谈双方才能够根据绩效评价结果展开深入的分析和讨论，以便达到绩效反馈面谈的目的。

4. 相互信任原则

绩效反馈面谈是上下级交流的过程，缺乏信任的面谈会使双方都感到紧张、急促，充满冷漠，进而产生抵触情绪。绩效反馈面谈应是一个双向沟通的过程。沟通要想顺利地进行，最终促进相互理解和共识的达成必须营造一种彼此互相信任的良好氛围。

(四) 绩效反馈与面谈方式和技巧

1. 对正确行为的反馈

管理者往往容易忽视对正确行为的反馈，这可能是因为他们对所谓的“正确行为”理解不全面而无法确认，也可能是没能掌握好对正确行为进行反馈的方式，或者认为员工正确做事是理所当然的，不需要反馈。在实际工作中，对正确行为的反馈具体表现为管理者对员工的表扬和赞赏。表扬是一种积极的鼓励、促进和引导，表扬员工不仅能够实现对员工优秀绩效的反馈，也是激发员工工作热情、提高工作积极性的重要手段，因此也是管理者应当掌握的重要沟通技巧。在具体做法上有下述四点实施技巧。

(1) 要善于寄希望于表扬之中。当一个人因工作上的成绩受到表扬时，就会产生一种成就感、荣誉感和自豪感，这种积极的心理反应不仅会使员工感到心情愉快，还能使他们自信心大增。在这种状态下，如果对员工提出带有希望性的要求与建议，不仅不会引发反感，而且会使他们真正从中感悟到上级的关心与爱护，这是员工最易接受上级希望的绝好时机。因此，表扬不能满足于对员工成绩的肯定，而应趁热打铁，在表扬中提出有针对性的希望，给受表扬者以新的目标。比如，对工作中成绩一贯突出、积极向上的员工进行表扬时，要不断提出新的奋斗目标，让他更加努力，更好地发挥自己的优势。

(2) 要善于寓道理于表扬之中。既然是表扬，就应注意以事论理、以理服众。如需公开表扬，一定要在员工取得公认的成绩时再采取这种方式，以免让其他员工感到管理者偏心、不公正，从而产生逆反心理；在表扬中要尊重客观事实，尽可能多地引用受表扬者的有关实例与数据，用事实来化解某些人的消极逆反心理。不要仅就事论事，要善于抓住事情的精神实质，给人以启迪，但切忌任意拔高、故弄玄虚。

(3) 要善于授经验于表扬之中。管理者在表扬员工时，不应仅简单地说一句“干得不错”，而应善于借表扬将成功者的经验与方法传授给更多的员工，以实现以点带面与资源共享。优秀员工应该成为学习和模仿的榜样，其经验是难得的学习资源。管理者在对优秀员工进行表扬之前，应进行深入细致的调查分析，归纳总结其成功的经验和有效的方法，不仅要让表扬激励优秀员工本人，更要使大家能从优秀员工的经验与方法中有所得益。

(4) 要善于融鞭策于表扬之中。成熟的管理者总是善于在表扬中一箭双雕：

既鼓励了先进，又鞭策了落后。事实上，对先进者的表扬，本身也就意味着对落后者的批评。由于这种批评是婉转的、间接的，是种引导与鞭策，往往比直接的批评更有说服力，更有利于激发落后者的内在动力。因此，管理者在表扬先进者的同时，要善于不点名地指出落后者存在的相关问题，启示他们在对比中看到差距，认识自我，明确努力的方向。

2. 对错误行为的反馈

对错误行为的反馈与对正确行为的反馈同样重要，两者的最终目的都是提高员工绩效。对正确行为的反馈是为了强化正确的行为，而对错误行为的反馈是将注意力集中于减少错误的行为。管理者针对员工的错误行为进行反馈的目的，是通过让员工了解自身存在的问题而纠正其错误。对错误行为的反馈就是通常人们所说的批评。批评不一定非要是消极的，实际上批评也可以是积极的和建设性的。所谓建设性反馈就是指出员工的错误行为，并且提出改进的意见供对方参考，而不是横加指责和批评。

（1）建设性反馈是有计划性的，是指应当有计划地对错误的行为进行反馈。有时管理者和员工由于当时谈话气氛的影响而对自己的言行失去控制，这种在情绪失控下进行的反馈不仅毫无意义，并且会产生负面影响。事前充分明确反馈的目的、组织好思路、控制好情绪并选择恰当的语言，可以有效地避免这种情况发生。

（2）建设性反馈是以进步为导向的。绩效反馈应该着眼于未来，而不应该抓住过去的错误不放。应当认识到错误的批评方式会使员工产生抵触心理，这将对绩效反馈的效果起消极作用。只有以进步为导向的批评，才能够真正达到绩效反馈的目的——提高员工的未来绩效。

（3）建设性反馈是要维护对方自尊的。自尊是每个人在进行人际交往时都要试图保有的，管理者在绩效反馈时应当考虑到员工自尊。消极的批评容易打击对方的自尊心，对人际关系具有破坏性。要认识到维护员工自尊的重要性，最简单的方法就是在与对方进行反馈之前进行下换位思考。

（4）建设性反馈应掌握时机和场合。建设性反馈应发生在适当的环境中，应充分考虑时间、地点以及周围环境，寻找最佳时机以保证员工能够接受反馈的意见。

（5）建设性反馈是灵活的。灵活性要求管理者在反馈时应当根据不同的对象和不同情况采取不同的方式，并在反馈的过程中根据对方的反应调整反馈方式。

（6）建设性反馈是互动式的。批评往往是单向传递信息，这种方式会因为管理者单方的控制而引起员工的抵触和反感，从而产生排斥心理。建设性反馈主张让员工参与到整个绩效反馈过程之中，即互动式绩效反馈。管理者应当通过有效的引导让员工提出自己的看法和建议。

（7）建设性反馈是对员工的指导。建设性反馈不仅是传递单纯的好、坏、对、错这类信息，更应当为员工提供具体的、明确的建议，以表明管理者帮助员工的愿望。管理者应该让员工感受到对他们的关注以及信心，并使员工相信自己能够得到来自管理者的充分帮助。这种信息的传递不仅有助于改善绩效，而且有助于改善管理者与员工之间的关系，提高相互之间的信任感。在对员工的错误行为进行反馈时，通常可以遵循下面四个步骤，简称 BEST 模型：行为描述（behavior description），简写为 B；表达后果（express consequence），简写为 E；征求意见（solicit input），简写为 S；着眼未来（talk about positive outcome），简写为 T。

（五）面谈的前期准备

面谈的前期准备有：与面谈的员工协商，确定谈话时间；安排好谈话地点，并提前通知面谈员工；收集员工资料，准备面谈提纲；通知被面谈者准备相关问题，包括工作所遇到的困难和所需要的支持；分析员工性格、能力、绩效水平等因素，确定面谈的方式和程序。

（六）面谈步骤

第一，开场：创造轻松、自然的面谈气氛，用一两个简单的问题开始交谈，帮助面谈者放松心情，明确谈话目的后逐步切入主题。

第二，员工自评：引导和要求员工对本阶段的工作表现和业绩进行自我评价，如果员工在陈述过程中自我评价过高或者过低，应当引导员工回到合理水平。

第三，上级评价：指出员工业绩的优点和不足，以及能力上的优势与劣势，注意要根据事先设定的绩效目标标准进行评价。成绩和不足方面要以事实为依据，先说成绩再说不足。

第四，讨论绩效表现，探讨问题产生的原因，同时记录员工的不同意见并及时反馈。要从有共识的地方开始谈起，着重探讨解决问题的方式方法，不要形成对峙的局面。

第五，制订改进计划，根据员工本期绩效表现和谈话中制定的下一阶段目标，结合组织目标，制订下一阶段的绩效计划。

第六，讨论所需资源和支持及员工发展计划，员工谈自己的职业规划或培训需求及对管理的建议；上级给予发展的建议，注意不要给予不切实际的承诺，特别是对于绩效水平较高，对升职、加薪充满自信的员工，更不要轻易做出承诺。

第七，重申下一阶段考评内容和目标，确认下一阶段的工作目标、阶段成果、目标达成时限等，要注意目标的可衡量性和可行性。

第八，确认评估结果：整理面谈记录并备案，双方签字确认，给员工鼓励并表达谢意。

三、实验内容

- 熟悉绩效反馈面谈的常用技巧
- 把握绩效面谈的目的，与面谈者达成一致意见并填写绩效反馈面谈记录表
- 把绩效反馈面谈的结果应用于改进绩效计划
- 设计并实施一次绩效反馈面谈

四、实验准备

- 安静环境优雅的办公空间及相关设备
- 电脑、打印机及投影仪，记录面谈信息，打印输出电子版绩效反馈面谈记录表，若反馈对象因某些原因不能到场，采取适当的方式进行反馈，如视频连线、在线会议等形式，保证网络通畅
- 员工本次绩效考评结果以及既往绩效考评档案资料
- 本次绩效考评的相关原始资料与数据
- 绩效反馈面谈记录表（电子版或纸板均可）
- 面谈需要的临时用品

五、实验组织方法及步骤

- 教师讲授实验内容、实验要求与实验操作任务，并告知考核办法
- 教师组织实验小组，确定绩效反馈面谈小组成员，并分配角色，一般以每组 2~4 人为宜
- 各小组梳理回顾理论基础，仔细阅读材料，分析绩效反馈面谈的作用与意义
- 运用绩效反馈面谈的技巧进行一次绩效反馈面谈，并讨论面谈的技巧和策略
- 各小组进行交流展示，辅以组内互评、组间互评和小组自评
- 各小组总结并编撰实验报告

六、实验思考与作业

- 绩效反馈面谈的内涵是什么？为什么要进行绩效反馈面谈
- 绩效反馈面谈有哪些常用的技巧？练习几种常用的非语言沟通技巧
- 绩效反馈面谈的流程是什么？使用范例中的案例材料进行一次绩效反馈面谈

七、范例

参考使用表单模板见表 7-8、表 7-9 和表 7-10。

表 7-8　绩效反馈面谈和改进计划表

<table>
<tr><td>面谈对象</td><td></td><td>岗位</td><td></td><td>面谈时间</td><td></td></tr>
<tr><td>面谈者</td><td></td><td>岗位</td><td></td><td>面谈地点</td><td></td></tr>
<tr><td colspan="6">绩效考核结果：</td></tr>
<tr><td colspan="6">本期不良绩效陈述：</td></tr>
<tr><td colspan="6">本期不良绩效原因分析</td></tr>
</table>

<table>
<tr><td colspan="2">影响绩效的维度</td><td>具体问题</td><td>原因分析</td></tr>
<tr><td rowspan="4">员工</td><td>知识</td><td></td><td></td></tr>
<tr><td>技能</td><td></td><td></td></tr>
<tr><td>态度</td><td></td><td></td></tr>
<tr><td>……</td><td></td><td></td></tr>
<tr><td rowspan="2">主管</td><td>指导</td><td></td><td></td></tr>
<tr><td>……</td><td></td><td></td></tr>
<tr><td rowspan="3">环境</td><td>内部</td><td></td><td></td></tr>
<tr><td>外部</td><td></td><td></td></tr>
<tr><td>……</td><td></td><td></td></tr>
<tr><td>…</td><td></td><td></td><td></td></tr>
<tr><td colspan="4">备注：</td></tr>
</table>

续表

绩效改进计划				
项目	预期目标	改进措施	执行者/责任人	执行时间
备　注				
面谈对象签字			面谈者签字	

表 7-9　绩效考核测评表

姓名	王明	绩效周期	___年___月___日—___月___日
绩效项目	绩效指标（KPI）	绩效标准	得分
工作业绩（70 分）	档案管理（10 分）	满分标准：根据档案工作管理办法，完成档案的收集、整理、归档、保管、统计和使用。 出现错误或违反规定，扣 1~6 分	8
	人事与劳资（10 分）	满分标准：建立健全员工档案，做好人员招聘计划、录用、培训、薪酬核定等基础性工作。 视工作效果，酌情扣 1~4 分	8
	社保工作（10 分）	满分标准：严格按照规章制度办事，及时办理五险一金，且无差错。 出现错误或延误，扣 1~4 分	9
	考勤工作（10 分）	满分标准：考勤客观公正，记录完整及时，无遗漏现象。 考勤记录不真实或遗漏，扣 1~4 分	8
	文件、资料的保管（10 分）	满分标准：专用登记簿登记准确，交接记录完整，无任何差错。 出现差错，扣 1~4 分	9
	文件的打印、发放（15 分）	满分标准：打印文件规范，发放及时，材料无错误。 出现延时、错误，扣 1~6 分	10
	出勤情况（5 分）	党政事务部评分	5
小计			57

续表

姓名	王明	绩效周期	___年___月___日—___月___日
工作态度（15分）	言行举止（2分）	说话语气缓和，能够耐心细致地解释相关问题，能够主动积极地进行沟通。工作过程中不带有任何不满情绪，精神饱满地投入工作中	1.5
	纪律性（2分）	遵守各项规章制度，工作纪律观念强，能起到模范带头作用	1
	协作性（2分）	善于协调，能够主动与同事合作，工作中不相互扯皮，积极帮助别人处理工作中的问题，配合效果好	1.5
	积极性与责任心（2分）	自觉主动对自己的行为和结果负责，责任心强，不逃避或推卸责任，能圆满完成本职工作	1.5
	服从性（2分）	听从领导的工作安排，能够按时完成领导交办的各项工作，不找借口，不推诿，执行力度强，效果好	1.5
	出勤（2分）	遵守考勤制度	2
	绩效评价的客观性（3分）	能够客观地对他人的绩效做出评价	2.5
小计			11.5
工作能力（15分）	业务能力（2分）	熟练掌握本职工作流程，工作中办事效率高，质量好，业务能力强	2
	沟通能力（2分）	能够积极主动与人沟通，言语表达清楚，大家非常满意，认为是交际能手	2
	学习能力（2分）	能够自觉、主动地进行学习，有较好的记忆力和理解力，掌握知识快，能够不断地更新知识、提高业务技能水平	2
	协调能力（2分）	团队协作观念强，工作中主动协调，能积极融入团队，使工作顺利展开	1.5
	分析问题解决问题能力（2分）	工作中有问题意识，善于发现问题并能妥善解决	1.5
	工作日志（5）	记录完整具体	4
小计			13
合计			81.5
考核组组长签字		考核日期	___年___月___日

表 7-10 ____ 年度考核结果汇总表

序号	部门	姓名	月考核得分												年度考核得分
			1	2	3	4	5	6	7	8	9	10	11	12	
1	行政部	王明													

第八章　员工薪酬管理

本章学习目标

- 了解薪酬满意度的内涵与维度
- 了解职位评价的内涵与原则
- 掌握薪酬市场调查数据的分析
- 熟悉薪酬结构设计的重要决策
- 掌握薪酬满意度调查、职位评价、薪酬市场调查、薪酬结构设计的实际工作流程与方法
- 树立自我激励的意识和能力，正确看待物质激励，摒弃“拜金主义”

员工薪酬管理是整个人力资源管理中最受企业和员工关注的内容，也是最敏感和最重要的部分。绩效薪酬激励设计是上一章介绍的绩效管理的重要结果运用，也衔接下一章福利制度的设计。薪酬的合理设计及科学管理已成为目前人力资源管理实践的最重要环节。

本章将通过介绍薪酬管理过程模型、薪酬满意度调查、职位评价、薪酬调查、薪酬结构设计和绩效薪酬激励设计的方法和流程，加强对薪酬管理理论和实践的深入了解，并培养薪酬管理与设计的基本能力。本章学习思路如图 8-1 所示：

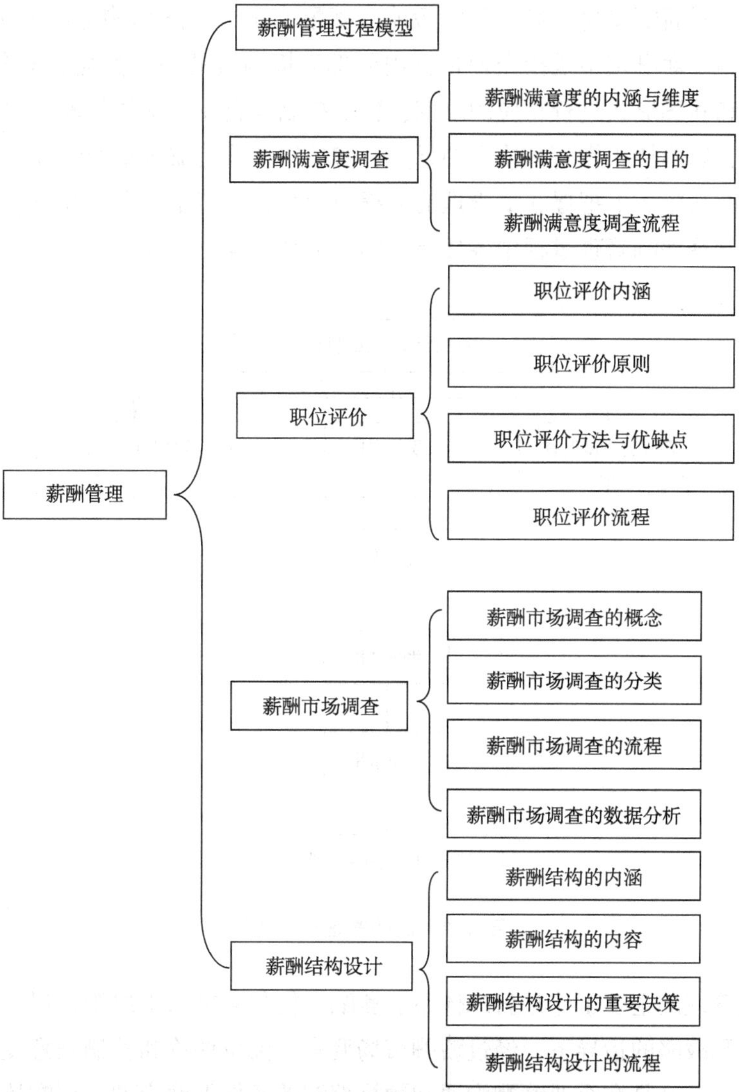

图 8-1　本章思维导图

第一节　薪酬管理过程模型

薪酬管理是基于企业经营战略目标和发展规划，综合考虑内外部各种因素的影响，运用一定的技术方法确定薪酬体系、薪酬水平、薪酬结构、薪酬构成，明确员工所应得到的薪酬，并进行薪酬调整和薪酬控制的过程，以此提高员工满意度、激发工作积极性，实现企业目标。薪酬管理的具体内容包括在组织发展战略的指导下，对薪酬支付原则、薪酬策略、薪酬水平、薪酬结构等内容进行确定、分配和调整。薪酬调整是指企业根据内外部环境因素的各种变化，对薪酬水平、薪酬结构和薪酬形式进行相应的改变；薪酬控制是企业对支付的薪酬总额进行测算和监控，以维持正常薪酬成本的开支，避免给企业造成过重的财务负担。

为了能从整体上把握薪酬管理的流程与内容，本节主要介绍薪酬管理的过程模型，以阐释薪酬管理过程中各环节之间的关系，详见图 8-2。

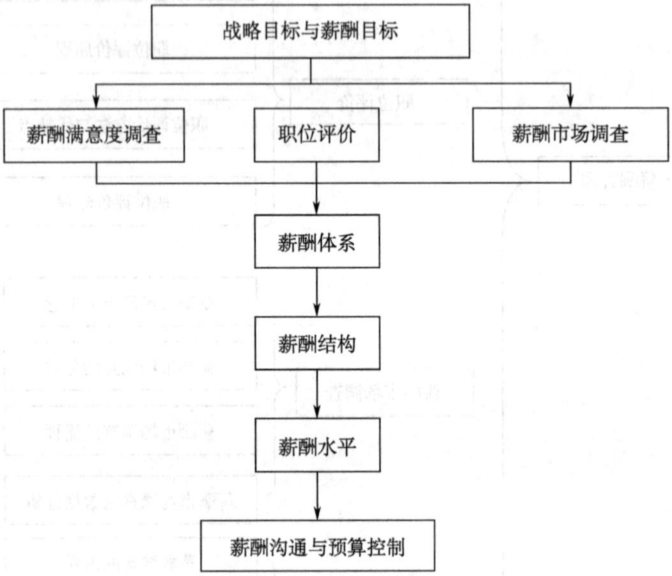

图 8-2　薪酬管理过程模型

薪酬管理的主要工作是薪酬体系、薪酬结构与薪酬水平决策，但是这些工作都是在薪酬战略的指导下，经过薪酬市场调查、岗位评价和薪酬满意度调查提供的基本信息，又是在企业薪酬沟通和预算控制的条件下确定的。薪酬体系决策主要是决定企业以什么为标准确定基础薪酬。目前常见的薪酬体系有两种，分别是以岗位价值为基础的职位薪酬体系和以员工技能为基础的技能薪酬体系。职位薪酬体系确定的前提条件是要进行岗位评价，以此确定岗位的重要性，因此岗位评价是比较重要的实验项目。本章的实验项目还包括以下几节，如薪酬满意度调查，以此了解目前薪酬政策存在的主要问题和员工的需求；薪酬市场调查，以此了解外部市场上相同岗位对于薪酬水平和结构的确定，保证企业薪酬的外部竞争性；薪酬结构设计，利用岗位评价和外部市场调查以及绩效管理的思路，确定员工的薪酬等级构成，固定薪酬与绩效浮动薪酬的构成等内容。

本章通过各项实验内容，结合案例分析，更加明晰这些管理过程在实际工作中是的具体运用以及注意事项。薪酬管理首先要求对组织的现有薪酬问题进行诊断，通过组织内部的薪酬满意度调查发现问题。其次，需要在调查结果的基础上重新对现有职位进行分析和评价，并进行市场薪酬调查。最后，根据调查结果设计新的薪酬体系。当然，组织经过几年的发展后，原来薪酬制度适合的条件会发生变化，因此一个薪酬制度运行几年后就要根据现有的情况进行一次调整，否则原有的薪酬制度就会制约组织发展起不到激励作用。这时就需要先对员工进行薪酬满意度调查，找出薪酬管理中存在的问题，结合薪酬沟通与控制的结果，调整薪酬战略和各项薪酬决策。

第二节 薪酬满意度调查

一、实验目的

- 通过实验，掌握调查员工薪酬满意度的设计与方法
- 能够编写员工薪酬满意度调查问卷
- 了解员工对现行薪酬体系的看法，掌握公司现有的薪酬状况，根据调查情况提出改革、纠正现有薪酬体系的具体措施

二、理论知识要点

（一）薪酬满意度概述

1. 薪酬满意度的内涵

所谓薪酬满意度，是指员工对获得的经济性报酬和非经济性报酬与他们的期望值相比较后形成的心理状态。从广义上看，是员工对其劳动所得的所有报酬的一种态度；从市场的角度看，是人力资源价格给员工造成的心理态度；从分配角度看，是企业对人力资源要素的回报是否符合员工心理的期望值。

员工薪酬满意度是一个相对的概念，一般认为超出期望值表示满意，达到期望值表示基本满意，低于期望值表示不满意。

2. 薪酬满意度的维度

薪酬满意度是从单一到多维度的发展过程。目前，薪酬满意度多维度划分已经被国内外学者普遍接受，但因为研究维度以及各国国情的不同，国内外对维度的具体划分，至今还没有一个标准的定论。

通常薪酬满意度可以分解为下列四个不同的维度：薪酬水平、薪酬结构、薪酬体系和薪酬形式（构成）的满意度。薪酬水平是指企业中各职位、各部门以及整个企业的平均薪酬水平，薪酬水平决定了企业薪酬的外部竞争性。薪酬结构是指同

一组织内部的不同职位所得到的薪酬之间的相互关系，它涉及薪酬的内部一致性问题。薪酬体系决策的主要任务是确定企业的基本薪酬以什么为基础。国际上通行的薪酬体系有三种，即职位（岗位）薪酬体系、技能（能力）薪酬体系以及市场薪酬体系，其中以职位薪酬体系的运用最为广泛。薪酬形式（构成）是指员工所得到的总薪酬的组成成分。通常情况下，薪酬形式划分为直接薪酬和间接薪酬，前者主要是指直接以货币形式支付给员工所提供的工作时间有关的薪酬，后者则包括福利、有形服务等一些具有经济价值但以非货币形式提供给员工的报酬。

薪酬满意度可以相应地被划分为对薪酬上述四个维度的满意，即薪酬水平满意、薪酬结构满意、薪酬体系满意、薪酬形式满意。

3. 薪酬满意度调查的目的

（1）诊断公司潜在的管理问题。实践证明，员工薪酬满意度调查是员工对各种公司管理问题的满意度的一个非常敏感的晴雨表，通过员工薪酬满意度的调查，能够诊断出公司潜在的管理问题。

（2）找出公司现阶段出现的主要问题的原因。针对公司存在的管理问题，通过薪酬满意度调查可以找出问题发生的原因，以确定问题是否因员工工资过低、薪酬制度不合理、薪酬缺少竞争力等造成的。

（3）为建立一个有效合理的薪酬管理体制提供基本的依据。

（4）评估薪酬变化对员工可能带来的影响，促进公司管理层与员工之间的良好沟通。由于保证了员工自主权，那么员工就能畅所欲言地反映平时管理层听不到的声音，这样就起到了信息向上和向下沟通的安全渠道的作用。

（5）培养员工对企业的认同感、归属感，不断增强员工对企业的向心力、凝聚力。由于员工满意度调查活动使员工在民主管理的基础上树立以企业为中心的群体意识，从而对公司产生信任感。

（二）薪酬满意度调查的工作流程

第一，成立薪酬满意度调查工作小组；

第二，确定调查任务：与企业管理层讨论决定调查的主要目的和内容，之后决定任务；

第三，制定调查方案：设计调查提纲，列出调查问题，确定调查范围，选取调查对象，提出调查方法，如决定是进行普查还是抽样调查；

第四，实施满意度调查：实施调查过程，完成调查问卷的收回，确保调查的数量和质量；

第五，处理调查结果：整理调查资料，检验、归类、统计，形成调查结果图表、文字、总体评价与分析，提供综合调查报告。

（三）薪酬满意度调查需要注意的问题

1. 调查的设计要科学合理

薪酬是企业和员工都最为关注的人力资源管理问题，最为敏感，因此薪酬调查的设计一定要科学合理。一般来说，调查问卷或访谈的时间不宜过长，否则会引起填写人的反感，反而容易引起不满，难以收集到全面的准确信息。例如，填写问卷时间不应超过 20 分钟，访谈时间可以视情况而定。问卷应该采用结构化形式，既方便员工回答又容易进行汇总分析。访谈应该有具体的提纲，能够将收集到的资料快速进行整理。

2. 选择合适的时间进行调查

尽量选择在员工工作不是很繁忙的时候进行满意度调查，例如要避开年终考核。这样才能让员工有充分的时间和精力来填写问卷或参与访谈，同时保证调查质量。

3. 确保调查的客观性

保证调查应尽量采取匿名方式进行，以获得真实信息。组织者在获得员工的真实想法后，一定要恪守保密承诺，否则在以后的调查中就很难获得员工的配合。

三、实验内容

- 根据案例材料，编写薪酬满意度调查方案

案例 8-1：X 能源科技服务公司是一家从事节能评估、职业卫生评价和环境监测的技术服务公司，现有员工五十余人，公司业务主要集中在内蒙古自治区，伴随国家“碳达峰碳中和”战略目标的提出，公司业务较多，但是受到新冠疫情防控常态化的影响以及竞争对手的不断涌现，人力资源的频繁流动成为影响公司业务发展的重要原因。

近日，公司决定对全体员工进行一次薪酬满意度调查。

请为 X 公司设计一套薪酬满意度调查方案。

四、实验准备

- 能够进行成员交流沟通研讨的空间
- 用于研讨交流的设备，如电脑、投影及其他办公用品
- 方便查阅资料的网络设备或者图书资料
- 本公司员工的薪酬表格等内部资料
- 其他临时需要的实验器具

五、实验组织方法及步骤

- 按照规定熟悉实验目的与实验内容
- 组建实验小组即调查小组，并进行分工，每组 3~5 人为宜

• 按照薪酬满意度调查流程进行实验，明确调查目的、调查对象、调查时间、调查方法等内容，讨论并设计满意度调查实施方案

• 各小组进行交流展示，辅以组内互评、组间互评和小组自评

• 各小组总结并编撰实验报告

六、实验思考与作业

• 薪酬满意度调查的主要目的是什么

• 薪酬满意度调查包括哪些维度

• 实施薪酬满意度调查主要有哪些步骤

第三节　职位评价

一、实验目的

• 通过实验，掌握职位评价的程序和基本方法

• 能设计职位评价方案

• 能使用一定的方法进行职位价值评价，建立职位等级价值结构

二、理论知识要点

（一）职位评价内涵

职位评价是职位薪酬体系的重要工作基础。对于以职位薪酬体系作为基本薪酬确定基准的薪酬体系来说，其核心工作就是对职位本身的价值及其对组织的贡献度进行评价，并根据这种评价以及外部劳动力市场的薪酬状况来确定不同职位的薪酬水平，而能够帮助企业确定不同职位在企业中重要程度的技术就是职位评价。国际劳工组织认为，职位评价（job evaluation）是一个系统分析某种工作的各项要求与员工是否匹配的过程，即对一位标准任职者为了正常履行某种特定职位上的工作职责而必须达到的各种要求所进行评估和比较的过程。故职位评价是系统地确定职位的相对价值，从而为组织建立一个职位结构（job structure）的过程。职位评价以工作内容、技能要求、对组织的贡献、组织文化以及外部劳动力市场等为综合依据。同时，职位评价还是一个有力的沟通和管理工具，旨在告诉员工：组织的治理结构如何，承担不同工作的员工对于组织成功所扮演的角色有何不同。

（二）职位评价的原则

职位评价是一项技术性强、涉及面广、工作量大的活动，为了保证工作的顺利开展，提高职位评价的科学性、合理性和可靠性，并获得企业内部广大员工的

认同，在组织实施过程中应该注意遵守以下原则。

1. 对岗不对人原则

职位评价的对象是职位而不是职位中的员工，在评价过程中虽然也会涉及员工，但它是以职位为中心，即以职位所承担的工作任务为对象进行的客观评比和估计。作为职位评价的对象，职位相对于其具体的承担者——员工具有更大的稳定性，同时，它能与企业的组织结构设置、专业分工和劳动定员定额等相统一，评价结果能保持一定的稳定性，也有利于保持其他各项人力资源相关政策的稳定性。当然，由于职位的工作是由员工承担的，所以，在职位评价的过程中，必然也离不开对员工的总体考察和分析。

2. 适用性原则

职位评价必须从企业的业务性质、管理架构和文化环境等各方面的实际情况出发，选择最切实可行的评价方法、评价程序和评价标准。职位评价的方法和评价要素并不是对所有的企业都适用，对某一个企业适用的评价方法和评价要素照搬到另外一个企业很可能就无法得出科学合理的结果，因此，在选择评价方法、评价要素和设计评价程序时需要考虑企业的实际情况，以期顺利实现职位评价的目的。

3. 评价方法、评价标准统一原则

为了保证职位评价工作的规范化和评价结果的可比性，提高评价工作的科学性和工作效率，职位评价必须采用统一的评价方法和评价标准，在规定范围内，作为评价工作中共同遵守的准则和依据。职位评价的统一原则具体表现在评价标准的统一性，各评价指标的评价标准、评价技术方法的统一规定以及数据处理的统一程序等方面。

4. 过程参与原则

职位评价涉及企业中所有的职位，职位评价方法的正确性、职位评价要素和评价标准的准确性、评价数据处理的规范性等最终都会影响职位在企业中的相对价值和地位，员工对此都非常关心，同时，员工通常是对自己的职位最为了解的人，因此，适当地让员工参与到职位评价工作中来，容易让他们对职位评价的结果产生认同，也有利于增强职位评价结果的合理性。

5. 结果公开原则

职位评价的结果应该向员工公开。透明化的职位评价标准和职位价值序列有助于员工理解和认同企业价值取向，明确自己的努力方向，并可降低薪酬管理中可能出现的随意性过大等风险，同时提高员工对薪酬的满意度。

（三）职位评价的方法

1. 职位排序法

职位排序法是根据工作复杂程度、对组织的贡献大小等特定标准对各个职位的相对价值进行整体的比较，并按照相对价值的高低排列出一个次序的职位评价方法。

排序法主要采用两种做法：一是直接排序法，即按照职位说明根据排序标准从高到低或从低到高进行排序；二是交替排序法，即先从参加排序的职位中选出相对价值最高的排在第一位，接着选出相对价值最低的排在倒数第一位，然后在剩下的岗位中选择价值最高和最低的岗位分别排在第二位和倒数第二位，依此类推。当然，也可以像绩效考核方法一样选择使用配对比较法进行排序。

排序法的基本操作步骤如图 8-3 所示：

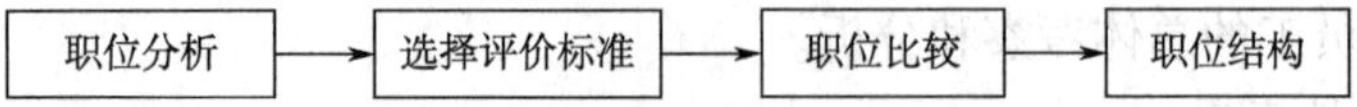

图 8-3　排序法的流程

职位排序法的主要优点是快速、简单、费用低、易操作、易沟通，适用于小规模且职位数量较少的公司或组织。它的主要缺点在于排序标准的选择与具体打分具有较强的主观色彩，可能会存在个人主观意识和偏见；对职位进行排序无法准确得知职位之间的相对价值差距；评价岗位数量会受到一定的限制。

2. 分类法

分类法是通过界定出一套职位级别标准，然后将被评价职位与级别标准进行比较，并归到各个级别中去的办法。分类法的关键是建立一套职位级别标准体系，包括确定等级的数量和对每一个等级进行定义与描述等。等级的数量没有固定的规定，只要便于操作并能有效地区分职位即可。对每一定等级的定义和描述要依据一定的要素进行，这些要素可以根据组织的需要来选定。

分类法的基本操作步骤如图 8-4 所示。

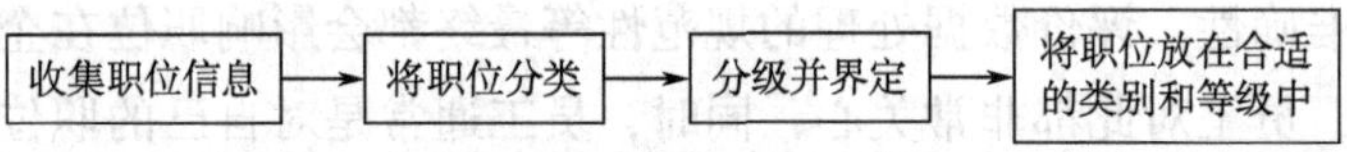

图 8-4　分类法的流程

分类法的优点在于简单、容易解释、执行速度比较快，对评价者的要求比较低，管理容易，有固定参考标准且灵活性强。它比较适用于大型组织以及对大量的职位进行评价，当组织中的职位发生变化时，可以迅速将新出现的职位归类到合适的类别中去。

这种方法的不足在于对职位等级的划分和界定存在一定的难度，如果职位级别划分得不合理，将会影响对全部职位的评价；职位描述的主观性强，职位的分类可能不够科学；职位说明复杂、对组织变革反应不够敏感；同排序法一样，也无法说明职位之间的价值差距。

3. 要素比较法

要素比较法实际上是对职位排序法的一种改进。这种方法与职位排序法的主要区别是：职位排序法是从整体的角度对职位进行比较和排序，而要素比较法则是选择多种报酬要素，按照各种要素分别进行排序。

要素比较法首先要分析基准职位，找出一系列共同的报酬要素。这些报酬要素应该是能够体现出各职位的本质区别的一些因素，如责任、工作的复杂程度、工作压力水平、工作所需的教育水平和工作经验等。其次将每个基准职位的工资或所赋予的分值分配到相应的报酬要素上，最后将被评价职位的报酬要素与基准职位进行比较，从而确定薪酬标准。要素比较法的流程如图 8-5 所示。

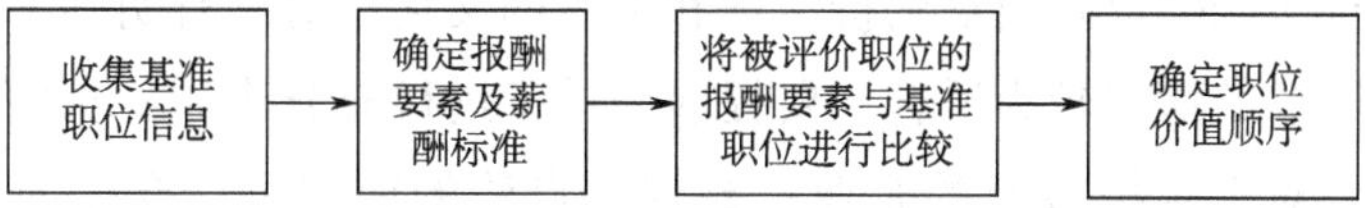

图 8-5 要素比较法的评价流程

要素比较法的突出优点在于可以根据在各个报酬要素上得到的评价结果计算出一个具体的报酬金额，从而更加精确地反映出职位之间的相对价值关系。要素比较法在应用过程中受限制的主要原因是：评价过程异常复杂、不同的行业要选择不同的报酬要素、很难与市场上多变的薪酬水平变化相适应。所以在使用中应注意两个问题：一是薪酬要素一定要选择最能代表职位间差异的因素；二是要根据市场工资水平及时调整基准职位的工资水平。由于目前国内薪酬体制透明度较低，劳动力市场价格不明，因而基础数据不足，要素比较法的应用受限。

4. 要素计点法

要素计点法是对报酬要素进行选择、等级划分和定义，并赋予不同的点值，将实际职位的报酬要素与给出的报酬要素等级比较，从而计算职位报酬要素的总点值，以此决定职位的薪酬水平。

要素计点法第一要求选择合适的报酬要素。选取合适的报酬要素时应该注意：报酬要素应该与总体上的职位之间有某种逻辑关系、报酬要素能够得到清晰的界定和衡量、报酬要素在所有职位中有共通性、报酬要素必须能够涵盖组织愿意为之支付报酬的与职位要求有关的所有主要内容、报酬要素必须是与被评价职位相关的、报酬要素之间不能出现交叉和重叠、报酬要素的数量要方便管理；第二，对每一种报酬要素的各种程度或水平加以界定，报酬要素等级数量的划分取决于组织内部所有被评价职位在该报酬要素上的差异程度；第三，确定报酬要素在职位评价体系中所占的权重；第四，确定报酬要素在不同等级上的点值；第五运用报酬要素评价职位。具体流程如图 8-6 所示。

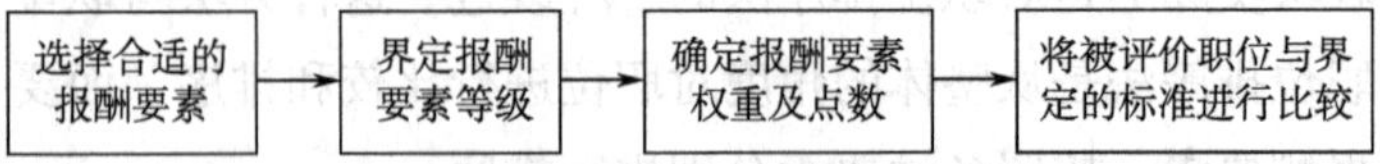

图 8-6　要素计点法的评价流程

要素计点法的优点包括精确、容易接受、可以微调；运用可比性的点数对不相似的职位进行比较；可广泛应用于蓝领和白领职位。缺点也比较明显，如方案的设计和应用都比较耗费时间，前期工作比较多；等级界定和点数权重确定有主观性，可能增加评价的复杂性和难度。

要素计点法能够反映组织的价值观和组织的文化，对于有明确工作职位资料和工资决策需求的情况较为适合，要提前与员工进行充分沟通，从而对要素的理解达成共识。对于规模较小的企业，要素计点法的使用可能会使简单问题复杂化，还不如非量化的方法实用。

上述几种职位评价方法各有其优缺点和使用条件，除了不常用的要素比较法，其他方法的特点比较如表 8-1 所示。

表 8-1　职位评价方法比较

	排序法	分类法	要素计点法
客观性	差	差	中等
精确性	低	低—中	中—高
信度	低	中等	中—高
自我辩护性	差	差—中	中—高
管理负担	轻	轻	中
沟通难易	容易	容易	较容易
操作成本	低	低—中	中—高
复杂性	简单	较简单	较复杂
组织适应性	强	强	强

（四）职位评价的流程

1. 一般流程

（1）成立职位评价委员会。

（2）获取职位相关信息。

（3）确定重要薪酬因素。

（4）确定职位评价方法与标准。

（5）组织人员实施职位评价。

（6）统计评价结果，并对不合理的地方进行调整。

（7）汇总职位评价结果，并建立排序表。

2. 要素计点法评价流程

（1）成立职位评价委员会。

（2）选取合适的报酬要素，并将报酬要素进一步细分到子要素。报酬要素（compensation factor）是一个组织认为在各种不同职位中都包括的对其有价值的特征，这些特征有助于组织战略以及组织目标的实现。实际工作中，常见的报酬要素主要是责任、技能、努力以及工作条件。把报酬要素填入表 8-2。

表 8-2 职位评价要素释义及点数设置

报酬要素名称	子要素名称	子要素释义	权重分配	点数分配
报酬要素 1	子要素 1			
	子要素 2			
	子要素 3			
报酬要素 2	子要素 1			
	子要素 2			
	子要素 3			
……	……			

（3）对每一种报酬要素的不同程度、水平或者层次加以界定；把每一个报酬要素的等级划分填入表 8-3。

表 8-3 报酬要素的等级界定表

等级	等级定义
n	
……	
2	
1	

（4）确定不同报酬要素在职位评价中所占权重或者相对价值，把权重填入表 8-2。

（5）确定每一种报酬要素的不同等级所对应的点数，填入表 8-4。

表 8-4 报酬要素等级的点数表

报酬要素	报酬子要素	报酬要素等级	该报酬要素对应等级的点数
报酬要素	子要素 1	1	
		2	
		……	
		N_1	
	子要素 2	1	
		2	
		……	
		N_2	
	……	1	
		2	
		……	
		N_3	

（6）运用这些报酬要素的评级点数评价岗位，可应用表 8-5。

表 8-5 职位的评价过程表

报酬要素	报酬子要素	报酬子要素等级	点数
报酬要素 1	报酬子要素 11	m_{11}	x_{11}
	报酬子要素 12	m_{12}	x_{12}
	……	……	……
报酬要素 2	报酬子要素 21	m_{21}	x_{21}
	报酬子要素 22	m_{22}	x_{22}
	……	……	……
报酬要素 3	报酬子要素 31	m_{31}	x_{31}
	报酬子要素 32	m_{32}	x_{32}
	……	……	……
……	……	……	……
合计			Σ

（7）将所有被评价职位的点数进行排序，建立职位等级价值结构。

三、实验内容

- 根据某房地产企业部分职位说明书的内容，制定职位评价方案，使用要素计点法进行职位价值的评价。具体职位说明书见范例所示

四、实验准备

- 能够进行成员沟通研讨的空间
- 用于研讨交流的设备，如电脑、投影及其他办公用品
- 方便查阅资料的网络设备或者图书资料
- 本公司员工的职位说明书，发展和经营战略，组织结构图等内部资料
- 其他临时需要的实验器具

五、实验组织方法及步骤

- 按照规定熟悉实验内容与实验要求
- 组建实验小组即职位评价委员，并进行分工，每组 4~6 人为宜
- 按照职位评价流程进行实验，明确职位评价目的，讨论影响职位评价权重设计的战略重点及其他关键信息，讨论并设计职位评价实施方案
- 按照要素计点法的流程选择报酬要素、分级并界定各个子要素的概念、赋予权重和分值、进行评价、得出带有点数分布的职位等级价值结构
- 各小组进行交流展示，辅以组内互评、组间互评和小组自评
- 各小组总结并编撰实验报告

六、实验思考与作业

- 职位评价的方法有哪些？分别有什么优缺点
- 职位评价时选择报酬要素要考虑哪些因素？常用的报酬要素有哪些
- 职位评价的一般流程是什么

七、范例

某企业部分职位说明书，见表 8-6 至表 8-18 所示。

表 8-6 人事行政部经理职位说明书

<table>
<tr><td colspan="5">职位描述</td></tr>
<tr><td>标识</td><td>岗位名称</td><td>人事行政部经理</td><td>所属部门</td><td>人事行政部</td></tr>
<tr><td rowspan="3">关系</td><td>直接上级</td><td>副总经理</td><td>直接下属</td><td>人力资源主管
行政主管</td></tr>
<tr><td>内协</td><td colspan="3">1. 协调公司内部各部门各岗位之间的工作关系；
2. 协助总经理考察、考核各部门主要管理人员</td></tr>
<tr><td>外联</td><td colspan="3">1. 接待同行及协作单位来访的领导，为公司建立和保持良好的公共关系；
2. 负责处理公司与地方政府、主管部门的关系</td></tr>
</table>

续表

职位描述	
岗位发展	副总经理
劳动资料	电脑、传真机、电话机、办公桌、椅、文件夹等
劳动条件	室内作业，有空调，室温恒定，采光充足，环境舒适
劳动强度	多采用坐姿工作，无特别生理或心理紧张，8 小时/天，周末休息
工作任务和职责	1. 负责制定公司人事行政战略及具体实施、调整和监控的运行体系； 2. 批转各类文件、报告，并提出意见供总经理参考； 3. 协助总经理协调各部门之间的工作关系； 4. 接待同行及协作单位来访的领导，为公司建立和保持良好的公共关系； 5. 参加公司的经营检讨会、总经理办公会等； 6. 审查、修改各部门呈送总经理的报告，提出处理意见后，转送总经理； 7. 审核以公司名义发出的所有报告文件，并转报总经理、副总经理签发； 8. 组织安排总经理办公会及公司其他有关会议或其它活动； 9. 协助总经理考察、考核各部门主要管理人员； 10. 审核薪酬福利发放、员工奖惩、劳动争议等事务； 11. 负责人事行政方面的沟通协调和汇报工作； 12. 处理与人事行政部相关与地方政府、主管部门的关系； 13. 控制公司部门各项预算费用与开支； 14. 负责总经理、副总经理交代事宜的督办、协调和控制； 15. 负责公司企业文化的建设及相关活动的策划、组织和评估工作； 16. 结合公司品牌建设工作，对公司内外公关具有建议权； 17. 完成领导交办的其他工作
权限	1. 建议权：对公司内外公关具有建议权； 2. 处罚权：对人事行政部的员工的错误行为有处罚权； 3. 经费使用权：可使用公司人员招聘、培训和公司企业文化组织的活动经费，经费数额限定__________元； 4. 部门管理权：对人事行政部所属员工及各项业务工作有管理权
任职资格	
职业道德要求	有良好的职业道德，遵守职业相关的纪律和要求
知识要求	1. 学历要求：人力资源管理、行政管理或相关专业大学本科及以上； 2. 基础知识：了解劳动法、合同法等相关法律、法规；熟练使用办公软件及相关的人事管理软件；较好的中文听、说、读、写能力； 3. 专业知识：人事心理学、组织行为学、服务心理学、消费心理学、管理心理学、工程心理学、人力资源管理学、行政管理学、公共关系学等； 4. 背景知识：熟悉房地产有关的行业知识，有一定的人文、社科知识基础

续表

任职资格	
技能要求	1. 做事：对人事行政事务性的工作有娴熟的处理技巧，熟悉人事行政工作流程； 2. 做人：善于沟通，待人公平，能与公司各部门人员处理好关系，富有团队精神； 3. 具备独立解决公司人事行政方面重大问题的能力
工作经历要求	1. 具备5年以上的人事、行政及相关企业管理经验； 2. 具备3年以上的企业人力资源经理工作经验
生理素质要求	1. 年龄要求：28岁以上、45岁以下； 2. 身体素质良好、没有传染病、五官端正
心理素质要求	1. 能力素质：智力水平正常，组织、协调、沟通能力强，有较强的观察、应变思维和交际能力，富有创造力； 2. 动力素质：有正确的价值观，对人事行政管理有强烈的兴趣，对人及组织的变化敏感； 3. 人格素质：有较强责任心，待人公平，富有团队精神，工作原则性强

表 8-7 人力资源主管职位说明书

职位描述				
标识	岗位名称	人力资源主管	所属部门	人事行政部
关系	直接上级	人事行政部经理	直接下属	人力资源文员
	内协	1. 协助公司组织结构的设计、规划与调整； 2. 协助公司领导做好相关工作，保持良好的工作关系		
	外联	1. 处理与人力资源部相关的与地方政府、主管部门的关系； 2. 联络疏导对内、对外的各机构		
岗位发展	人力资源部经理、相关部门经理			
劳动资料	电脑、电话机、办公桌、椅、文件夹等			
劳动条件	室内作业，有空调，室温恒定，采光充足，环境舒适			
劳动强度	多采用坐姿工作，无特别生理或心理紧张，8小时/天，周末休息			
工作任务和职责	1. 协助公司组织结构的设计、规划与调整； 2. 协助公司部门职责与权责的划分，根据部门职责定、调公司的人员编制； 3. 制订并执行人力资源的年、季、月度计划； 4. 制定公司人力资源管理的各项制度； 5. 建立和更新人才库，尤其是行业内的高级人才、特殊岗位人才的跟踪和联系； 6. 负责制订、落实公司年度招聘计划； 7. 建立内部竞争机制；			

续表

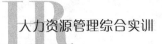

职位描述	
工作任务和职责	8. 协助制定、执行公司薪酬福利政策，提出薪酬福利规划、预算和控制方案； 9. 负责薪酬核定、员工社会统筹、劳动保护、企业福利、员工奖惩、劳动争议、劳动纪律等日常事务； 10. 配合公司战略规划的实施体系，指导、组织公司及各部门根据部门职责和岗位职责的要求，制定绩效管理体系； 11. 负责公司月度、季度、年度的绩效管理工作并组织实施，对各部门绩效管理进行指导、跟踪和培训工作； 12. 对业绩考核结果进行反馈，并为员工制订、调整职业发展规划和培训计划，提出薪资的调整和相应职位调整的建议； 13. 制定员工的职业生涯规划，并实施过程的跟踪和指导； 14. 收集、分析和汇总公司人才培训需求，制订相应的人才培训计划和年度培训计划并组织实施； 15. 预算培训经费； 16. 调查、分析和评估培训效果，针对性提出培训效果改善方法和计划； 17. 负责公司员工信息收集和档案管理工作；管理劳动合同，调配员工； 18. 负责人力资源方面的沟通协调和汇报工作，处理与人力资源部相关的与地方政府、主管部门的关系，联络疏导对内、对外的各机构；控制、使用部门内各项预算费用； 19. 负责对公司各部门工作的监督、跟进、协调及将有关情况总经理汇报； 20. 配合开展企业文化的相关工作
权限	1. 建议权：对员工的薪资调整和相应职位调整有建议权； 2. 处罚权：对人力资源管理文造成的有损公司利益的行为、不尽职行为有处罚权
任职资格	
职业道德要求	有良好的职业道德，遵守职业相关的纪律和要求
知识要求	1. 学历要求：人力资源管理、行政管理专业大专及以上； 2. 基础知识：了解劳动法、合同法等相关法律、法规；熟练使用办公软件及相关的人事管理软件；较好的中文听、说、读、写能力； 3. 专业知识：人事心理学、组织行为学、服务心理学、人力资源管理学、人员素质测评、行政管理学、公共关系学等； 4. 背景知识：熟悉房地产有关的行业知识，有一定的人文、社科知识基础
技能要求	1. 做事：对人力资源管理事务性的工作有娴熟的处理技巧，熟悉人事工作流程； 2. 做人：善于沟通，待人公平，能与公司各部门人员处理好关系，富有团队精神； 3. 具备独立解决公司人力资源管理方面重大问题的能力

续表

任职资格	
工作经历要求	1. 具备2年以上的人事、行政及相关企业管理经验； 2. 具备1年以上的企业人力资源主管工作经验
生理素质要求	1. 年龄要求：28岁以上、45岁以下； 2. 身体素质良好、没有传染病、五官端正
心理素质要求	1. 能力素质：智力水平正常，组织、协调、沟通能力强，文字和口头表达能力强，有较强的观察、应变、思维和交际能力，富有创造力； 2. 动力素质：有正确的价值观，对人力资源管理有强烈的兴趣； 3. 人格素质：有较强责任心，踏实稳重，待人公平，富有团队精神，工作原则性强

表8-8　行政主管职位说明书

职位描述				
标识	岗位名称	行政主管	所属部门	人事行政部
关系	直接上级	人事行政部经理	直接下属	车辆管理员
	内协	1. 公司内部各办公室人员的衔接、协调； 2. 协助公司领导做好相关工作，保持良好的工作关系		
	外联	1. 处理与人力资源部相关的与地方政府、主管部门的关系； 2. 联络疏导对内、对外的各机构		
岗位发展	人事行政部经理、相关各部门经理			
劳动资料	电脑、电话机、办公桌、椅、文件夹等			
劳动条件	室内作业，有空调，室温恒定，采光充足，环境舒适			
劳动强度	多采用坐姿工作，无特别生理或心理紧张，8小时/天，周末休息			
工作任务和职责	1. 后勤保障、安全保卫、卫生水电等； 2. 公司会务管理； 3. 日常接待及对外公关等活动的组织安排； 4. 各类活动的组织及后勤工作； 5. 档案管理及公司各类证照的办理、年检等； 6. 办公用品购买及发放； 7. 公司电话费的缴纳； 8. 公司所有实物资产的管理； 9. 公司车辆的使用、调配、维修等管理； 10. 考勤管理； 11. 法律咨询，纠纷事宜的处理；			

续表

职位描述	
工作任务和职责	12. 公司印章的管理、使用； 13. 各部门日常行为规范的监督、检查； 14. 公司行政处罚文书的上传下达； 15. 公司办公区域钥匙的领用、监督及管理； 16. 各办公室人员的衔接、协调； 17. 对现场清洁卫生进行管理，督促相关人员做好保洁工作； 18. 完成领导交办的其它工作； 19. 文件的编号、印发； 20. 公司内外文件的初审、分流、递签、催办； 21. 公司所有文件的归档整理； 22. 公司员工社会保险的办理； 23. 协助经理部分工作
权限	1. 建议权：对外公关等活动的组织安排有建议权； 2. 处罚权：对车辆管理员造成的有损公司利益的行为、不尽职行为有处罚权
任职资格	
职业道德要求	有良好的职业道德，遵守职业相关的纪律和要求
知识要求	1. 学历要求：行政管理或相关专业大专及以上； 2. 基础知识：了解劳动法、合同法等相关法律、法规；熟练使用办公软件；较好的中文听、说、读、写能力； 3. 专业知识：人事心理学、组织行为学、服务心理学、人力资源管理学、行政管理学、公共关系学等； 4. 背景知识：熟悉房地产有关的行业知识，有一定的人文、社科知识
技能要求	1. 做事：对行政管理事务性的工作有娴熟的处理技巧，熟悉行政工作流程； 2. 做人：善于沟通，待人公平，能与公司各部门人员处理好关系，富有团队精神； 3. 具备独立解决行政方面重大问题的能力
工作经历要求	1. 2 年以上的人事、行政及相关企业管理经验； 2. 1 年以上的企业行政主管工作经验
生理素质要求	1. 年龄要求：28 岁以上、45 岁以下； 2. 身体素质良好、没有传染病、五官端正
心理素质要求	1. 能力素质：智力水平正常，组织、协调、沟通能力强，文字和口头表达能力强，有较强的观察、应变思维和交际能力，富有创造力； 2. 动力素质：有正确的价值观，对行政管理有强烈的兴趣； 3. 人格素质：踏实稳重，有较强责任心，正直，虚心，具有灵活性

表 8-9　文员职位说明书

<table>
<tr><td colspan="5">职位描述</td></tr>
<tr><td>标识</td><td>岗位名称</td><td>文员</td><td>所属部门</td><td>人事行政部</td></tr>
<tr><td rowspan="3">关系</td><td>直接上级</td><td colspan="3">人力资源主管</td></tr>
<tr><td>内 协</td><td colspan="3">1. 协助人力资源主管、行政主管完成部分工作；
2. 协助公司领导做好相关工作，保持良好的工作关系</td></tr>
<tr><td>外联</td><td colspan="3">引见、招待、接送来宾</td></tr>
<tr><td>岗位发展</td><td colspan="4">人力资源主管</td></tr>
<tr><td>劳动资料</td><td colspan="4">电脑、电话机、办公桌、椅、文件夹等</td></tr>
<tr><td>劳动条件</td><td colspan="4">室内作业，有空调，室温恒定，采光充足，环境舒适</td></tr>
<tr><td>劳动强度</td><td colspan="4">多采用坐姿工作，无特别生理或心理紧张，8 小时/天，周末休息</td></tr>
<tr><td>工作任务和职责</td><td colspan="4">1. 电话总机接听、转告工作；
2. 负责前台接待、登记；
3. 引见、招待、接送来宾；
4. 监督打卡和汇总考勤；
5. 负责锁门，检查灯光、门窗；
6. 负责收发报刊函件及整理保管报纸；
7. 保管、登记和按规定发放公司办公文具与器材；
8. 承担总经理办公区域的卫生保洁检查工作；
9. 负责文件、资料的打印、登记、发放、复印、装订；
10. 负责传真收发与登记；
11. 负责公司收发文的管理；
12. 负责周工作计划情况汇总；
13. 协助人事主管、行政主管完成部分工作；
14. 完成领导交办的其他工作</td></tr>
<tr><td>权限</td><td colspan="4">建议权：对部分日常事务管理和文件资料管理有建议权</td></tr>
<tr><td colspan="5">任职资格</td></tr>
<tr><td>职业道德要求</td><td colspan="4">有良好的职业道德，遵守职业相关的纪律和要求</td></tr>
<tr><td>知识要求</td><td colspan="4">1. 学历要求：文秘或相关专业大专及以上；
2. 基础知识：了解相关法律、法规，熟练操作办公软件，较好的中文听、说、读、写能力；
3. 专业知识：礼仪学、服务心理学、档案资料管理学、行政管理学、公共关系学等；
4. 背景知识：熟悉房地产有关的行业知识，有一定的人文、社科知识</td></tr>
</table>

续表

任职资格	
技能要求	1. 做事：能运用礼仪学和资料管理等方面的知识熟练完成各项工作任务； 2. 做人：善于沟通，性格温和、礼貌、热情大方，能与公司各部门人员处理好关系； 3. 有独立解决问题的能力
工作经历要求	1. 相关文职类工作经验； 2. 1 年以上的文员工作经验
生理素质要求	1. 年龄要求：20 岁以上、26 岁以下； 2. 身体素质良好、没有传染病、五官端正
心理素质要求	1. 能力素质：智力水平正常，协调、沟通、交际能力强，有较强的观察、应变思维和交际能力，富有创造力； 2. 动力素质：有正确的价值观，对接待、管理有强烈的兴趣； 3. 人格素质：善于沟通，性格温和、礼貌、热情大方，踏实稳重

表 8-10　销售部经理职位说明书

职位描述				
标识	岗位名称	销售部经理	所属部门	营销中心
关系	直接上级	营销中心主任	直接下属	销售主管、招商主管
	内协	1. 协调与各部门之间的相互协作关系； 2. 协助营销中心主任和销售员的部分工作		
	外联	经常联系公司的大客户，并联系新的客户资源		
岗位发展	营销中心主任			
劳动资料	电脑、电话机、办公桌、椅、文件夹等			
劳动条件	室内作业，有空调，室温恒定，采光充足，环境舒适			
劳动强度	多采用坐姿工作，无特别生理或心理紧张，8 小时/天，周末休息			
工作任务和职责	1. 负责销售员的日常接待、销售以及协调销售员工作； 2. 组织开展销售员日常学习交流、市调工作，保持良性竞争的工作环境； 3. 负责对当日接待销售进行记录汇总，对反馈信息进行整理分析； 4. 负责对劳动纪律、仪容仪表、接待规范、销售技能进行监督、管理、考核； 5. 充分调动大家工作积极性，对于工作中的问题和不良倾向及时上报； 6. 帮助销售员开展工作，促进工作有序良好开展； 7. 负责考核所属下级的业务水平和业绩； 8. 负责对项目整体进行招商工作；			

续表

职位描述	
工作任务和职责	9. 针对招商业态进行市场调研、分析、总结； 10. 对客户资源、信息进行收集、寻找、挖掘工作； 11. 负责对现场客户、招商客户进行商务谈判； 12. 负责对大客户的调查、跟踪、谈判的工作； 13. 协调与各部门之间的相互协作关系； 14. 完成上级交付的工作
权限	1. 建议权：对公司的销售和客户管理工作有建议权； 2. 处罚权：对销售员造成的有损公司利益的行为、不尽职行为有处罚权
任职资格	
职业道德要求	有良好的职业道德，遵守职业相关的纪律和要求
知识要求	1. 学历要求：市场营销或相关专业大学专科及以上； 2. 基础知识：了解合同法、广告法等相关法律、法规，熟练操作办公软件，较好的中文听、说、读、写能力； 3. 专业知识：熟悉市场营销学、消费心理和行为学、推销学、商务礼仪、商务谈判、市场调研与预测、广告学、策划学、公共关系学等； 4. 背景知识：熟悉房地产有关的行业知识，有一定的人文、社科知识
技能要求	1. 做事：对营销中心事务性的工作有娴熟的处理技巧，熟悉营销工作流程； 2. 做人：具备优良的敬业精神与团队合作精神，优秀的沟通、协调能力，有较好的人际关系网或营销互联网，能与公司各部门人员处理好关系； 3. 有独立解决问题的能力
工作经历要求	1. 5 年以上的市场营销或相关企业管理经验； 2. 3 年以上的企业营销经理工作经验
生理素质要求	1. 年龄要求：28 岁以上、45 岁以下； 2. 身体素质良好、没有传染病、五官端正
心理素质要求	1. 能力素质：智力水平正常，有较强的观察、应变思维和交际能力，富有创造力； 2. 动机素质：有正确的价值观，对市场营销有强烈的兴趣； 3. 人格素质：稳重，有较强责任心，市场开拓能力强，能承受工作压力并经常出差

表 8-11　财务部经理职位说明书

职位描述				
标识	岗位名称	财务部经理	所属部门	财务部
关系	直接上级	副总经理	直接下属	主管会计、出纳
	内协	1. 协助副总经理的部分工作； 2. 协助公司其它部门人员的工作，保持良好的工作关系		
	外联	保持对外同行业的联系，维护公司对外的形象		
岗位发展	副总经理			
劳动资料	电脑、电话机、办公桌、椅、文件夹等			
劳动条件	室内作业，有空调，室温恒定，采光充足，环境舒适			
劳动强度	多采用坐姿工作，无特别生理或心理紧张，8 小时/天，周末休息			
工作任务和职责	1. 全面负责组织公司财务会计核算与管理工作； 2. 组织编制公司年度预算及负责公司整体资金营运工作； 3. 落实公司的目标任务和具体工作，协调、配合与各方关系，确保政令畅通和部门工作的正常开展； 4. 负责起草、制订公司各项财务管理规定； 5. 收集、处理信息和提出建议，为总经理室经营管理、成本管理的决策提供科学的依据； 6. 负责公司的全年预算的制定及预算执行情况的报告； 7. 负责定期进行公司财务情况的分析； 8. 管理和控制本部门活动经费； 9. 合理安排资金，发挥资金的最大效益，以降低财务风险； 10. 做好各种资金收支活动的检查、监督工作，以保证公司资金的安全； 11. 制定成本控制制度及参与拟定相关经济责任目标； 12. 搞好会计队伍的建设及营造良好的内、外部经营环境； 13. 参与公司重大经营决策及资本营运工作； 14. 组织工程项目的预决算工作； 15. 对本部门员工的工作情况进行检查、监督和考核； 16. 负责保守公司财务秘密； 17. 完成上司布置的其他工作			
权限	1. 建议权：对公司重大财务决策有建议权； 2. 处罚权：对本部门员工的有损公司利益的行为有处罚权； 3. 经费使用权：支配本部门活动经费 20 000 元； 4. 部门管理权：对财务部所属员工及各项业务工作有管理权			

续表

任职资格	
职业道德要求	坚持原则，廉洁奉公，有良好的职业道德，遵守职业相关的纪律和要求
知识要求	1. 学历要求：财务管理专业大专及以上，有会计中级职称； 2. 基础知识：熟悉税法、会计法规及经济法规，熟练操作财务办公软件； 3. 专业知识：熟悉财务管理、资产评估、资本运营、成本会计、税法、经济法、审计、会计、会计电算化等，熟练掌握财务会计制度、税务条例、资金往来操作、预算管理、成本管理及内部控制管理； 4. 背景知识：熟悉房地产有关的行业知识，有一定的人文、社科知识
技能要求	1. 做事：对财务管理事务性的工作有娴熟的处理技巧，熟悉财务、业务流程； 2. 做人：善于沟通，待人公平，能与公司各部门人员处理好关系，富有团队精神； 3. 具备独立解决公司财务方面重大问题的能力
工作经历要求	1. 5 年以上的财务管理或资本运营经验； 2. 3 年以上的企业财务管理经理工作经验
生理素质要求	1. 年龄要求：28 岁以上、45 岁以下； 2. 身体素质良好、没有传染病、五官端正
心理素质要求	1. 能力素质：智力水平正常，有较强的观察、应变思维和交际能力，富有创造力； 2. 动力素质：有正确的价值观，对财务管理类工作有强烈的兴趣； 3. 人格素质：稳重，责任心较强，坚持原则，廉洁奉公，正直，细心

表 8-12　主管会计职位说明书

职位描述				
标识	岗位名称	主管会计	所属部门	财务部
关系	直接上级	财务部部经理	直接下属	审计
	内协	1 协助财务部经理做好部分相关工作； 2. 协助公司其他部门人员的工作，保持良好的工作关系		
	外联	保持对外同行业的联系，维护公司对外的形象		
岗位发展	财务部经理			
劳动资料	电脑、电话机、办公桌、椅、文件夹等			
劳动条件	室内作业，有空调，室温恒定，采光充足，环境舒适			
劳动强度	多采用坐姿工作，无特别生理或心理紧张，8 小时/天，周末休息			

续表

<table>
<tr><td colspan="2">职位描述</td></tr>
<tr><td>工作任务和职责</td><td>1. 会计核算（凭证、账、报、表）；
2. 财务状况、经营成果分析；
3. 拟定月度收支计划及考核执行情况；
4. 进行会计电算化；
5. 税务衔接、申报、交纳；
6. 费用审核、报销；
7. 出纳账务及权证发放稽核；
8. 二级单位会计核算；
9. 统计报表及统计、建设、财政衔接；
10. 会计资料整理归档；
11. 会计档案管理；
12. 完成其他临时工作</td></tr>
<tr><td>权 限</td><td>1. 举报权：对不正常财务现象有举报权，监督权；
2. 处罚权：对本部门下属员工有损公司利益的行为有处罚权</td></tr>
<tr><td colspan="2">任职资格</td></tr>
<tr><td>职业道德要求</td><td>坚持原则，廉洁奉公，有良好的职业道德，遵守职业相关的纪律和要求</td></tr>
<tr><td>知识要求</td><td>1. 学历要求：大专及以上；
2. 基础知识：了解相关法律、法规，熟练操作财务办公软件；
3. 专业知识：熟悉财务管理、资产评估、资本运营、审计、会计、会计电算化等；
4. 背景知识：熟悉房地产有关的行业知识，有一定的人文、社科知识基础</td></tr>
<tr><td>技能要求</td><td>1. 做事：能运用市场营销各方面的知识完成各项工作任务；
2. 做人：具有较强的人际交往和沟通技巧，能与公司各部门人员处理好关系；
3. 有独立解决问题的能力</td></tr>
<tr><td>工作经历要求</td><td>1. 3 年以上的会计或财务管理类经验；
2. 2 年以上的企业会计主管工作经验</td></tr>
<tr><td>生理素质要求</td><td>1. 年龄要求：20 岁以上、35 岁以下；
2. 身体素质良好、没有传染病、五官端正</td></tr>
<tr><td>心理素质要求</td><td>1. 能力素质：智力水平正常，协调、沟通能力强，有较强的观察、应变思维和交际能力，富有创造力；
2. 动力素质：有正确的价值观，对财务管理类工作有强烈的兴趣；
3. 人格素质：稳重，有较强责任心，坚持原则，廉洁奉公，正直，细心</td></tr>
</table>

表 8-13　出纳职位说明书

<table>
<tr><td colspan="5">职位描述</td></tr>
<tr><td>标识</td><td>岗位名称</td><td>出纳</td><td>所属部门</td><td>财务部</td></tr>
<tr><td rowspan="3">关系</td><td>直接上级</td><td colspan="3">财务部部经理</td></tr>
<tr><td>内协</td><td colspan="3">1. 协助财务部经理做好部分相关工作；
2. 协助公司其他部门人员的工作，保持良好的工作关系</td></tr>
<tr><td>外联</td><td colspan="3">保持对外同行业的联系，维护公司对外的形象</td></tr>
<tr><td>岗位发展</td><td colspan="4">财务部经理</td></tr>
<tr><td>劳动资料</td><td colspan="4">电脑、电话机、办公桌、椅、文件夹等</td></tr>
<tr><td>劳动条件</td><td colspan="4">室内作业，有空调，室温恒定，采光充足，环境舒适</td></tr>
<tr><td>劳动强度</td><td colspan="4">多采用坐姿工作，无特别生理或心理紧张，8 小时/天，周末休息</td></tr>
<tr><td>工作任务和职责</td><td colspan="4">1. 现金收付审核及管理；
2. 银行账务核算及电算化核算；
3. 销售统计（数量、价格、欠款、合同、产权）月周销售及资金分析报告；
4. 编制现金日、周、月报；
5. 支票及相关票据的管理；
6. 银行结算及工作衔接；
7. 对不正常现象及时提出建议；
8. 资料整理归档；
9. 其他临时工作</td></tr>
<tr><td>权 限</td><td colspan="4">举报权：对不正常现象及时举报</td></tr>
<tr><td colspan="5">任职资格</td></tr>
<tr><td>职业道德要求</td><td colspan="4">坚持原则，廉洁奉公，有良好的职业道德，遵守职业相关的纪律和要求</td></tr>
<tr><td>知识要求</td><td colspan="4">1. 学历要求：财务管理或会计专业大专及以上；
2. 基础知识：了解税法、合同法等相关法律、法规，熟练操作财务办公软件；
3. 专业知识：熟悉财务管理、资产评估、资本运营、审计、会计、会计电算化等；
4. 背景知识：熟悉房地产有关的行业知识，有一定的人文、社科知识基础</td></tr>
<tr><td>技能要求</td><td colspan="4">1. 做事：能运用市场营销各方面的知识完成各项工作任务；
2. 做人：具有较强的人际交往和沟通技巧，能与公司各部门人员处理好关系；
3. 有独立解决问题的能力</td></tr>
<tr><td>工作经历要求</td><td colspan="4">1 年以上的企业出纳工作经验</td></tr>
<tr><td>生理素质要求</td><td colspan="4">1. 年龄要求：20 岁以上、26 岁以下；
2. 身体素质良好、没有传染病、五官端正</td></tr>
</table>

续表

任职资格	
心理素质要求	1. 能力素质：智力水平正常，协调、沟通能力强，有较强的观察、应变思维和交际能力，富有创造力； 2. 动力素质：有正确的价值观，对财务管理类工作有强烈的兴趣； 3. 人格素质：稳重，有较强责任心，坚持原则，廉洁奉公，正直，细心

表 8-14　项目部技术主管职位说明书

职位描述				
标识	岗位名称	项目部技术主管	所属部门	项目部
关系	直接上级	项目部副经理		
	内协	1. 协助项目部经理的部分工作； 2. 协助公司其他部门人员的工作，保持良好的工作关系		
	外联	保持与同行业的联系，维护公司的形象		
岗位发展	项目部副经理			
劳动资料	电脑、电话机、办公桌、椅、文件夹等			
劳动条件	室内作业，有空调，室温恒定，采光充足，环境舒适			
劳动强度	多采用坐姿工作，无特别生理或心理紧张，8 小时/天，周末休息			
工作任务和职责	1. 负责工程技术管理工作，对工程技术和质量承担主要责任； 2. 负责与项目设计单位、施工图设计单位、地质勘察单位的衔接工作； 3. 参与工程评估与规划、设计、施工图的会审； 4. 参与工程质量抽查及技术监督管理工作； 5. 负责工程给排水、强弱电及市政管线配套设施协调工作； 6. 负责室外环艺工程质量监控工作； 7. 负责推广、运用新材料，提高工程科技含量； 8. 负责工程项目技术资料收集，整理归档报送； 9. 参与工程竣工验收，工程决算审查工作； 10. 负责工程材料的送检抽查工作； 11. 负责项目部内部业务管理工作； 12. 完成领导交办的其他工作			
权限	建议权：对工程建设过程中问题有建议权			
任职资格				
职业道德要求	有良好的职业道德，遵守职业相关的纪律和要求			

续表

任职资格	
知识要求	1. 学历要求：工程管理或相关专业大专及以上； 2. 基础知识：了解相关法律、法规，熟练操作工程制图相关软件； 3. 专业知识：熟悉工程力学、建筑结构、系统工程、运筹学、工程施工、施工组织学、定额原理、工程预算、工程造价管理、工程项目管理等； 4. 背景知识：熟悉房地产有关的行业知识，有一定的人文、社科知识
技能要求	1. 做事：能运用项目管理和工程管理各方面的知识完成各项工作任务； 2. 做人：具有较强的人际交往和沟通技巧，能与公司各部门人员处理好工作关系； 3. 有独立解决问题的能力
工作经历要求	1. 3 年以上的项目管理、工程管理类经验； 2. 2 年以上的项目经理工作经验
生理素质要求	1. 年龄要求：28 岁以上、45 岁以下； 2. 身体素质良好、没有传染病、五官端正
心理素质要求	1. 能力素质：智力水平正常，协调、沟通能力强，有较强的观察、应变思维和交际能力，富有创造力； 2. 动力素质：有正确的价值观，对项目管理类工作有强烈的兴趣； 3. 人格素质：情绪稳定，有较强责任心，正直，细心，具有灵活性

表 8-15　招商主管职位说明书

职位描述				
标识	岗位名称	招商主管	所属部门	营销中心
关系	直接上级	销售部经理	直接下属	招商员
	内协	1. 协助营销中心主任做好部分相关工作； 2. 协助公司其他部门人员的工作，保持良好的工作关系		
	外联	1. 保持联系和维持公司的新老客户； 2. 保持对外同行业的联系，维护公司对外的形象		
岗位发展	销售部经理			
劳动资料	电脑、电话机、办公桌、椅、文件夹等			
劳动条件	室内作业，有空调，室温恒定，采光充足，环境舒适			
劳动强度	多采用坐姿工作，无特别生理或心理紧张，8 小时/天，周末休息			

续表

<table>
<tr><td colspan="2">职位描述</td></tr>
<tr><td>工作任务和职责</td><td>1. 制订公司的招商计划，并监督实施；
2. 每日向领导汇报当日工作情况；
3. 负责招商部日常事务性工作；
4. 负责督促客户工作进展；
5. 负责客户信息资源的开发及资料管理；
6. 负责对外关系的建立和维护；
7. 年终汇总全年招商引资项目，总结年度招商引资任务完成情况；
8. 确认年度招商引资受奖单位，核算奖励金额；
9. 组织评选年度招商引资先进单位和先进个人；
10. 完成上级领导下达的各项工作</td></tr>
<tr><td>权限</td><td>建议权：对客户资源管理工作有建议权</td></tr>
<tr><td colspan="2">任职资格</td></tr>
<tr><td>职业道德要求</td><td>有良好的职业道德，遵守职业相关的纪律和要求</td></tr>
<tr><td>知识要求</td><td>1. 学历要求：市场营销或相关专业大专及以上；
2. 基础知识：了解合同法、广告法等相关法律、法规，熟练操作办公软件，较好的中文听、说、读、写能力；
3. 专业知识：熟悉市场营销学、消费心理和行为学、招商管理、商务礼仪、商务谈判、策划学、公共关系学等；
4. 背景知识：熟悉房地产有关的行业知识，有一定的人文、社科知识</td></tr>
<tr><td>技能要求</td><td>1. 做事：能运用市场营销及招商方面的知识完成各项工作任务；
2. 做人：具有较强的人际交往和沟通技巧，能与公司各部门人员处理好关系；
3. 具备独立解决工作问题的能力</td></tr>
<tr><td>工作经历要求</td><td>1. 2 年以上的招商或市场营销经验；
2. 1 年以上的招商主管工作经验</td></tr>
<tr><td>生理素质要求</td><td>1. 年龄要求：20 岁以上、35 岁以下；
2. 身体素质良好、没有传染病、五官端正</td></tr>
<tr><td>心理素质要求</td><td>1. 能力素质：智力水平正常，协调、沟通能力强，有较强的观察、应变思维和交际能力，富有创造力；
2. 动力素质：有正确的价值观，对市场营销和招商类工作有强烈的兴趣；
3. 人格素质：情绪稳定，有较强责任心，正直，虚心，具有灵活性</td></tr>
</table>

表 8-16 工程预（决）算员职位说明书

<table>
<tr><td colspan="5">职位描述</td></tr>
<tr><td>标识</td><td>岗位名称</td><td>工程预（决）算</td><td>所属部门</td><td>项目部</td></tr>
<tr><td rowspan="3">关系</td><td>直接上级</td><td colspan="3">项目部副经理</td></tr>
<tr><td>内协</td><td colspan="3">1. 协助项目部经理的部分工作；
2. 协助公司其他部门人员的工作，保持良好的工作关系</td></tr>
<tr><td>外联</td><td colspan="3">保持与同行业的联系，维护公司的形象</td></tr>
<tr><td>岗位发展</td><td colspan="4">项目部副经理</td></tr>
<tr><td>劳动资料</td><td colspan="4">电脑、电话机、办公桌、椅、文件夹等</td></tr>
<tr><td>劳动条件</td><td colspan="4">室内作业，有空调，室温恒定，采光充足，环境舒适</td></tr>
<tr><td>劳动强度</td><td colspan="4">多采用坐姿工作，无特别生理或心理紧张，8 小时/天，周末休息</td></tr>
<tr><td>工作任务和职责</td><td colspan="4">1. 负责编（审）工程预（结）算书；
2. 参与图纸会审及工程招投标；
3. 负责收集造价住处，工程造价法规等相关资料；
4. 参与变更及签证工作；
5. 负责收集整理工程相关结算资料；
6. 负责办理相关工程付款手续、协助财务办理工程竣工结算工作；
7. 负责整理工程竣工结算资料存档；
8. 负责对工程费用进行经济分析总结；
9. 负责与公司其他部门的业务联系；
10. 完成领导交办的其他工作</td></tr>
<tr><td>权限</td><td colspan="4">建议权：对工程建设过程中的问题有建议权</td></tr>
<tr><td colspan="5">任职资格</td></tr>
<tr><td>职业道德要求</td><td colspan="4">有良好的职业道德，遵守职业相关的纪律和要求</td></tr>
<tr><td>知识要求</td><td colspan="4">1. 学历要求：工程管理或相关专业大专及以上；
2. 基础知识：了解相关法律、法规，熟练操作工程制图相关软件；
3. 专业知识：熟悉工程力学、建筑结构、系统工程、运筹学、工程施工、施工组织学、定额原理、工程预算、工程造价管理、工程项目管理等；
4. 背景知识：熟悉房地产有关的行业知识，有一定的人文、社科知识</td></tr>
<tr><td>技能要求</td><td colspan="4">1. 做事：能运用项目管理和工程管理各方面的知识完成各项工作任务；
2. 做人：具有较强的人际交往和沟通技巧，能与公司各部门人员处理好工作关系；
3. 有独立解决问题的能力</td></tr>
</table>

续表

任职资格	
工作经历要求	1. 3 年以上的项目管理、工程管理类经验； 2. 2 年以上的项目经理工作经验
生理素质要求	1. 年龄要求：28 岁以上、45 岁以下； 2. 身体素质良好、没有传染病、五官端正
心理素质要求	1. 能力素质：智力水平正常，协调、沟通能力强，有较强的观察、应变思维和交际能力，富有创造力； 2. 动力素质：有正确的价值观，对项目管理类工作有强烈的兴趣； 3. 人格素质：情绪稳定、有较强责任心、正直、细心，具有灵活性

表 8-17 销售专员职位说明书

职位描述				
标识	岗位名称	销售专员	所属部门	营销中心
关系	直接上级	销售主管		
	内 协	1. 协助营销中心主任做好部分相关工作； 2. 协助公司其他部门人员的工作，保持良好的工作关系		
	外联	1. 联系和维持公司的新老客户； 2. 保持对外同行业的联系，维护公司对外的形象		
岗位发展	销售主管			
劳动资料	电脑、电话机、办公桌、椅、文件夹等			
劳动条件	室内作业，有空调，室温恒定，采光充足，环境舒适			
劳动强度	多采用坐姿工作，无特别生理或心理紧张，8 小时/天，周末休息			
工作任务和职责	1. 开展客户接待、客户服务工作； 2. 努力完成各阶段销售任务； 3. 做好客户跟踪及后续工作； 4. 负责客户现场洽谈、签约、贷款资料的收集工作； 5. 协助客户交款及催款工作； 6. 做好来电、来访登记工作； 7. 进行市场调研工作并及时掌握市场信息进行反馈； 8. 参加公司组织的各项培训和学习； 9. 开展售后服务工作； 10. 做好客户的接待和项目介绍的工作； 11. 接受销售部门的各项培训； 12. 完成维护客户的工作； 13. 完成上级交付的其他工作			

续表

职位描述	
权限	建议权：对公司的销售工作和客户管理有建议权
任职资格	
职业道德要求	有良好的职业道德，遵守职业相关的纪律和要求
知识要求	1. 学历要求：市场营销专业大专及以上； 2. 基础知识：了解合同法、广告法等相关法律、法规，熟练操作办公软件，较好的中文听、说、读、写能力； 3. 专业知识：熟悉市场营销学、消费心理和行为学、推销学、服务营销、商务礼仪、商务谈判、策划学、公共关系学等； 4. 背景知识：熟悉房地产有关的行业知识，有一定的人文、社科知识
技能要求	1. 做事：对销售工作有娴熟的处理技巧，熟悉营销工作流程； 2. 做人：具备优良的敬业精神与团队合作精神，优秀的沟通、协调能力，有较好的人际关系网或营销互联网，能与公司各部门人员处理好关系； 3. 有独立解决销售问题的能力
工作经历要求	1 年以上的推销工作经验
生理素质要求	1. 年龄要求：20 岁以上、26 岁以下； 2. 身体素质良好、没有传染病、五官端正
心理素质要求	1. 能力素质：智力水平正常，协调、沟通能力强，有较强的观察、应变思维和交际能力，富有创造力； 2. 动力素质：有正确的价值观，对市场营销和推销类工作有强烈的兴趣； 3. 人格素质：情绪稳定，有较强责任心，正直，细心，具有灵活性

表 8-18　车辆管理员职位说明书

职位描述				
标识	岗位名称	车辆管理员	所属部门	人事行政部
关系	直接上级	行政主管		
	内 协	1. 协助完成人事行政部经理交办的工作； 2. 协助公司领导做好相关工作，保持良好的工作关系		
	外联	保持对外同行业的联系，维护公司形象		
岗位发展	行政主管			
劳动资料	电脑、电话机、办公桌、椅、文件夹等			
劳动条件	室内作业，有空调，室温恒定，采光充足，环境舒适			
劳动强度	多采用坐姿工作，无特别生理或心理紧张，8 小时/天，周末休息			

续表

职位描述	
工作任务和职责	1. 保证公司公务的及时出车； 2. 负责公司车辆的保养及故障维修； 3. 填写运行记录及维修等费用报表； 4. 购买车辆保险及办理车损理赔； 5. 负责车辆的年审、年检工作； 6. 根据车况，合理调度车辆； 7. 完成人事行政部经理交办的其他工作
权 限	建议权：最公司车辆的保养和维修有建议权
任职资格	
职业道德要求	有良好的职业道德，遵守职业相关的纪律和要求
知识要求	1. 学历要求：中学以上； 2. 基础知识：了解交通法等相关的法律，法规； 3. 专业知识：熟悉机动车驾驶，车辆保养和维修等知识； 4. 背景知识：熟悉房地产有关的行业知识，有一定的人文、社科知识
技能要求	有较强的车辆驾驶和维修技术
工作经历要求	5 年以上的驾驶员员工作经验
生理素质要求	1. 年龄要求：25 岁以上，48 岁以下； 2. 身体素质良好、没有传染病、五官端正
心理素质要求	1. 能力素质：智力水平正常，有一定的沟通能力； 2. 动力素质：有正确的价值观，对驾驶有强烈的兴趣； 3. 人格素质：为人忠实可靠，保守秘密，有较强责任心，细心，有灵活性

第四节　薪酬市场调查

一、实验目的

- 通过实验，掌握薪酬调查的基本流程
- 掌握薪酬调查的相关知识，提高应用能力
- 能设计编写薪酬调查问卷
- 通过薪酬调查，了解企业所在的劳动力市场薪酬水平以及企业的外部竞争力，为企业薪酬体系的制定提供依据

二、理论知识要点

（一）薪酬调查的内涵

1. 薪酬调查概念

企业通过搜集信息来判断其他企业所支付的薪酬状况的系统过程，这种调查可以帮助企业做出薪酬水平以及支付决策。

2. 薪酬调查分类

（1）根据薪酬调查的主体，可以分为：政府、行业协会、专业咨询公司、企业本身的薪酬市场调查。

（2）根据调查方式可以分为正式薪酬市场调查和非正式薪酬市场调查。

（3）根据调查的组织者可以分为商业性、专业性、政府主导的薪酬市场调查。

3. 薪酬调查的目的

薪酬调查的目的有：①检查企业薪酬现状的合理性；②确定合理的薪酬水平；③确定合理的薪酬结构；④估计竞争对手的劳动力成本；⑤ 了解其他企业薪酬管理实践的最新发展和变化趋势。

（二）薪酬调查流程

1. 确定调查目的，制订调查计划

在进行薪酬调查之前，应当首先弄清楚调查的目的和调查结果的用途，然后开始制订调查计划。一般而言，调查的结果可以为以下工作提供参考和依据：调整薪酬水平，改善薪酬结构，作为同业间的薪酬竞争策略等。

2. 明确调查范围

根据薪酬调查目的，接下来要明确调查的范围。调查范围主要包含三个维度：一是地理维度，二是组织维度，三是职位维度。在具体操作时，一般先明确调查的职位有哪些，然后再确定不同职位类别在地理范围和目标企业的交叉。调查的企业数目可根据行业特点和企业具体需求进行调整，但是为了获得准确的调查结果，企业数目一般不少于五家。

界定相关劳动力市场。要确定薪酬水平、薪酬结构或者评估竞争对手的劳动成本，相关劳动力市场应界定为与本企业竞争员工的其他企业。薪酬调查只能包括部分代表性企业，主要有以下几类：与本企业竞争从事相同职业或具有同样技术员工的企业；与本企业在同一地域范围内竞争员工的企业；与本企业竞争同类产品或服务的企业。

选择被调查的公司。应考虑以下几点：①薪酬制度类似，被选中的公司应具备与调查公司相同的职位评价制度；②行业因素，如果可能，被选中的公司应与调查公司在相同行业中；③企业规模因素，需要体现出企业规模差异；④被调查公司的数量，没有确定的数字，采取领先型薪酬策略的大企业一般仅与几个（6~10个）支付高薪酬的竞争对手交换数据，小型企业一般仅调查小规模的竞争对手，咨询公司进行的全国性调查一般会超过100家企业。

选择被调查的职位。由于获得一个组织中全部工作的资料往往难以办到，所以通常只调查一些基准职位，基准职位能够代表其所属的工作职系，是大部分参加工作调查的企业都有的且相对稳定的，有详细的描述和界定，可以反映整个薪酬水平。

3. 决定要收集的信息

信息的采集取决于调查的目的和调查中所包括的职位或技术。通常情况下，薪酬调查应该包括企业本身的一些信息和相应职位的薪酬信息，其中薪酬信息包括：①基本薪酬及其结构；②年度奖金和其他年度现金支付；③股票期权或股票计划等长期激励计划；④各种补充福利计划；⑤薪酬政策等方面的信息。

4. 决定薪酬调查方式

一般而言，薪酬调查主要有三种调查方式，包括自行调查、外包给其他机构调查以及企业间的合作调查。相比而言，自行调查更具针对性，但由于缺乏专业调查人员及所需数据，自行调查结果难以让人满意。委托专门的薪酬调查公司能够节省人力成本，但花费较高且调查结果不一定与组织目标相符。合作调查能共享企业间信息，但由于企业间相互竞争的关系，往往难以达成良好的合作。

自己在进行薪酬调查的过程中，可以采用电话采访、邮寄问卷、集体访谈、派出调查、问卷星电子问卷等调查方式。由于各种调查方法各有不同的优缺点，通常情况下，调查者会根据具体情况选择取舍有效问卷和调查结果。

5. 组织并实施调查

如果选择自行调查或企业合作，则需首先设计薪酬调查问卷或访谈提纲，然后着手实施调查，获取调查数据。

如果是自行调查，则需要设计调查问卷并进行试测。在问卷设计完成后，先做一次内部测试，调查者可以将自己的数据试着填写一遍，或者请不参与调查的其他企业试着填写一遍，以发现需要改进的问题。

在实施调查的过程中，调查者还需要与被调查者保持联系，以确保有足够的问卷能够得到回收。

6. 核查与分析数据

核查数据要做的是对每一份调查问卷的内容作逐项的分析，以判断每一个数据是否存在可疑之处。对于发现的疑点，需要给接受调查的公司打电话来询问和核对数据。

数据分析方法一般包括：频度分析法、趋中趋势分析法、离散分析法和回归分析法。在进行完调查之后，要对收集到的数据进行整理和分析。在整理中要注意将不同职位和不同调查内容的信息进行分类，并且在整理的过程中要注意识别是否有错误的信息。最后，根据调查结果，形成薪酬调查报告。

频度分析法是指将得到的薪酬数据排序，然后看落入某一个薪酬范围内的公司的数目。这是最简单也最直观的分析方法，一般会使用直方图显示结果。

趋中趋势分析法可以进一步细化为简单平均数、加权平均数、中值等几种数据分析方法。

离散分析法一般情况会有两种：标准差分析和百分位四分位分析。利用标准差分析可以检验各个分布值与平均值之间的差距大小，但是在薪酬数据分析中并不常用。常用的是百分位分析和四分位分析。百分位所代表的有多少公司薪酬水平低于该百分位上的公司的薪酬水平。如某企业的薪酬水平处于市场的第 75 个百分位上，意味着有 75%的公司薪酬水平比其低，只有 25%的公司薪酬水平高于该企业。在百分位分析中，第 50 个百分位是中间值。四分位与百分位类似，只不过将全部薪酬水平由低到高分为四组，每组数量是调查数量的 1/4。

回归分析法，用来测试两个或者多个变量之间的相关关系，然后利用其中一个变量的值来预测另一个变量的值，变量之间的相关关系越接近于 1.0，则变量之间的相关关系就越强。

（三）设计薪酬调查问卷的注意事项

设计薪酬调查问卷的一些技巧包括：确保调查问卷易读、易懂、易回答；将问题和每一页纸都标上页码；以有利于将来做数据分析的方式来组织数据的搜集格式；为回答者留出足够的书写空间；每一个问题只提问一个信息；在问卷结尾留下一个开放式问题；在关键字句下加横线或者是加黑；提供调查者的联系方式以便被调查者有问题的时候可以联系；如果调查会再次进行，则可以请求被调查者对调查的内容和方式等提出意见和建议，以便下次调查时进一步改善。

三、实验内容

- 根据案例材料，编制薪酬调查问卷设计与薪酬调查方案

依据案例 8-1，针对人员流失的现象，公司综合管理部门受总经理安排，进行了员工访谈与问卷调查，大家普遍反映人员流失和公司薪酬水平设计不合理有极大关系。主要问题表现在公司工资水平没有外部竞争性，和区内同行业其他大公司相比没有优势；另外公司过于注重市场销售员工的薪酬激励，同样岗位层级的市场人员工资明显高于技术部门员工薪酬，内部公平性欠缺；最重要的是公司的绩效指标设计和绩效考核流于形式，员工看不到自己努力工作的薪酬变化。

X公司决定进行薪酬调整，在进行内部薪酬设计的同时要做的就是薪酬市场调查，看一下同行业其他公司的薪酬水平和构成情况，以此作为确定员工薪酬的依据。现在假设实验小组是公司综合管理部门的薪酬设计人员，请根据目前的薪酬问题和拟解决重点，设计薪酬调查问卷与薪酬调查实施方案。

四、实验准备

- 能够进行成员沟通研讨的空间
- 用于研讨交流的设备，如电脑、投影及其他办公用品
- 方便查阅资料的网络设备或者图书资料
- 本公司员工的薪酬调查分析结果，职位说明书等内部资料
- 其他临时需要的实验器具

五、实验组织方法及步骤

- 按照规定熟悉实验内容与实验要求
- 组建薪酬调查实验小组，并进行分工，每组3~5人为宜
- 按照薪酬调查流程进行实验，明确调查目的，讨论需要调查的区域范围及目标企业，讨论并设计薪酬调查问卷与调查实施方案
- 各小组进行交流展示，辅以组内互评、组间互评和小组自评
- 各小组总结并编撰实验报告

六、实验思考与作业

- 薪酬调查主要目的是什么
- 薪酬市场调查有哪些步骤？每个过程中需要注意什么
- 根据上述案例，给出薪酬市场调查的方案，并选择合适的调查方法，给出具体建议，解决公司薪酬外部竞争性的问题

七、范例

可以设计如表8-19进行信息收集。

表8-19　薪酬调查数据分析清单

公司代码	职位名称	工作报告对象	下属人数	正规薪酬浮动范围			基本薪酬（元/月）	奖金	
				最低（元/月）	中间值（元/月）	最高（元/月）		数量（元/月）	目标（%）

续表

公司代码	职位名称	工作报告对象	下属人数	正规薪酬浮动范围			基本薪酬（元/月）	奖金	
				最低（元/月）	中间值（元/月）	最高（元/月）		数量（元/月）	目标（%）

第五节 薪酬结构设计

一、实验目的

• 通过本实验，掌握基本薪酬设计的相关知识，了解薪酬结构设计的重点内容和基本流程

• 提高应用能力，能够为企业建立基本薪酬结构

二、理论知识要点

（一）薪酬结构概述

1. 薪酬结构内涵

薪酬结构是指对同一组织内部的不同职位或者是技能之间的工资率所做的安排。它所要强调的是职位或者技能等级的数量、不同职位或者技能等级之间的薪酬差距以及用来确定这种差距的标准。薪酬结构决策是在内部一致性和外部竞争性之间进行平衡的结果。内部一致性既要考虑水平一致性（部门之间）又要考虑垂直一致性（部门内部）。

2. 薪酬结构的内容

一个完整的薪酬结构应该包括以下三项内容：①薪酬等级的数量；②同一薪酬等级内部的薪酬变动范围；③相邻两个薪酬等级之间的交叉与重叠关系。

典型的薪酬结构如图 8-7 所示。

3. 与薪酬结构相关的重要决策

（1）薪酬变动范围与薪酬变动比率。薪酬变动范围是指在某一薪酬等级内部允许薪酬变动的最大幅度。薪酬变动比率是指同一薪酬等级内部的最高值和最低值之差与最低值的比率。薪酬变动比率的大小取决于特定职位所需的技能水平等综合因素。

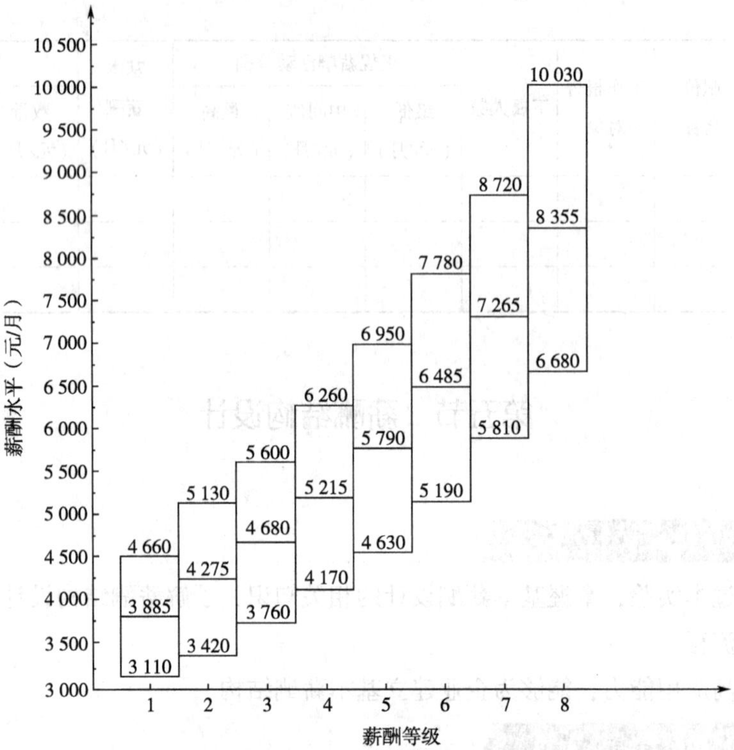

图 8-7 薪酬等级示意图

（2）薪酬区间中值与薪酬区间渗透度。薪酬区间中值通常代表了该薪酬等级中的职位在外部劳动力市场上的平均薪酬水平。薪酬比较比率，表示员工实际获得的基本薪酬与相应薪酬等级的中值或者是中值与市场平均薪酬水平之间的关系。薪酬区间渗透度，反映一位特定的员工在其所在薪酬区间中的相对地位。

（3）相邻薪酬等级之间的交叉与重叠。薪酬等级之间的区间交叉与重叠程度取决于两个要素：一是薪酬等级内部的区间变动比率，二是薪酬等级的区间中值之间的级差。

（二）薪酬结构确定流程

第一，了解薪酬策略等条件。组织薪酬策略的制定要与组织总体战略目标和实际情况相符。薪酬策略包括薪酬目标、薪酬制定原则、薪酬组合及薪酬框架等。

第二，通观被评价职位的点值情况，根据职位评价点数对职位进行排序。这一步骤的目的在于从整体上观察一下通过计点法得到的被评价职位的点值情况，查看有没有明显有出入的点值。对于明显不合理的点数，需要予以调整。

第三，根据职位的评价点数确定职位等级的数量及其点数变动范围。在划分职位等级时，不仅要考虑典型职位的情况，还要考虑非典型职位的情况。最终划定的等级数量不仅依赖企业中的职位数量和职位之间的差异大小，而且受企业的报酬哲学和管理理念的影响。这一步可以采用以下四种方法来进行不同职位等级内部的点数区间划分：①恒定的绝对级差方式；②变动的绝对级差方式；③恒定的差异比率；④变动的差异比率（递增）。由于前两种方法，往往会出现随着职位等级的升高，相邻两个职位等级的最大点数之间的差异比率会变小，与职位对企业的贡献的差异不符。所以在管理实践中，应采用后两种方法。

第四，将职位等级划分、职位评价点数与市场薪酬调查数据结合起来，拟合后得到一条能够体现不同职位等级的薪资趋势线。

第五，将各职位等级中点的点数代入薪资趋势线中，得到各职位等级中点所对应的薪资（即薪资区间中值）。

第六，考察薪资区间中值与市场水平的比较比率，对问题职位的区间中值进行调整。理想的薪资结构应该体现两方面的关系：一方面是所评价职位之间的关系，另一方面是推导出的职位所对应的薪酬区间中值与外部市场薪酬之间的关系。通常，比较比率减去 100%之后结果在 10%以内是可以接受的，如果超出这个范围，可以考虑调整。

第七，根据确定的各薪资等级的区间中值建立薪酬结构。考虑各薪资等级内部各种职位的价值差异大小及相应的外部市场薪资水平，确定各个薪酬区间的变动比率，就可以建立起一个薪酬结构。

具体流程如下图 8-8 所示。

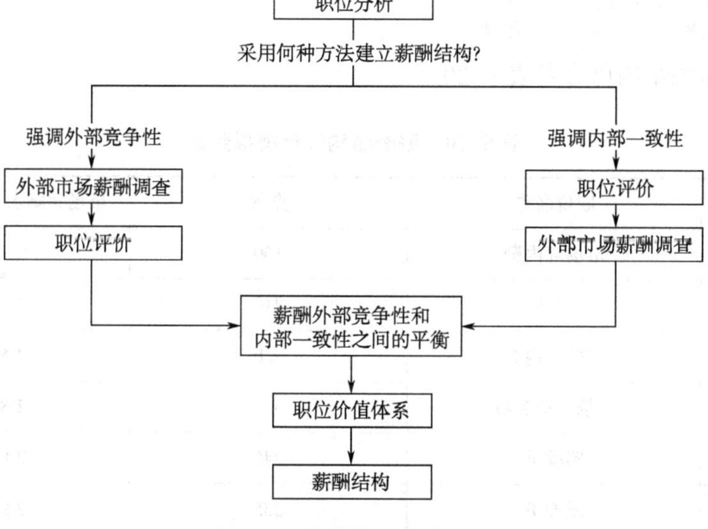

图 8-8　薪酬结构确定流程

三、实验内容

- 依据本章第二节X公司的案例资料，根据范例中各职位的职位评价点数和薪酬调查数值，为该公司设计薪酬结构，了解设计的原理和流程

四、实验准备

- 能够进行成员沟通研讨的空间
- 用于研讨交流的设备，如电脑、投影及其他办公用品
- 方便查阅资料的网络设备或者图书资料
- 公司员工的岗位评价和薪酬调查分析结果等内部资料
- 其他临时需要的实验器具

五、实验组织方法及步骤

- 按照规定熟悉实验内容与实验要求
- 组建薪酬结构设计实验小组，并进行分工，每组3~5人为宜
- 按照薪酬结构设计流程进行实验，明确设计薪酬结构的目的，讨论需要设计的结构数量与设计方案
- 各小组进行交流展示，辅以组内互评、组间互评和小组自评
- 各小组总结并编撰实验报告

六、实验思考与作业

- 薪酬结构设计的主要流程是什么
- 完整的薪酬结构包括的主要内容是什么

七、范例

设计薪酬结构可参考表8-20。

表8-20　薪酬结构设计模拟数据

顺序	职位名称	点数	市场薪酬水平（元/月）
1	市场部内勤	160	2 100
2	出纳	210	2 300
3	实验室内勤	260	2 530
4	市场部业务员	335	2 800
5	实验员	345	2 800
6	质控员	355	2 930

续表

顺序	职位名称	点数	市场薪酬水平（元/月）
7	综合管理部经理	370	3 050
8	财务部经理	405	3 420
9	实验室主任	425	3 660
10	质控部部长	450	4 000
11	外验室主任	545	5 400
12	技术部部长	550	5 800
13	市场部经理	565	6 200

第九章　员工福利管理

本章学习目标

- 了解员工福利的内涵作用及其分类
- 掌握员工福利计划设计与实施的过程
- 掌握员工福利计划方案及管理制度的主要内容与制定

作为企业人力资源管理体系中的一个环节，员工福利管理的重要性日益凸显。良好的福利管理体系在留住优秀员工，吸引人才以及营造企业文化氛围等方面有着不可估量的作用。对企业来讲，健全的员工福利管理体系能够为其发展创造一个良好的内部环境，也能够为企业实施发展战略提供一个强大的团队支持。对员工来说，令人满意的福利管理制度将解决员工的后顾之忧，极大地激励员工提高工作的积极性，增强员工的归属感，从而为企业创造出更多的价值。总之，如果做好员工福利管理，会取得企业与员工双赢的效果，有利于企业长远的发展。

本章将围绕员工福利计划设计与实施的各个环节进行实验演练，具体学习思路如图 9-1 所示。

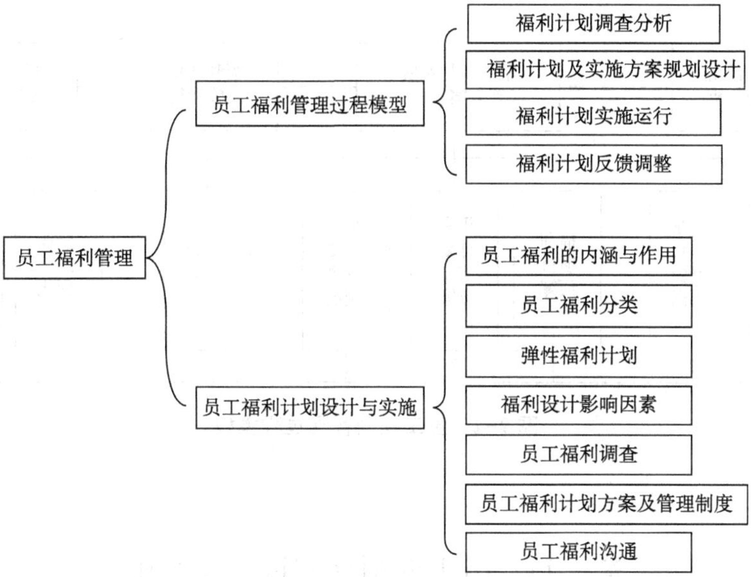

图 9-1　本章思维导图

第一节　员工福利管理过程模型

一般来说，员工福利管理过程包括福利计划调查分析、福利计划及实施方案规划、福利计划实施运行、福利计划反馈调整四个步骤。具体如图 9-2 所示。在企业内部福利调查中，一般包括企业现有福利现状调查和员工福利偏好调查。福利计划实施运行阶段，主要做好福利沟通，如编写福利手册、定期向员工公布有关福利的信息、建立福利咨询热线和福利网络系统、与员工进行双向交流等。在福利计划反馈阶段要进行反馈调整，不仅要定期搜集员工对现有福利实施的意见和建议，还要根据内外部环境的变化（如国家法律法规的改变、市场行情的变化、保险公司价格的调整、员工队伍构成变动以及员工自身职业生涯发展阶段的变化），发现在调查、规划和实施阶段存在的问题，不断完善福利实施过程，改善福利管理质量。此外，企业员工福利管理必须与企业发展战略、经营状况和企业薪酬系统相匹配。

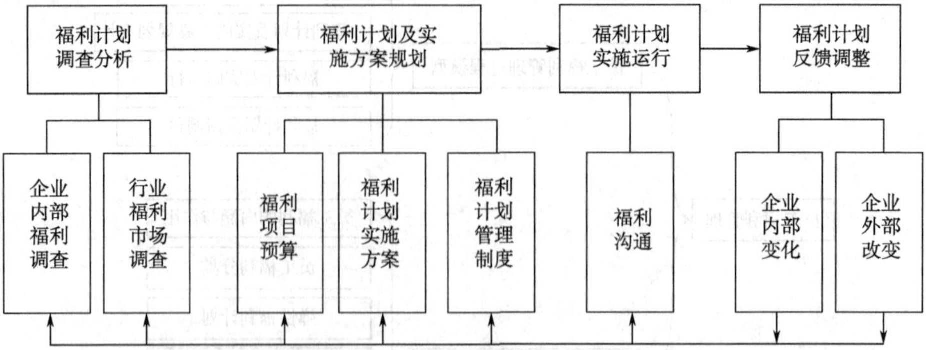

图 9-2 员工福利管理过程模型

第二节 员工福利计划设计及实施

一、实验目的

- 了解员工福利的内涵、作用及其分类
- 了解弹性福利计划的概念及分类
- 了解福利设计的影响因素
- 掌握福利调查的方法
- 掌握员工福利计划设计与实施的过程
- 掌握员工福利计划方案及管理制度的主要内容

二、理论知识要点

（一）员工福利的内涵与作用

1. 员工福利的内涵

员工福利是指企业以组织成员身份为依据而支付给员工的间接薪酬。福利有几个重要的特点。

（1）采取实物或延期支付的形式发放。

（2）员工不会因为工作业绩的好坏而在福利享受上存在差异。只要是组织的正式员工都可以均等地获得福利，员工福利带有一定的普惠性质。

（3）一般而言是通过集体购买、集体分发的方式为员工提供生活用品或公共物品。

2. 员工福利的作用

（1）吸引和留住核心员工。福利计划是企业体现其管理理念和特色的一种工具。越来越多的员工在进行企业选择时，将福利作为一个非常重要的因素进行考虑。企业向核心员工提供有足够吸引力的、给员工带来切实效用的福利计划，成为公司吸引和留住核心员工的重要因素。有些公司的福利项目，如公司的补充医疗、养老保险、住房公积金等的设计与工龄有关，使福利成为员工的一种长期投资，这在相当程度上提高了员工的离职成本，也为公司留住员工创造了条件。

（2）塑造和谐的企业文化，强化员工的忠诚度。良好的福利制度传递着企业文化和价值观，是企业营造良好的工作氛围和环境的重要手段。国内外成功企业一再证明，能够在市场上获得成功的企业，无不重视企业文化和价值观的塑造，无不为员工提供形式多样、富有创意的福利计划。尤其是现在的弹性福利计划让员工可以自主选择最贴合自己需要的福利，员工的满意度大幅度提升。此外，员工福利设计还可以实现"双赢"目标。一方面，福利计划可以使企业享受国家的优惠税收政策，提高企业成本支出的有效性；另一方面，员工可以享受到集体购买的优惠或规模经济效益。

（3）为员工解除后顾之忧。良好的福利为员工提供生活方便，如班车、员工食堂等福利能减轻员工的生活负担，使员工更好地投入生产和工作，有利于提高劳动生产率。另外，福利计划还可以帮助员工解决自身难以解决的困难。如对低工资收入者，通过补助弥补他们基本生活的需要，解除他们的生活困难和精神上的负担，使员工有良好的工作情绪和生活状态；员工援助计划、各类咨询可以调解员工心理负担，使企业的人力资本能够正常运转，保证企业健康运行。

（二）员工福利分类

一般来说，员工福利可分为两大类：一是国家法定福利；二是企业自主福利。

1. 国家法定福利

国家法定福利即国家通过立法强制实施的福利项目，包括：

（1）社会保险：养老保险、基本医疗保险、失业保险、工伤保险、生育保险等；

（2）住房公积金；

（3）法定假期：公休假日；法定休假日：元旦、春节、清明节、国际劳动节、端午节、中秋节和国庆节和法律法规规定的其它休假日；带薪年休假和其他假期等。

2. 企业自主福利

企业自主福利即用人单位自主设立的一系列福利项目，包括：

(1) 企业补充保险计划：企业补充养老计划、团体人寿保险计划、健康医疗保险计划；

(2) 额外现金补贴：如电话通信补贴、交通补贴、餐饮补贴、出差补贴、过节费等；

(3) 员工服务福利：员工援助计划、咨询服务、教育培训福利、儿童看护帮助、老人护理服务、饮食服务、医疗保健福利、住房福利、文体旅游福利、交通福利、金融福利和其他生活福利等。

(三) 弹性福利计划

弹性福利计划的基本思想是让员工对自己的福利组合计划进行选择。推行弹性福利计划不仅能够提供最适合员工需求的福利组合，进而有助于增强员工对企业的忠诚度，同时能够更好地控制福利成本。因此，从 20 世纪 80 年代开始，越来越多的企业开始采用弹性福利计划。弹性福利计划又分为自助餐式福利计划和弹性工作时间安排。

1. 自助餐式福利计划的五种形式

(1) 核心外加式福利计划。企业为雇员提供核心福利加弹性福利。核心福利项目是每个员工都享有的，员工没有自主选择权。在核心福利之外，企业根据员工的需要设计不同的弹性福利项目供员工自由选择。

(2) 典型自助餐式福利计划。企业为员工提供一份福利清单，清单列出各种福利项目，员工可以根据自身的需求和限额条件选择想要的福利，挑选自己的福利套餐。

(3) 标准组件式福利计划。企业为员工推出不同的福利组合，每种福利组合都有不同的项目、针对不同的对象，每种组合的优惠水平不一样。员工按照自身情况、需求从所有组合中挑选一种适合自己的组合，但不能改变组合内容。

(4) 选高择低型弹性福利计划。此计划是在原有固定福利的基础上提供几种项目不同、程度不等的福利组合供员工选择。这些福利组合的价值，有些比原有固定福利高，有些则比原有固定福利低。如果员工选择比原有固定福利价值低的组合，就会得到其中的差额，但是员工必须就所得差额纳税；如果员工选择价值较高的福利组合，就要扣除一部分直接薪酬作为补偿。

(5) 弹性支用账户式福利计划。员工每一年可从其税前总收入中拨取一定数额的款项建立自己的“支用账户”，并以此账户购买雇主提供的各种福利。

2. 弹性工作时间安排

弹性福利计划的一个较新的方面是企业允许员工在一定限度内自行选择灵活的工作地点及工作时间，以满足其多样化的劳动需求。其中包括：

（1）弹性工作时间制：指企业在一定限度内允许职工选择他们自己的工作时间段。

（2）远程办公：利用网络技术在远离办公室的地方办公。

（3）压缩工作周：允许员工每周用少于5天的时间完成其工作职责的工作时间安排。一般压缩工作周为4个10小时的工作日。

（4）工作分担：允许两人或多人共同分担一个全职岗位，根据各自的贡献获取报酬。

（四）福利设计的影响因素

在知识经济时代，如何设计科学合理的员工福利方案以吸引并留住人才，已成为企业长远发展战略的一项关键工作。福利方案与制度的设计应同时考虑外在因素和内在因素。外在因素主要包括政府法律法规和人力资源市场的标准；内部因素包括企业战略、企业文化和员工的需求。

1. 外在因素

（1）政府法律法规。企业在制订福利计划时，必须遵守国家和企业所在地的政府规定，如对劳动保险、法定假期、产假的规定以及歧视条例等，以免触犯法律法规，引起法律诉讼。

（2）人力资源市场的标准。企业的福利制度设计应参考人力资源市场调查的资料，并决定企业的福利水平。常用的参考资料包括行业内企业提供的福利范围、成本和受惠员工的比例等，而常用的比较指标则包括福利费用总成本、平均员工福利成本和福利费用在全部薪酬中的百分比等。

2. 内在因素

（1）企业战略。企业的福利制度要与企业的战略相配合。如企业在成长初期应致力于开创事业，尽量减少固定的员工福利，可以采用直接的方法，如企业股票认购计划，奖励出色的员工，鼓励员工投入创业。

（2）企业文化。企业如注重关怀和照顾员工，会为员工提供优厚的福利。企业如注重业务，便会为企业的绩效而调整福利制度。事实上，大多数企业会在关怀员工和业务发展之间取一个平衡点而采用合适的福利制度。

（3）员工需求。员工的需要因人而异，且因年龄、学历、收入、性别和家庭状况的不同而有所不同。一般来说，收入低的员工喜欢薪金多于福利，收入高的员工则较关心福利；年轻的员工喜欢带薪休假，年长的员工则较关心健康和退休福利。

（五）员工福利调查

员工福利调查主要分为内部员工福利调查和行业福利市场调查两个部分。

1. 内部员工福利调查

内部员工福利调查包括企业福利现状调查及员工福利偏好调查。我国不少企业忽略了内部员工福利调查，由于不了解企业目前福利现状，盲目地向员工提供福利，并不能很好地满足员工真正所需，效果并不理想。在调查时，既可以由企业提供一篮子备选方案让员工从中选择，也可以直接收集员工的意见。

（1）员工福利调查的主要方法包括：员工个人访谈、集体访谈和问卷调查等。

（2）员工福利调查的基本过程为：确定调查目的、选择调查方法和设计调查问卷、确定调查范围和样本、实施调查、调查数据资料整理与统计分析、撰写调查报告。

2. 行业福利市场调查的主要方法

（1）公共数据搜索：查询国家和地方统计年鉴、人力资源和社会保障机构等国家机关单位发布的与员工福利相关的统计数据，以及第三方机构公开发布的数据，或公开出版的专业期刊、书籍和内部资料等。

（2）第三方数据购买：主要是通过向一些管理咨询组织、人才服务组织、人才市场、专业的调查组织等资讯服务机构，购买它们的有关员工福利调查与咨询的数据资料。

（3）组织自行调查：个人访谈、集体访谈、问卷调查等。组织可自行设计访谈提纲及调查问卷借助网络等渠道进行数据收集，也可委托第三方进行调查。

总之，企业要根据自身需求及成本预算，选择合适的调查方法和渠道。

（六）员工福利计划方案与管理制度

员工福利计划方案一般包括总则、福利种类、福利标准、福利给付等内容。

员工福利计划管理制度，主要是指把企业员工福利计划的实施与管理制度化，使企业员工福利计划高效运行，达到员工福利计划经济效益和员工激励最大化的目的。一般来说，员工福利管理制度包括员工福利章程、员工福利管理办法、员工福利实施条例、员工福利管理人员守则和员工福利费用管理办法等内容。

（七）员工福利沟通

1. 福利沟通的必要性

（1）减少设计福利时企业与员工之间的信息不对称。福利沟通贯穿福利管理的始终。通过福利沟通，员工可向企业表明自己的福利偏好，企业可向员工提供福利咨询，通过双方信息的交流，减少不必要的成本投入，用最小成本为员工提供最需要的福利，提高福利的性价比。

（2）提升员工对企业福利的认可度。企业通过福利沟通告知员工他们享受到了哪些福利及所享受福利的市场价值。当员工真正了解企业提供的福利，会增强员工满意度、降低员工离职率、加强对企业的长期归属感，使福利价值最大化，实现企业和员工的双赢。

（3）提高员工的工作绩效。通过福利沟通员工将清楚地知道福利的类型、内容及要求等，如果企业提供的福利对自己有吸引力，而自己又可以通过努力达到，员工就会努力提高绩效。这正是员工福利设计的激励目的。

（4）有助于传递企业的价值观和文化。福利沟通除了提供给员工福利的详尽信息的同时又传递出员工企业关心员工、重视沟通、高度透明化的价值观，从而营造出和谐的氛围，增强员工对企业的情感上的认同与依赖，并且还可以对外宣传企业的福利观，吸引更多优秀的人才。

2. 福利沟通的基本方法

（1）编写福利手册、播放录像片介绍福利项目。

（2）用调查问卷法了解员工对福利的需求。

（3）与一些典型的员工面谈，了解某一层次或某一类型员工的福利需求。

（4）善用新媒体网络（如微信软文，小视频，论坛热帖）宣传福利项目，举办福利活动（如健康日/周，福利市集，个险团购）增添交互性、趣味性、体验感，搭建立体化、多维度的沟通渠道体系介绍和解释有关的福利项目，以符合年轻员工的信息获取习惯。

（5）建立福利咨询室、福利热线、福利意见箱，定期收集员工对各种福利项目的反馈和意见。

三、实验内容

• 某科技公司（广州）地处郊区某高新科技园，成立至今五年，员工人数达到 50 余人，其中 35 岁以下员工占 80%以上。在全体员工共同努力下，公司连年效益良好，员工工资水平在同行业中具有较大的竞争力，企业根据相关法律法规，为员工缴纳了充足的五险一金。为了鼓励员工，更好地解决员工的后顾之忧，企业打算自下一年开始，投入一部分成本增加员工福利。在不考虑成本额度的前提下，请结合公司情况，完成以下任务：

（1）设计一份行业福利市场调查问卷

（2）设计一份企业内部员工福利偏好调查问卷

（3）为该企业初步设计一份员工福利计划方案

（4）为该企业制定一份员工福利计划管理制度

四、实验准备

- 员工薪酬管理、福利管理等预备知识的回顾与准备
- 与企业员工福利相关的法律法规文件
- 给定组织的背景资料，或学生自己所在企业的基本资料

五、实验组织方法及步骤

- 由教师讲解实验内容与实验要求，并告知考核办法
- 教师确定实验小组，一般以每组 5-7 人为宜
- 以小组形式模拟员工福利计划的设计与实施过程

首先了解国家法律法规，然后设计一份行业福利市场调查问卷和企业内部员工福利偏好调查问卷，在问卷及范例表 9-1 和表 9-2 的基础上设计一份员工福利计划方案，最后设计一份员工福利计划管理制度。

- 由教师组织每个小组在规定时间内进行讨论

①小组向全班同学分享小组结果；②其他小组同学相互点评；③教师总结：点评学生操作过程与结果。

- 各组总结并编撰实训报告，在课后 3 天内上交

六、实验思考与作业

- 员工福利管理过程模型基本内容有哪些
- 员工福利调查的主要内容有哪些
- 设计福利计划应当考虑哪些因素
- 员工福利计划方案的主要内容有哪些
- 如何进行员工福利计划的实施与管理
- 以某企业为例，自行设计一份员工福利计划方案
- 以某企业为例，设计一份员工福利计划管理制度
- 案例分析

1. 假设你是某公司的人力资源主管，该公司位于西安市，你的公司拥有 500 名雇员，平均年龄为 42 岁。80% 的员工都是男性，并且流动率很低。工作内容也没有太多的变化。这些情况对你设计员工福利计划会产生怎样的影响？

2. 互联网科技企业福利大比拼

近年来，尤其是地处北京、上海、广州、深州、杭州等一线城市的互联网科技企业，纷纷推出诱人的福利方案。

2021 年 7 月 13 日，京东集团宣布自 2021 年 7 月 1 日开始到 2023 年 7 月 1 日，用两年时间，将员工平均年薪由 14 薪逐步涨至 16 薪，在 2021 年 7 月 1 日之

前的薪资基础上直接涨薪两个月。

2021 年 7 月 2 日，小米集团发布公告，于当天向 3 904 名员工授予了共计 7 023 万股奖励股份。截至 7 月 2 日，小米集团的股价是 26. 2 港元，计算一下，这将近 4 000 名员工，平均每人拿到了 39. 29 万元人民币。

除了直接涨薪和股票，有些互联网大厂则是从员工休息角度给员工更多休息时间，劳逸结合。

2021 年 7 月 9 日，字节跳动宣布："将于 2021 年 8 月 1 日起取消隔周周日工作的安排。"

快手宣布从 7 月 1 日起取消大小周，员工按需加班，公司按照相关规定向员工支付加班工资。

在北上广深等大城市买房也是受到年轻员工关注的事情。这方面除了腾讯推出安居计划 Plus 方案，腾讯员工可从公司最高申请到 90 万元免息借款资金支持。这方面，华为更加给力。2018 年，华为给员工分福利房的消息更是到处传遍。华为在新落成的东莞松山湖基地建成的配套住房，只卖给公司员工，精装修，价格只有 8 500 元一平方米，该价格明显低于周边住房 25 000 元的均价。

2021 年 11 月，腾讯正式推出了"首个互联网大厂推出的员工退休养老方案"。据悉，员工在腾讯法定退休时，可同时享有定制纪念品、长期服务感谢金、退休荣誉金三项福利。其中，长期服务感谢金为 6 个月固定工资；而退休荣誉金共有"服务年限金"和"50%的未解禁股票期权"两个方案，员工可自由选择其一。11 月 9 日，腾讯员工退休福利再度加码，全面升级员工"职业里程碑"关怀方案。具体而言，腾讯员工"职业里程碑"将从过去的三个节点升级为六个，在入职"1 年、10 年、20 年"基础上，增设"5 年、15 年、法定退休"3 个重要节点，每个节点员工都可享受到不同实物礼品或特色权益的福利。其中，新增的"5 年"节点对应权益为一份长期健康保障，即使员工从腾讯离职仍可继续持有。新增的"15 年"节点对应权益则是"终身健康保障"和"长期服务回馈权益"，前者为公司赠予一份终身健康保险，后者含长期服务纪念礼品、长期服务感谢金、长期服务荣誉金。据介绍，是否提前解锁"长期服务回馈权益"由员工自主申请，权益标准参照此前公司推出的"法定退休腾讯专属福利"。

最值得一提的是，对于满足 15 年入职年限又尚未达到法定退休年龄的员工，可以自由选择是否"提前退休"，开启新的人生历程。不提前解锁该项权益的员工，可以继续在腾讯发光发亮，并获得更好的保障。

如何评价互联网大厂的福利计划？你认为企业为员工提供高福利是否会有弊

端？会有哪些弊端？怎样克服？

七、范例

本章使用的表单模板、工具方法见表 9-1、表 9-2、表 9-3、表 9-4。

表 9-1　与市场相关行业类似职位薪酬福利水平比较

职位级别	福利水平	
	市场水平（中位值）	企业

表 9-2　企业员工福利享受标准

职位级别	年度薪酬	年度福利额度	基本福利额度	弹性福利额度	除去五险一金的福利占年度薪酬的比例（%）

注：弹性福利额度=年度福利总额标准-基本福利额度。

表 9-3　福利申请表

姓名		所在岗位		所属部门	
进入本公司时间					
申请事项	申请金额	申请说明			
探亲费用					
退休费用					
其他					
人力资源部审批					
财务部审批					
总经理审批					

某企业员工福利调查表范例

为了解单位福利状况，特组织本次调查，希望您积极支持。我们承诺对您的信息保密，请您务必表达真实的想法。请您选择一个最符合您看法的答案，在选择的答案前打"√"。谢谢您对我们工作的支持，祝您工作愉快！

一、基础信息

1. 贵单位的性质：□政府机构　□事业单位　□社会团体　□国有企业　□集体企业　□民营企业　□外资企业　□中外合资企业　□其他

2. 贵单位员工年度福利占年度工资总额的比例是：□6%以下　□6%~10%　□11%~15%　□15%~30%　□30%以上

3. 您的性别：□男　□女

4. 您的年龄层次：□20岁及以下　□21~25岁　□26~30岁　□31~35岁　□36~40岁　□41~45岁　□46~50岁　□51~55岁　□55岁以上

5. 教育程度：□高中（职）及以下　□大专　□本科　□硕士研究生　□博士研究生及以上

6. 家庭人口数：直系尊亲属（父母、祖父母）：□无　□1人　□2人　□3人　□4人及以上

7. 直系亲属（子女、孙子女）：□无　□1人　□2人　□3人　□4人及以上

8. 在单位工作年限：□5年及以下　□5年以上，未满10年　□10年以上，未满15年　□15年以上，未满20年　□20年以上，未满25年　□25年及以上

9. 职位类别：□操作性基层职位　□非操作性基层职位　□专业职位　□基层管理职位　□中层管理职位　□高层管理职位

二、福利项目调查

表 9-4　福利项目调查表

国家法定福利项目	
基本养老保险：□有　□无	基本医疗保险：□有　□无
失业保险：□有　□无	工伤保险：□有　□无
生育保险：□有　□无	住房公积金：□有　□无
法定假期：□有　□无	其他：□有________　□无
单位（企业）自主福利项目	
单位（企业）补充养老计划：□有　□无	团体人寿保险计划：□有　□无
健康医疗保险计划：□有　□无	餐费补贴：□有　□无

续表

国家法定福利项目	
通信补贴：□有　□无	交通补贴：□有　□无
私车公用补贴：□有　□无	购车补贴：□有　□无
购房补贴：□有　□无	购房无息贷款或贷款贴息：□有　□无
补充住房公积金：□有　□无	培训补贴：□有　□无
免费或补贴膳食：□有　□无	员工宿舍：□有　□无
班车：□有　□无	公车：□有　□无
文体娱乐设施：□有　□无	生日慰问：□有　□无
节日慰问金或礼品：□有　□无	疗养：□有　□无
定期体检：□有　□无	组织旅游：□有　□无
员工活动：□有　□无	咨询服务：□有　□无
儿童看护帮助：□有　□无	老人护理服务：□有　□无
弹性工作时间：□有　□无	学费资助：□有　□无
免费食品：□有　□无	

三、福利满意度调查

1. 您是如何了解单位的福利制度的呢？（可多选）

□自己查阅员工手册和福利相关制度规定

□入职培训时了解到的

□入职后自己找HR了解

□入职后自己通过其他同事/上级了解

2. 贵单位员工之间的福利待遇差别如何？

□完全无差别　□差别不大　□差别较大　□差别非常大　□不了解

3. 与同行业的其他企业相比，您认为就职单位的福利水平如何？

□较高　□一般　□较低　□不了解

4. 您认为单位福利待遇差别制度在保留和激励员工方面的效果是否明显？

□非常明显　□比较明显　□不太明显　□非常不明显

5. 您对贵单位福利待遇的满意程度如何？

□非常满意　□一般满意　□不满意　□非常不满意

6. 您认为单位的福利制度是否需要调整？

□有必要　□不需要　□无所谓

7. 如果条件允许，您希望单位增加或如何改进现行福利制度？

员工福利偏好问卷①

一、在下列福利项目前面的空白处标明每种福利对你和你的家庭的重要程度。“1”代表最重要，“2”代表次重要，依此类推。因此，如果人寿保险对你和你的家庭最重要，就在人寿保险前的空白处标上“1”。

重要程度	项目	需要改进
	教育资助	
	带薪病假	
	节假日	
	人寿保险	
	医疗保险	
	退休年金计划	
	储蓄计划	
	休假	

现在，回过头来在每个福利项目后面的空白处标明福利改进的优先顺序。例如，如果你最希望首先改进储蓄计划，就在储蓄计划后面的空白处标上“1”，在其次需要改进的福利项目后面标上“2”，依此类推。在中间的空白线上可以加上没有列出的福利项目。

二、在公司已提供的福利水平之外，您是否愿意拿出一部分收入来获取新的或改进的福利？

□愿意　　　　　　　□不愿意

如果愿意，请注明是哪些福利项目。

□教育资助　□医疗保险 □退休年金计划 □人寿保险 □储蓄计划 □其他______

某民营企业员工福利方案

第一章　××公司员工福利方案设计目的

建立和实施××公司员工福利系统的目的主要有两方面：

① 资料来源：格哈特，纽曼．薪酬管理［M］．成得礼，译．北京：中国人民大学出版社，2022.

一、就员工个人而言，旨在满足员工从基本需求到个人前程发展的需求，特别在人生紧要关头为员工提供一定的保障与安全。希望在此良好的福利制度下，员工无后顾之忧，全心全意发挥所能，开辟个人事业前程。

二、就××公司而言，可以借此提升员工的士气，吸引优秀人才，降低人力流动率，人力成本更易于掌握。

第二章 ××公司员工福利方案设计原则

公司设计、实施福利方案力求"以人为本"的企业文化，同时遵循如下原则：

一、市场竞争力原则

公司的福利设计原则是提供在同行业中具有竞争力的福利水平，即员工的福利将保持在人力资源市场同行业的平均水平以上。

二、公平性原则

基于公平对待每位员工的原则，即根据员工所承担的责任和对公司的贡献，以及员工的岗位职责、薪资级别、本公司工作年限等因素，综合考虑并确定每位员工的福利水平。

三、自主多样原则

员工在享受公司福利项目时，改变以往不可选择的缺陷，在个人福利总额不变的前提下，允许部分福利额度的自主选择。

四、适时调整原则

公司福利制度将定期由人力资源部或相关部门修订，员工的福利将依据新的市场环境、公司经营绩效等变化进行适时的调整。公司将定期与市场上同行业或类似行业的福利水平做比较，以保持竞争力。

五、遵守国家地方法律原则

公司各项福利方案的制定以不违反国家及××市相关法律规定为基本原则。

第三章 ××公司员工福利待遇的种类

公司提供的福利待遇包括按国家规定执行的福利待遇，以及根据企业自身条件设置的福利待遇。

一、按照国家政策和规定，参加统筹保险的有以下几种。

（一）养老保险

（二）基本医疗保险

（三）失业保险

（四）工伤保险

（五）生育保险

财务部负责统一将统筹保险上交政府有关部门，并记入个人养老保险手册。

二、公司设置的其他福利待遇：包括基本福利方案和弹性福利方案

（一）基本福利方案包含：生日补贴、节假日福利、员工大事补贴、交通补贴、通信补贴

（二）弹性福利方案包括：体检福利、培训福利、文娱福利

第四章　××公司员工福利待遇的标准

一、国家规定执行的福利待遇标准

（一）养老保险：按照××市的有关政策和规定，公司每月为本市户籍员工支付养老保险，其计算基数为个人上年平均岗位工资，缴纳比例为22%，其中公司缴纳14%，个人需缴纳8%；公司每月为外来员工支付养老保险，其计算基数为最低工资，缴纳比例为16%，其中公司缴纳8%，个人缴纳8%。

（二）基本医疗保险：按国家有关政策和规定，公司每月为本市户籍员工支付基本医疗保险，其计算基数为本人上年末平均岗位工资，缴纳比例为10%，公司缴纳8%，个人缴纳2%。公司每月为外来员工支付基本医疗保险，其计算基数为最低工资，缴纳比例为6%，其中公司缴纳4%，个人缴纳2%。

（三）失业保险：按国家有关政策和规定，公司每月为本市户籍员工支付失业保险，其计算基数为个人上年平均岗位工资，缴纳比例为3%，公司缴纳2%，个人缴纳1%。公司每月为外来员工支付失业保险，其计算基数为最低工资，缴纳比例为2%，由公司全额缴纳。

（四）工伤保险：企业职工以上年度个人月平均工资为缴费基数，对照行业费率，由公司全额缴纳（不得低于最低工资标准）。

（五）生育保险：本市户籍企业员工、外来员工以职工上年度个人月平均工资为缴费基数，按0.8%的缴费比例计缴，由公司全额缴纳（不得低于全市上年度月平均工资的60%）。

二、企业自主福利待遇标准

（一）基本福利待遇标准

1. 生日补贴：员工过生日，公司送贺卡表示祝福，公司发放标准为每人每年××元，随生日月工资一同发放。

2. 节假日福利：元旦公司组织聚餐；妇女节为全体女职工发放纪念品；国庆中秋节、春节公司给予员工××元的节日补贴，随当月的工资一同发放；

3. 员工大事补贴：当员工逢婚、育、大病和丧等个人大事时，公司给予员工礼金或慰问金××元；

4. 通信补贴、交通补贴

职位级别	薪酬等级	年度通信补贴	月度通信补贴

职位级别	薪酬等级	年度交通补贴	月度标准

注：(1) 员工通信/交通补贴将以现金形式计入员工工资补贴栏中。(2) 特殊情况需额外报销通信费/交通费用的，应由所在员工主管审核。

(二) 弹性福利待遇标准

1. 体检福利

职位级别	年龄	可选体检机构	年度体检费用标准

2. 培训福利：公司根据考核结果，由人力资源部制订培训计划，并组织实施，以使员工的知识、技能、态度等方面与不断变动的经济技术、外部环境相适应。培训福利包括：员工在职或短期脱产免费培训、公费进修等。具体规定见公司《培训管理制度》。

职位级别	考核等级	可选培训项目	年度培训费用标准

注：(1) 员工因为工作需要而产生的培训、进修费用由公司全部或部分承担；(2) 培训、进修必须得到人力资源部和总裁批准；(3) 费用不足部分，由个人自行解决。

3. 文娱福利：公司为了丰富员工的业余生活，培养员工积极向上的道德情操而设立的项目，包括创建文化、娱乐场所，组织旅游，开展文体活动等，具体实施根据公司的实际情况设定。

福利方案解释权归公司人力资源部。

福利方案自颁布之日起施行。

××公司人力资源部 20××年××月××日

员工福利计划管理制度（范例）

员工福利费用管理办法

为了规范管理，充分发挥员工福利费用的效用，根据有关财务制度规定，并结合公司实际情况，制定本办法。

第一章　组织体系以及责权划分

一、人力资源部是公司职工福利费用的主管部门，主要职责为：

（一）制定公司职工福利费用管理办法；

（二）规划公司职工福利体系、编制年度福利费计划并组织实施；

（三）负责确定福利费项目列支范围和标准；

（四）组织编制福利发放明细表。

二、公司相关职能部门的主要职责：

（一）办公室负责通勤费、食堂经费、职工公寓等集体福利部门费用的计划编制、结算及控制工作。

（二）党群工作部负责女职工保健用品费用的计划编制、结算，以及福利活动的举办及控制工作。

（三）财务产权部按照《企业会计准则》等有关规定，负责职工福利费用的会计核算与监督工作。

（四）物资部负责福利物资的采购工作。

第二章　职工福利费用预算与管理

一、职工福利费总额实行统一限额控制，公司年度职工福利费用实际发生总额原则上应当控制在当年实际发放工资总额的14%以内。

二、相关责任部门每年年初按照职工福利费用列支的项目、标准、发放范围及时间编制年度福利费用预算。人力资源部负责年度总体福利费用预算的汇总、控制工作。

三、人力资源部、办公室严格按照年度预算控制福利费用，人力资源部负责编制福利费发放方案，经公司总经理办公会议、党委会议研究通过后执行。非货币性福利采购按照公司物资采购验收流程执行。

四、人力资源部应建立职工福利费用预算动态监控机制，跟踪预算执行情况，及时纠正偏差和问题，防止漏洞产生，切实提高预算的科学性、准确性，增强预算执行的严肃性。

五、财务部门负责编制职工福利费用预算执行情况报告，并作为年度决算资料上报上级单位财务部门。

六、财务部门负责涉及职工福利费项目的企业所得税汇算清缴和个人所得税申报缴纳工作，人力资源部门负责涉及职工福利费项目个人所得税代扣工作。

七、员工福利费用标准，另定方案管理。

八、超出本办法规定的开支项目以及开支标准的变动，应提交上级单位财务部门或公司总经理办公会议、党委会议讨论。

本办法由人力资源部制定并负责解释。

本办法自印发之日起施行。

第十章　员工劳动关系管理

本章学习目标

- 了解员工劳动关系管理的相关概念和内容
- 掌握劳动合同的内容
- 掌握劳动合同的订立、变更、续订、解除和终止的程序
- 熟悉劳动争议的处理程序
- 树立以人为本的劳动关系理念，成为有人文情怀、严爱相济的人力资源管理工作者

员工劳动关系管理是企业人力资源管理一个非常重要的领域。企业通过劳动关系管理，建立和谐的劳动关系，尽可能规范地为社会提供就业岗位。劳动关系管理有利于减少和避免劳动纠纷，保障企业和员工的正当权益，有利于企业维持正常的生产秩序，提高专业化管理水平，能促进企业长远发展及员工个人职业生涯的发展。总之，员工劳动关系管理可以促进劳动关系双方长期有效稳定的合作，有助于工作的进展及效率的提高。

本章围绕员工劳动关系管理，主要是劳动合同管理和劳动争议管理等环节进行实践演练，具体学习思路见图 10-1 所示。

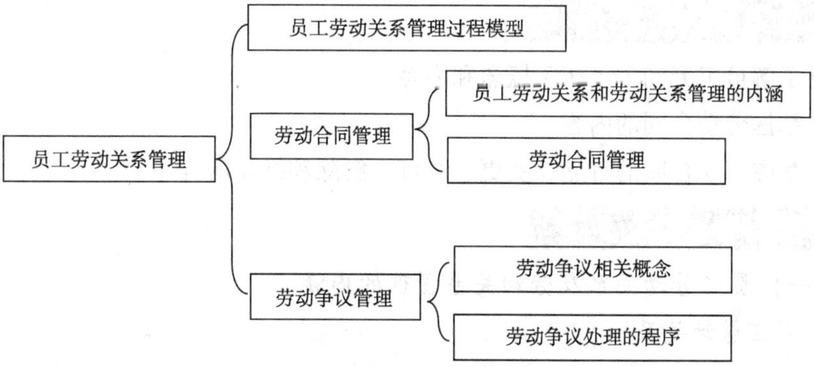

图 10-1　本章思维导图

第一节 员工劳动关系管理过程模型

一般来说，劳动关系管理涉及劳动合同管理、劳动争议管理及劳动补偿与赔偿管理等内容。劳动关系管理是对人的管理，是通过平等双向沟通交流，实现员工与用人单位和谐共赢的管理过程。劳动关系由于涉及企业与员工之间的权、责、利关系，是员工关系中较复杂、较难处理的关系之一。

为了让读者从整体上把握员工劳动关系管理的各个流程，本节主要介绍员工劳动关系管理的过程模型，以阐明员工劳动关系管理过程中各环节之间的关系，具体可见图 10-2。

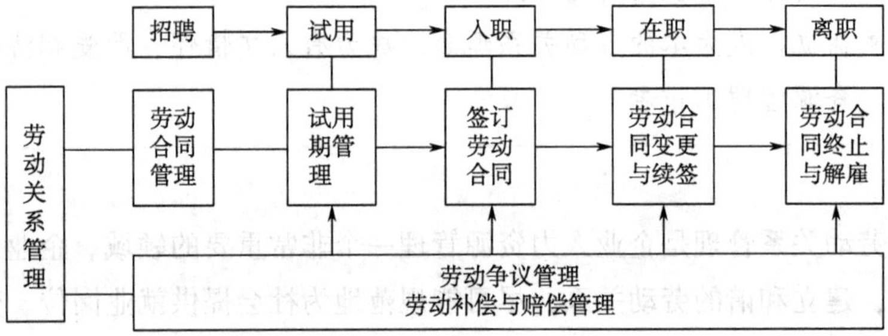

图 10-2 员工劳动关系管理过程模型

第二节 劳动合同管理

一、实验目的

- 了解员工劳动关系相关概念和内容
- 掌握劳动合同的内容
- 掌握劳动合同的订立、变更、续订、解除和终止的程序

二、理论知识要点

（一）员工劳动关系及劳动关系管理的内涵

1. 员工劳动关系

广义的劳动关系指人们在社会劳动过程中发生的一切关系，包括劳动力的使

用关系、劳动管理关系、劳动服务关系等。狭义的劳动关系是指劳动者与用人单位之间在劳动过程中发生的关系。我国《劳动合同法》对劳动关系的界定是：劳动关系是指国家机关、企事业单位、社会团体、个体经济组织和民办非企业单位（可统称为用人单位）与劳动者之间依法签订劳动合同，劳动者接受用人单位管理，从事用人单位合理安排的工作，成为用人单位的一员，从用人单位领取劳动报酬和受劳动保护所产生的一种法律关系。

劳动关系的主体包括劳动者、劳动者的组织（工会、职代会）和用人单位；劳动关系的客体是主体的劳动权利和劳动义务共同指向的事物，如劳动时间、劳动报酬、安全卫生、劳动纪律、福利保险、教育培训、劳动环境等；劳动关系的内容是主体双方依法享有的权利和承担的义务。

2. 劳动关系管理

员工劳动关系管理是指通过规范化、制度化的管理，使劳动关系双方的行为得到规范、权益得到保障，缓解和调整组织劳动关系的冲突，以实现组织劳动关系的合作、提高组织劳动效率。调整好劳动关系，维护和谐的劳动关系，是人力资源管理的重要内容，对促进企业经营稳定发展具有重要作用。

（二）劳动合同管理

1. 劳动合同的概念

在我国，劳动合同也称劳动协议或劳动契约，是指企业、个体经济组织、事业组织、国家机关、社会团体等同劳动者之间建立劳动关系，明确劳动双方权利和义务的协议。依法订立的劳动合同受国家法律的保护，对订立合同的双方当事人产生约束力。劳动合同是处理劳动争议的法律依据。

2. 劳动合同的内容

我国《劳动合同法》第十七条规定，劳动合同应当具备以下条款：①用人单位的名称、住所和法定代表人或者主要负责人；②劳动者的姓名、住址和居民身份证或者其他有效身份证件号码；③劳动合同期限：劳动合同期限主要分为有固定期限，无固定期限和以完成一定的工作为期限三种。④ 工作内容和工作地点；⑤工作时间和休息休假；⑥劳动报酬：劳动报酬是用人单位根据劳动者劳动的数量和质量而支付给劳动者的报酬。劳动报酬一般包括计件工资、计时工资、效益工资等形式。⑦社会保险：社会保险是国家通过立法建立的一种社会保障制度，目的是使劳动者在市场经济条件下，因年老、患病、工伤、失业、生育等原因，丧失劳动能力或中断就业，本人和家属失去工资收入时，能够从社会（国家）获得物质帮助。我国的社会保险目前包括医疗保险、基本养老保险、工伤保险、失业和生育保险。⑧劳动保护、劳动条件和职业危害防护：劳动保护指用人单位为了防止劳动过程中的事故、减少职业危害、保障劳动者的生命安全和健康而采取的各种措施；劳动条件是指用人单位为保障劳动者履行劳动义务、完成工作任务，而提供的必要物质和技术条件；职业危害防护是指用人单位应该为劳动者创造符合国家职业卫生标准和卫生要求的工作环境和条件、并采取措施保障劳动者获得职业卫生保护。⑨法律法规规定应当纳入劳动合同的其他事项。

劳动合同除前款规定的必备条款外，用人单位与劳动者可以约定试用期、培训、保守秘密、补充保险和福利待遇等其他事项。

试用期条款。劳动合同期限三个月以上不满一年的，试用期不得超过一个月；劳动合同期限一年以上不满三年的，试用期不得超过二个月；三年以上固定期限和无固定期限的劳动合同，试用期不得超过六个月。同一用人单位与同一劳动者只能约定一次试用期。以完成一定工作任务为期限的劳动合同或者劳动合同期限不满三个月的，不得约定试用期。试用期包含在劳动合同期限内。劳动合同仅约定试用期的，试用期不成立，该期限为劳动合同期限。劳动者在试用期的工资不得低于本单位相同岗位最低档工资或者劳动合同约定工资的百分之八十，不得低于用人单位所在地的最低工资标准。在试用期中，除劳动者有《劳动合同法》第三十九条和第四十条第一项、第二项规定的情形外，用人单位不得解除劳动合同。用人单位在试用期解除劳动合同的，应当向劳动者说明理由。

培训条款。培训是按照职业或工作岗位对劳动者提出的要求，以开发和提高劳动者的职业技能为目的的教育和训练过程。《劳动合同法》第二十二条规定，用人单位为劳动者提供专项培训费用。对其进行专业技术培训的，可以与该劳动者订立协议，约定服务期。劳动者违反服务期约定的，应当按照约定向用人单位支付违约金。违约金的数额不得超过用人单位提供的培训费用。用人单位要求劳动者支付的违约金不得超过服务期尚未履行部分所应分摊的培训费用。

保守商业秘密条款。商业秘密是不为公众所知悉、能为权利人带来经济利益、具有实用性并经权利人采取保密措施的技术信息和经营信息。用人单位与劳动者可以在劳动合同中约定保守用人单位的商业秘密等保密事项。

竞业禁止条款。用人单位可以根据企业自身的性质，在劳动合同或者保密协议中与劳动者约定竞业限制条款，并约定在解除或者终止劳动合同后一定期限内(不超过 2 年)，不能到与用人单位生产同类产品或经营同类业务且有竞争关系的其他单位任职，也不得自己生产、经营同类产品或业务，但用人单位应当给予劳动者经济补偿。劳动者违反竞业限制约定的，应当按照约定向用人单位支付违约金。

补充保险和福利待遇条款。补充保险是指除了国家基本保险以外、用人单位根据自己的实际情况为劳动者建立的一种保险，它用来满足劳动者高于基本社会保险需求的愿望。补充保险国家不做强制性的统一规定，用人单位可根据自身的经济承受能力，自愿选择参加，福利待遇一般包括交通补贴、住房补贴、医疗补贴、通信补贴，以及用人单位提供解决职工生活需要的各种福利设施和服务等。

3. 劳动合同的订立、履行、变更、续订、解除与终止的含义

（1）劳动合同的订立。根据《劳动合同法》的规定，劳动合同的订立是指劳动者和用人单位双方就各自的权利义务协商一致而签订的对双方具有约束力的、并以书面形式明确双方责任、义务以及权力的法律行为。

（2）劳动合同的履行。劳动合同的履行是指劳动合同订立后，劳动者和用人单位双方按照合同条款的要求，共同实现劳动过程和相互履行权利和义务的行为过程。

（3）劳动合同的变更。劳动合同的变更是指劳动关系双方当事人就已订立的劳动合同的部分条款达成修改、补充或者废止协定的法律行为，而不是签订新的劳动合同。

（4）劳动合同的续订。劳动合同续订是指劳动合同期限届满后，劳动者和用人单位继续延长劳动合同有效期的法律行为，即原有的劳动合同在有效期届满后仍然存续一段期限。在该期限内，劳动者和用人单位继续享受和承担原劳动合同存在时完全相同或者基本相同的权利义务。劳动合同续订的要求和劳动合同订立一样，应该坚持平等自愿、协商一致的原则，应该不违反国家法律法规的规定。

（5）劳动合同的解除。劳动合同的解除，是指劳动合同签订后，尚未履行完毕之前，劳动合同一方或双方当事人依法提前终止劳动合同的履行，解除双方劳动权利和义务关系的法律行为。与劳动合同的订立、变更不同，劳动合同的解除可以是双方的，也可以是单方的法律行为。劳动合同的解除分为法定解除和协商解除两种。法定解除是指出现国家法律法规或合同约定的可以解除劳动合同的情况时，不需要当事人双方一致同意，合同效力都可以自然或单方提出提前终止；协商解除是指当事人双方因某种原因，在完全自愿的情况下，通过协商，一致同意提前终止劳动合同关系的法律行为，协商解除的最大特点是双方完全自愿。用人单位解除与劳动者的劳动合同应具备法律规定的条件，若违反法律的规定将承担相应的法律责任。

法律规定的解除劳动合同的条件，因解除的原因不同而有所不同。

第一，双方协商解除。《劳动合同法》第三十六条规定："用人单位与劳动者协商一致，可以解除劳动合同。"劳动合同作为双方的"合意"行为，既可以

通过合意来订立、变更，也可以通过合意而提前终止。

第二，用人单位单方解除劳动合同。①过失性解除。《劳动合同法》第三十九条规定，当劳动者符合下列情形之一的，用人单位可以解除劳动合同：a. 在试用期间被证明不符合录用条件的；b. 严重违反用人单位规章制度的；c. 严重失职、营私舞弊，给用人单位造成重大损害的；d. 劳动者同时与其他用人单位建立劳动关系，对完成本单位的工作任务造成严重影响，或者经用人单位提出，拒不改正的；e. 因以欺诈、胁迫的手段或者乘人之危，使对方在违背真实意思的情况下订立或者变更劳动合同致使劳动合同无效的；f. 被依法追究刑事责任的。这 6 种情况是由于劳动者本身的原因造成的，劳动者主观上有严重过失，因此用人单位有权随时解除合同。过失性解除不受提前通知的限制，不受用人单位不得解除劳动合同的法律限制，且不给予经济补偿。②非过失性解除。《劳动合同法》第四十条规定，当劳动者有下列情形之一的，用人单位可以解除劳动合同，但是应当提前 30 日以书面形式告知劳动者本人，且要依法给予劳动者经济补偿。a. 劳动者患病或者非因公负伤，在规定的医疗期满后不能从事原工作，也不能从事由用人单位另行安排的工作；b. 劳动者不能胜任工作，经过培训或者调整工作岗位，仍不能胜任工作的；c. 劳动合同订立时所依据的客观情况发生重大变化致使劳动合同无法履行，经用人单位与劳动者协商，未能就变更劳动合同内容达成协议的。③经济性裁员。《劳动合同法》第四十一条规定，用人单位还可以通过裁员的形式解除劳动合同。有下列情形之一，需要裁减人员 20 人以上或者裁员不足 20 人但占企业职工总数 10%以上的，用人单位提前 30 日向工会或者全体职工说明情况，听取工会或者职工的意见后，裁减人员方案经向劳动行政部门报告，可以裁减人员。a. 依照企业破产法规定进行重组的；b. 生产经营发生严重困难的；c. 企业转产、重大技术革新或者经营方式调整、经变更劳动合同后，仍需裁减人员的；d. 其他因劳动合同订立时所依据的客观经济情况发生重大变化，致使劳动合同无法履行的。裁减人员时，应当优先留用下列人员：a. 与本单位订立较长期限的固定期限劳动合同的；b. 与本单位订立无固定期限劳动合同的；c. 家庭无其他就业人员，有需要扶养的老人或者未成年人的。经济性裁员，应提前书面通知，且受用人单位不得解除合同的限制，并向劳动者支付经济补偿。

根据《劳动合同法》第四十二条的规定，劳动者有下列情形之一的，用人单位不得进行无过失解除合同和经济性裁员：a. 从事接触职业病危害作业的劳动者未进行离岗前职业病健康检查，或者疑似职业病病人在诊断或者医学观察期间的；b. 在本单位患职业病或者因工负伤并被确认丧失或者部分丧失劳动能力的；c. 患病或者非因工负伤，在规定的医疗期内的；d. 女职工在孕期、产期、哺乳期的；e. 在本单位连续工作满 15 年，且距法定退休年龄不足 5 年的；f. 法律、行政法规规定的其他情形。

第三，劳动者单方解除劳动合同的情形。劳动者在试用期内提前 3 日通知用人单位，可以解除劳动合同，并且无须说明理由或者承担赔偿责任。用人单位以暴力、威胁或者非法限制人身自由的手段强迫劳动者劳动的，或者用人单位违章指挥、强令冒险作业危及劳动者人身安全的，劳动者可以立即解除劳动合同，不需事先告知用人单位。劳动者提前 30 日以书面形式通知用人单位，可以解除劳动合同。

（6）劳动合同的终止。劳动合同的终止，是指劳动合同期限届满或双方当事人约定的终止条件出现，合同规定的权利、义务即行消灭的制度。《劳动合同法》第四十四条规定，有下列情形之一的，劳动合同终止：①劳动合同期满的；②劳动者开始依法享受基本养老保险待遇的；③劳动者死亡，或者被人民法院宣告死亡或者宣告失踪的；④用人单位被依法宣告破产的；⑤用人单位被吊销营业执照、责令关闭、撤销或者用人单位决定提前解散的；⑥法律、行政法规规定的其他情形。

劳动合同终止，意味着劳动合同当事人协商确定的劳动权利和义务关系已经结束。但是需要特别注意的是，劳动合同约定的终止条件已经出现，但是有下列情形之一的，劳动者提出延缓终止劳动合同的，劳动合同不能立即终止，应当续延至相应的情形消失时才能终止：①从事接触职业病危害作业的劳动者未进行离岗前职业病健康检查，或者疑似职业病病人在诊断或者医学观察期间的；②在本单位患职业病或者因工负伤并被确认丧失或者部分丧失劳动能力的；③患病或者非因工负伤，在规定的医疗期内的；④女职工在孕期、产期、哺乳期的；⑤在本单位连续工作满 15 年，且距法定退休年龄不足 5 年的；⑥法律、行政法规规定的其他情形。丧失或者部分丧失劳动能力劳动者的劳动合同的终止，按照国家有关工伤保险的规定执行。

4. 劳动合同的订立、变更、续订、解除与终止的程序

（1）劳动合同的订立程序。①起草劳动合同草案。一般由用人单位提供劳动合同草案，也可以由双方当事人共同拟订，还可以由第三方拟订，基本核心是双方当事人遵循平等自愿、协商一致的原则。内容必须符合国家相关法律的规定。

②人力资源管理人员认真审查劳动者的主体资格。劳动者身份的审查。人力资源管理人员首先要对劳动者提供的身份证原件及复印件进行审查核对，然后让

其在复印件上签字确认。明确“复印件与原件一致，由本人提供。如有虚假，愿意承担一切法律责任”。劳动者学历、资格及工作经历的审查。人力资源管理人员应让劳动者提供学历、资格的原件及复印件，并让其签字确认提供的原始证件是真实的。同时对劳动者提供的工作经历也应让其进行书面确认，明确“若有虚假，愿意承担一切法律责任”。审查劳动者与其他用人单位是否还存有劳动关系。一个劳动者只能与一个用人单位签订劳动合同，确认一个劳动关系。一定要劳动者提供与原用人单位解除或终止劳动关系的证明，还包括要求劳动者提供失业等证明。还要注意审查劳动者是否存在竞业限制和竞业禁止的情况。对此，一定要让劳动者做出书面承诺，并签字确认。查验劳动者身体健康证明。因可能涉及录用条件和医疗期及职业病的可能，为了减少风险，可要求劳动者提供县级以上或公司规定的医院出具的健康证明。

③协商劳动合同内容。劳动者有权知悉劳动合同的条款，并提出修改的意见。劳动合同文本应该提前一天时间交给劳动者查阅。对于双方要协商的情况，有一定的时间进行沟通，达到有效沟通、协商一致的目的。双方协商一致后签订劳动合同。

④签署劳动合同。根据《劳动合同法》第八条规定，“人力资源管理人员如实告知劳动者工作内容、工作条件、工作地点、职业危害、安全生产状况、劳动报酬，以及详细解答劳动者要求了解的其他情况，让劳动者签署设计好的《告知书》，并妥善保存。同时，听取劳动者相对应的告之情况，劳动者应如实介绍自己的专长和身体健康状况，人力资源人员要做好书面记录，让录用员工签字确认。”

在签署劳动合同时，应当注意必须双方当事人在一起当面签字。一般先让劳动者签字，再由用人单位法人或委托人签字后统一盖章。盖章要做到合同落款有盖章，每页还有骑缝章。这样确保书面合同签字的真实性和有效性，以防被篡改。最后将两份劳动合同，一份交给劳动者保管，并有劳动者领取的签收凭单；另一份用人单位保存并及时归档。合同若不需要签证，则具有法律效力。

⑤合同签证。这个环节是按照国家法律规定或当事人的要求，用人单位将合同文本送交合同签订地或履行地的合同签证机构或劳动行政主管部门，要求对合同依法审查、鉴定合同的合法性。

（2）劳动合同的变更程序。①提出变更的要约。用人单位或劳动者提出变更劳动合同的要求，说明变更合同的理由、变更的内容以及变更的条件，请求对方在一定期限内给予答复。

②承诺。合同另一方接到对方的变更请求后，应当及时进行答复，明确告知

对方同意或是不同意变更。

③订立书面变更协议。当事人双方就变更劳动合同的内容经过平等协商，取得一致意见后签订书面变更协议，协议载明变更的具体内容，经双方签字盖章后生效。变更后的劳动合同文本由用人单位和劳动者各执一份。

平等自愿、协商一致是劳动合同变更的基本要求，用人单位未经劳动者同意强行变更劳动合同，属违约行为，应当承担违约责任，造成劳动者损失的，需承担损害赔偿责任。

(3) 劳动合同续订程序。①劳动合同期限届满或其他的法定、约定终止条件出现，任何一方要求续订劳动合同，应当提前30日向对方发出《续订劳动合同通知书》，并及时与对方进行协商，依法续订劳动合同。

②续订劳动合同，如原劳动合同的主要条款已有较大改变，双方应重新协商签订新的劳动合同；如原劳动合同的条款变动不大，双方可以签订《延续劳动合同协议书》，并明确劳动合同延续的期限及其他需重新确定的合同条款。

③续订劳动合同后，用人单位应将双方重新签订的劳动合同或《延续劳动合同协议书》（附原劳动合同）一式两份，送有管辖权的劳动鉴证机构进行鉴证，并到社会保险经办机构办理社会保险延续手续。

(4) 劳动合同的解除程序。在劳动者与用人单位确立劳动关系的条件下，劳动关系的解除表现为劳动合同的解除。根据是否有法律依据，可将劳动合同分为违法解除和依法解除。违法解除劳动合同是指用人单位或者劳动者违反《劳动法》规定的条件而解除劳动合同。根据解除的主体是单方还是双方，可将劳动合同的依法解除分为双方协商一致解除和单方（用人单位或劳动者单方）依法解除。协商解除和依法解除除第一步不同外，后面步骤是一样的。协商解除，公司及员工均有权提出解除劳动合同，双方在自愿、平等协商的基础上达成一致意见；依法解除。双方协商解除。用人单位与劳动者双方在劳动合同中协商一致约定解除的条件，当条件符合时，可以依法解除劳动合同。

单位解除。包括过失性解除：用人部门/人力资源部门将解除劳动合同的理由通知工会；由工会提出意见，在研究工会的意见后做出处理，并将处理结果书面通知工会。非过失性解除：用人部门/人力资源部门将解除合同的理由通知工会；由工会提出意见，在研究工会的意见后做出处理，并将处理结果书面通知工会。人力资源部提前30日以书面形式通知劳动者本人（或者额外支付劳动者一个月工资）。经济性裁员：人力资源部应提前书面通知，并向劳动者支付经济补偿。

劳动者解除。劳动者单方解除：用人部门接受员工解除劳动合同的书面通知（劳动者试用期内提前3日，非试用期提前30日以书面形式通知用人单位）并转报人力资源部门；劳动者随时解除：用人部门接受员工解除劳动合同的通知并转报人力资源部门；（根据法律规定不需事先告知的除外）。

后续解除程序：包括工作交接：用人部门安排员工依照相关规定办理工作交接；结算薪资和经济补偿：在员工办理完毕工作交接后，财务科应当结算并支付该员工的薪资；如是公司方提出解除合同，还应当结算并支付该员工的经济补偿；劳动合同解除：完成上述流程后，劳动合同按双方约定解除；出具离职证明：在解除劳动合同时人力资源部门出具解除劳动合同的证明，并在15日内为劳动者办理档案和社会保险关系转移手续；备案：对解除的劳动合同的文本原稿及原电子档案进行备案，至少保存二年备查。

（5）劳动合同终止程序。在劳动合同终止前，用人单位应当提前告知劳动者，并说明终止的原因、方式和时间。书面终止劳动合同通知书送达给劳动者，或者在劳动者的劳动合同中约定通知方式；将终止理由通知工会；出具终止劳动合同的证明，并在十五日内为劳动者办理档案和社会保险关系转移手续；劳动者应当按照双方约定，办理工作交接；用人单位对已经终止的劳动合同的文本，至少保存二年备查。

三、实验内容

- 能够拟定劳动合同并掌握劳动合同订立程序
- 掌握变更、续订、解除、终止劳动合同的拟定及其程序

四、实验准备

- 员工劳动关系管理、劳动合同管理等预备知识的回顾与准备
- 与劳动合同关系管理相关的法律法规文件
- 给定组织的背景资料，或有关劳动合同案例资料，或学生自己所在企业的资料

五、实验组织方法及步骤

- 由教师讲解实验内容与实验要求，并告知考核办法
- 学习了解国家相关法律法规：《中华人民共和国劳动法》《中华人民共和国劳动合同法》《中华人民共和国社会保险法》《中华人民共和国公司法》及其配套实施条例、实施细则和司法解释等
- 根据案例材料以小组形式进行模拟劳动合同的订立过程：教师确定实验小组，一般以每组4~6人为宜，其中3~5人是企业人力资源人员，1人为劳动者，

共同拟定劳动合同并完成整个订立过程

• 根据案例材料以小组形式进行模拟劳动合同的变更、续订、解除、终止过程：教师确定实验小组，一般以每组 4 人为宜，其中 2 人是企业人力资源人员，2 人为劳动者，分别模拟劳动合同的变更、续订、解除、终止过程并拟定相应劳动合同

• 由教师组织每个小组在规定时间内进行讨论

（1）小组向全班同学分享小组结果

（2）其他小组同学相互点评

（3）教师总结：点评学生操作过程与结果：教师重点解释从劳动者和用人单位两个角度总结劳动合同订立、变更、续订、解除、终止的注意事项，提出防范措施，强调依法加强劳动合同的管理

（4）各组总结并编撰实训报告

六、实验思考与作业

• 员工劳动关系管理过程模型基本内容有哪些

• 劳动关系的管理有哪些环节？具体各环节的操作如何

• 劳动合同包含哪些内容

• 以某企业为例，自行设计一份劳动合同

七、范例

案例材料：

案例 10-1

（一）劳动合同的起草、签订及程序

某公司是广东一家小型民营企业，主营无人机体验教育与无人机批发。员工人数 43 人，除 2 名管理人员，其他人员以行业应用部、培训中心和教育研发部员工为主。企业员工的整体受教育程度处于中上水平，大专及普通院校本科学历占比近 89%，具有 985/211 等高校学历的员工人数为 5 人，占员工总数近 11%。公司男女性别比总体保持均衡，但各部门之间存在差异，在行业应用部、飞手培训中心、教育研发部的男性员工共 17 人达到 74%，女性员工仅有 6 人占比 26%，且飞手培训中心的教官全部为男性。而在财务、人力、商务部则全部为女性。公司员工年龄均在 23~35 岁，是年轻活力型团队。

根据以上背景资料，参照劳动政策法规，拟定一份《××公司劳动合同书》，具体要求如下：合同书应突出公司自身特点；应体现公司的合同期限的种类；劳动合同书应至少包括：合同的内容（包括必备条款和约定条款），合同的变更、续订、解除、终止，工作时间，工资，保险福利待遇，劳动条件，争议处理等。

（二）劳动合同的变更、续订、解除和终止

实验以上节中起草的劳动合同为背景，完成以下实验内容。

1. 某个员工经过考核评聘晋升成为管理人员，现需要变更劳动合同相关内容，请为其办理变更劳动合同相关手续

2. 有3人的劳动合同将陆续到期，有1人将被解除劳动合同（无过失），有1人将续订劳动合同，有1人主动辞职，请为他们分别办理相关的劳动合同手续

（三）培训协议和保密协议的签订

某公司从国外引进一套新型加工设备，由于该公司技术人员无法掌握这套设备的全部技术，便派高级技术人员黎某赴国外参加技术培训，以便全面掌握新设备的有关技术。

公司为此与黎某签订《培训协议》，花费专项培训费用近20万元。黎某回国后，公司在黎某指导下很快解决技术难题，取得丰厚的经济效益。

没想到，3个月后，某外企以每月2万元的高薪“挖走”黎某。黎某向公司提出：“我将技术全部传授给技术人员，已完成任务。我要求提前离职。”公司经理坚决反对：“公司为培养你花了20万的培训费，《培训协议》规定你有5年的服务期。现在你要离职，就得支付违约金。”黎某不予理睬，从第二天起就不再上班。公司无奈，只得向当地劳动争议仲裁委员会提出仲裁申请，要求黎某按《培训协议》和劳动合同的约定，履行向公司支付违约金的义务。

（1）请根据上述背景材料，草拟该企业的培训协议书

（2）请根据上述背景材料，草拟拟定一份保密协议，其中应包括竞业禁止条款

第三节 劳动争议管理

一、实验目的

- 了解劳动争议的概念和内容
- 熟悉劳动争议的处理程序

二、理论知识要点

（一）劳动争议相关概念

1. 劳动争议的概念

劳动争议是指企业劳动关系的双方（用人单位和劳动者）主体之间在实现

劳动权利和履行劳动义务等方面产生的争议或纠纷。如果争议不是发生在有劳动关系的主体之间，而是发生在职工与职工之间、企业与企业之间、企业与国家机关之间，即使劳动争议的内容涉及劳动问题，也不能构成劳动争议。

2. 劳动争议的内容

企业劳动争议的内容是多方面的，根据我国《劳动争议调解仲裁法》的有关规定，劳动争议主要包括以下几种：①因确认劳动关系发生的争议；②因集体合同的执行、解除、变更和终止发生的争议；③因劳动合同的订立、履行、变更、解除和终止劳动合同发生的争议；④因工人的录用、除名、辞退和辞职、工资变动、离职发生的争议；⑤因工会的成立、运作、管理和代表权的承认等发生的争议；⑥因工作时间、休息休假、社会保险、福利、培训以及劳动保护发生的争议；⑦因工作安全和劳动卫生等发生的争议；⑧因工资、津贴、奖金、工伤医疗费、经济补偿或者赔偿金等发生的争议；⑨法律法规规定的其他劳动争议。

3. 处理劳动争议的组织和机构

根据国家的有关规定，有权负责受理劳动争议案件的专门调解组织有：企业劳动争议调解委员会；依法设立的基层人民调解组织；在乡镇、街道设立的具有劳动争议调解职能的组织。

有权负责受理劳动争议案件的专门机构有：①地方各级劳动争议仲裁委员会；劳动争议仲裁委员会下设办事机构，负责办理劳动争议仲裁委员会的日常工作。②同级人民法院。

(二) 劳动争议处理的途径及程序

根据我国劳动法律法规的有关规定，劳动争议当事人可以有四条途径解决其争议。劳动争议发生后，当事人应当协商解决；不愿协商或协商不成的，可以向本企业劳动争议仲裁委员会申请调解；调解不成的，可以向劳动争议仲裁委员会申请仲裁。当事人也可以直接向劳动争议仲裁委员会申请仲裁。对仲裁裁决不服的，可以向人民法院起诉。我国现行劳动争议处理制度的基本体制是自愿选择企业调解，仲裁是劳动争议诉讼的前置程序，发生劳动争议的职工一方在 3 人以上，并有共同理由的，应当推选代表参加调解或者仲裁活动。

1. 协商解决

协商是劳动争议双方当事人采取自治的方法解决纠纷。双方在自愿的基础上进行协商，达成协议，解决纷争。这是最佳的解决劳动争议的途径，当事人双方都可以很方便快捷地解决争议，既节约时间成本，又有利于双方之间的团结，不至于将关系搞得太僵。

2. 调解解决

(1) 含义。调解是以第三方介入的方式解决纠纷。当劳动争议双方当事人不愿自行协商或达不成协议的，可自愿向第三方——企业劳动争议调解委员会、基层人民调解组织、乡镇、街道设立的具有劳动争议调解职能的组织申请调解。当事人申请劳动争议调解可以书面申请，也可以口头申请。口头申请的，调解组织应当场记录申请人基本情况、申请调解的争议事项、理由和时间。

（2）程序。第一，申请和受理。当事人在其权利受到侵害之日起 30 天内向调解委员会提出申请，并填写《劳动争议调解申请书》，发生争议的职工一方在三人以上，可视为集体劳动争议。调解委员会接到调解申请后，应征询对方当事人的意见，对方当事人不愿参加调解的，应做好记录，在 3 日内以书面形式通知申请人。对方当事人愿意参加调解的，调解委员会应在 4 日内做出受理或不受理申请的决定。对不受理的，应向申请人说明理由。第二，调查与调解。指派调解委员对争议事项进行调查核实；调解委员会主任主持双方当事人参加调解会议；简单争议，可指派 1~2 名调解委员调解；调解委员听取双方陈述，并依法进行调解。第三，制作调解协议或调解意见书。经调解达成协议的，制作调解协议书，双方当事人应自觉履行。调解不成的，应作记录，并在调解意见书上说明情况。第四，确定调解期限。调解委员会调解劳动争议，应当自当事人申请调解之日起 30 日内结束，到期限未调解结束的，视为调解不成。

（3）其他。以调解的方式解决劳动争议，具有程序简易、费用低廉、有利于促进当事人之间的团结和维护正常生产秩序等优点。而且，由于调解协议完全出于双方自愿，一般都能严格执行。但是，并非所有的劳动争议都能够达成调解协议，有时即使争议双方达成了调解协议，由于调解完全依靠当事人自愿，所以也难以保证所有劳动争议都得到解决。因此，除了这种方式之外，还必须有更加具有权威的解决途径——仲裁与诉讼。

如果达成调解协议后，一方当事人在协议约定期限内不履行调解协议的，另一方当事人也可以依法申请仲裁；因支付拖欠劳动报酬、工伤医疗费、经济补偿或者赔偿金事项达成调解协议，用人单位在协议约定期限内不履行的，劳动者可以持调解协议书依法向人民法院申请支付令。人民法院应当依法发出支付令。

3. 仲裁解决

（1）含义。劳动争议仲裁是指劳动争议仲裁委员会对用人单位与劳动者之间发生的劳动争议，在查明事实、明确是非、分清责任的基础上，依法作出裁决的活动。劳动争议仲裁委员会由劳动行政部门代表、工会代表和企业方面代表组成。劳动争议仲裁委员会组成人员应当是单数。

（2）程序。第一，申请与受理。当事人应当从知道或应当知道，其权利被侵害之日起一年内以书面形式向仲裁委员会申诉。仲裁委员会应当自收到申诉书之日起 7 日内做出受理或不受理的决定。对于职工一方 30 人以上的集体劳动争议，仲裁委员会应于收到仲裁申请书之日起 3 日内做出受理与不受理决定。仲裁委员会做出受理决定后，应在做出决定之日起 7 日内向申诉人和被诉人发出书面通知，并要求被诉人在 15 日内提交答辩书和证据。认为不符合受理条件的，应当书面通知申请人不予受理，并说明理由。对劳动争议仲裁委员会不予受理或者逾期未做出决定的，申请人可以就该劳动争议事项向人民法院提起诉讼。

第二，仲裁准备。仲裁准备包括组成仲裁庭、审阅案卷材料、进行庭审前的调解。当事人申请劳动争议仲裁后，可以自行和解。达成和解协议的，可以撤回仲裁申请。仲裁庭在作出裁决前，应当先行调解。调解达成协议的，仲裁庭应当制作调解书。调解书应当写明仲裁请求和当事人协议的结果。调解书由仲裁员签名，加盖劳动争议仲裁委员会印章，送达双方当事人。调解书经双方当事人签收后，发生法律效力。调解不成或者调解书送达前，一方当事人反悔的，仲裁庭应当及时作出裁决。

第三，开庭审理与裁决。仲裁员应当听取申请人的陈述和被申请人的答辩，主持庭审调查、质证和辩论、征询当事人最后意见，并进行调解。开庭情况记入笔录，由仲裁员、记录人员、当事人和其他仲裁参加人签名或者盖章。调解达成协议的，仲裁庭制作调解书。调解书由仲裁员签名，加盖劳动争议仲裁委员会印章，送达双方当事人。调解书经双方当事人签收后，发生法律效力。调解不成或者调解书送达前，一方当事人反悔的，仲裁庭应当及时作出裁决。裁决书应当写清仲裁请求、争议事实、裁决理由、裁决结果和裁决日期。裁决书由仲裁员签名，加盖劳动争议仲裁委员会印章。对裁决持不同意见的仲裁员，可以签名，也可以不签名。裁决书送达当事人。

第四，仲裁文书的送达。仲裁文书的送达包括直接送达、留置送达、委托送达、邮寄送达、公告送达、布告送达。

（3）其他。仲裁庭裁决劳动争议案件，应当自劳动争议仲裁委员会受理仲裁申请之日起 45 日内结束。案情复杂需要延期的，经劳动争议仲裁委员会主任批准，可以延期并书面通知当事人，但是延长期限不得超过 15 日。逾期未作出仲裁裁决的，当事人可以就该劳动争议事项向人民法院提起诉讼。仲裁庭裁决劳动争议案件时，其中一部分事实已经清楚，可以就该部分先行裁决。

劳动争议申请仲裁的时效期间为 1 年。仲裁时效期间从当事人知道或者应当知道其权利被侵害之日起计算。

劳动争议仲裁具有较强的专业性，是准司法性的裁决，其程序与司法程序相比，较为简便、及时。仲裁委员会的裁决书具有法律上的强制约束力。在我国，仲裁是处理劳动争议的必经中间环节，也是劳动争议诉讼的前置程序。

4. 诉讼解决

（1）含义。诉讼解决是指劳动争议当事人不服劳动争议仲裁委员会的裁决，在规定的期限内向人民法院起诉，人民法院依照民事诉讼程序，依法对劳动争议案件进行审理的活动。

（2）程序。劳动争议法律诉讼一般由起诉与受理、调查取证、调解、开庭审理和判决执行5个阶段组成。

（3）其他。当事人对仲裁裁决不服的，可以自收到仲裁裁决书之日起15日内向有管辖权的人民法院提起诉讼。人民法院根据《中华人民共和国民事诉讼法》的有关规定，受理和审理劳动争议案件。人民法院审理案件遵循权利同等原则，以事实为根据、以法律为准绳原则，独立行使审批权原则、调解原则和回避原则。人民法院适用普通程序审理的案件，应当在立案之日起6个月内审结。有特殊情况需要延长的，由本院院长批准，可以延长6个月；还需要延长的，报请上级人民法院批准。人民法院适用简易程序审理案件，应当在立案之日起3个月内审结。人民法院实行两审终审制。当事人对人民法院一审判决不服的，可以依法提起上诉，二审法院应当在第二审立案之日起3个月内审结。二审判决是生效判决，当事人必须执行。

此外，劳动争议的诉讼，还包括当事人一方不履行劳动仲裁委员会已发生法律效力的裁决书或调解书，另一方当事人申请人民法院强制执行的活动。劳动争议诉讼是处理劳动争议的最终程序，它通过司法程序保证了劳动争议的最终解决。

三、实验内容

- 熟悉企业劳动争议调解程序
- 熟悉企业劳动争议仲裁程序

四、实验准备

- 员工劳动争议管理等预备知识的回顾与准备
- 与劳动争议处理相关的法律法规文件
- 给定组织的背景资料，或有关劳动争议案例资料，或学生自己所在企业的资料

五、实验组织方法及步骤

- 由教师讲解实验内容与实验要求，并告知考核办法
- 学习相关理论知识和实验案例材料

学习《民事诉讼法》《公司法》《劳动法》《劳动合同法》《社会保险法》《中华人民共和国劳动争议调解仲裁法》《中华人民共和国企业劳动争议处理条例》《劳动争议仲裁委员会办案规则》《企业劳动争议调解委员会组织及工作规则》《中华人民共和国企业劳动争议处理条例>若干问题解释》等。

- 以小组形式模拟劳动调解、仲裁过程

教师对学生分组：8 人为 1 组，1 人为劳动者，1 人为企业代表，其他 6 人分别组成调解委员会、仲裁庭（也可观看劳动调解、仲裁过程视频）。

- 由教师组织每个小组在规定时间内进行讨论

（1）小组向全班同学分享小组结果，解释调解结果和裁决结果的法律依据

（2）其他小组同学相互点评

（3）教师总结：点评学生操作过程与结果，强调依法调解和仲裁

- 各组总结并编撰实训报告

六、实验思考与作业

- 劳动争议处理程序如何？需要注意的问题有哪些
- 以某企业为例，设计一份劳动争议处理流程与制度

七、范例

案例材料：

案例 10-2

王某是北京某企业新招的大学生。双方在劳动合同中约定：王某担任企业产品的工艺设计工作，合同期两年，试用期为三个月。合同签订后，王某在担任辅助工作期间努力学习，积极创新，受到了企业的嘉奖。三个月试用期后，王某被安排到正式设计岗位工作。

半年后的一天，王某收到来电，称其父亲患病，希望王某能去看望。王某为尽孝心，决定请假前往。她向企业请两个月探亲假，并表示请假期间不享受工资待遇。企业同意了王某的请假要求，并希望王某按时返回。两个月后，王某致电企业，称其父亲尚未痊愈，希望续假两个月。企业希望王某尽快回来。一个月后，王某结束探亲回到企业上班，但却被告知企业为正常经营已另用他人顶替王某工作，请王某另谋高就，同时交给李某一张终止劳动合同的通知。王某认为双方合同期未满，企业不能终止合同，双方于是发生争议。

实验要求

设计一个完整的劳动争议调解和仲裁处理程序。

本部分使用的表单模板、工具方法见附录。

案例分析

1. 李某到某公司应聘填写录用人员情况登记表时，隐瞒了自己曾受行政、刑事处分的事实，与公司签订了2年期限的劳动合同。事隔一周，该公司收到当地检察院对李某不起诉决定书，经公司进一步调查得知，李某曾因在原公司盗窃电缆受到严重警告处分，又盗窃原公司苫布被查获，因李某认罪态度较好，故不起诉。

思考：请问该公司调查后，以李某隐瞒受过处分，不符合本单位录用条件为由，在试用期间解除了与李某的劳动关系是否合理？

2. 用人单位与劳动者之间的劳动合同期限为2年，如果该用人单位与劳动者约定的试用期是6个月，试用期内的工资为2 000元，试用期满后的工资为3 000元。如果劳动者在该单位按照合同约定完成了6个月的试用期工作，而且用人单位按照合同规定支付了试用期的全部工资。

思考：

（1）用人单位与劳动者约定的使用期限是否合法？如果违法，用人单位与劳动者最多可以约定试用期的期限为多长？

（2）用人单位实际应当承担的成本是多少？

3. 张先生系外来从业人员，自20××年起就在上海某工厂工作，由于他工作表现不错，所以从普通工人提拔为生产线主管，双方签订了一份从20××年1月1日到20××年为期三年的劳动合同。20××年底，单位通过广播通知合同快到期员工进行合同续签，由于张先生未在单位，所以未能续签劳动合同。元旦放假过后，张某回到单位，继续从事原来工作，照常上班。直到20××年4月15日，单位发现张先生的劳动合同还没有续签，后人事部门找到张先生，要求与其续签三年的劳动合同，而张先生要求签订无固定期限劳动合同。两天后单位回复张先生因为其不符合签订无固定期限劳动合同的条件，而张某拒绝签署三年期限的劳动合同。该单位在20××年4月30日以张先生不愿意签订劳动合同为由，终止了双方的劳动关系。张先生提起仲裁，要求支付解除赔偿金。

思考：如何处理该争议？

4. 赵某是某公司的销售代理。2020年，该公司与其签订劳动合同。合同规定：赵某可以从产品销售利润中提取60%的提成，本人的病、伤、残、亡等企业均不负责。在一次外出公干中，由于交通事故，赵某负伤致残。赵某和该公司发生了争议并起诉到劳动行政部门，要求解决其伤残保险待遇问题。

思考：如何处理该争议？

附　录

附录1：劳动合同书

劳动合同编号：________

签订日期：________年________月________日
甲方：______________________________公司
通信地址：______________________________
法定代表人或委托代理人：________________

乙方：__________________________________
性别：__________________________________
居民身份证号码：________________________
出生日期：________年________月________日
家庭住址：______________________________
邮政编码：______________________________
联系方式：______________________________
紧急联系人：____________________________
联系电话：______________________________
在甲方工作起始时间：_____年_____月_____日

鉴于甲方业务发展的需要，雇用乙方为__________公司提供劳务服务，经双方协商订立正式《劳务合同书》如下：

第一章　合同的类型与期限

第一条　甲、乙双方选择合同类型为（__________）。

1. 固定期限，自_____年_____月_____日起至_____年_____月_____日止，共个月，合同期满后，双方同意继续履行的，合同自动顺延_____年；达到无固定期限合同条件的，自动转为无固定期限合同；双方如需重新约定劳动合同期限的，在合同到期前的三十天内订定。

2. 无固定期限，自_____年_____月_____日起至合同约定的终止情形出现时即行终止。

3. 以完成一定的工作任务为期限：自_____年_____月_____日起至_______________工作任务完成时即行终止。

第二条 若乙方开始工作时间与合同订立时间不一致的，以实际到岗之日为合同起始时间，建立劳动关系。

如双方需要，可在合同期满前一个月协商续签劳务合同。如合同期已满，双方不再续签合同，但受雇方从事的有关工作和业务尚未结束，则合同应顺延至有关工作业务结束。

第二章 试用期

第三条 甲乙双方约定试用期自_____年_____月_____日起至_____年_____月_____日止，共个_____月，试用期工资为：_____。若到岗之日与试用期约定上岗之日不符的，试用期同时提前或顺延。

第三章 甲、乙双方的义务和责任

第四条 乙方同意根据甲方工作需要，承担________________岗位（工种）工作。

第五条 乙方的工作地点为________________。

第六条 乙方工作应达到甲方规定该岗位职责的要求和甲方对该岗位之特别规定（详见《岗位责任书》）的标准。

第七条 乙方每周工作时间为__________天，每天工作__________小时；乙方应按照工作职责保证完成甲方规定的工作和任务。

第八条 乙方应接受甲方的绩效考核。

第九条 乙方自觉遵守国家的法律、法规、规章和社会公德、职业道德，维护甲方的声誉和利益。

第十条 甲方依法建立和完善各项规章制度，甲方应将制定、变更的规章制度及时进行公示或者告知员工，乙方应严格遵守。

第十一条 未经甲方许可，乙方不得承接与乙方职责相关的个人业务。

第十二条 甲方为乙方提供符合国家规定的劳动条件及安全卫生的工作环境。

第十三条 甲方对乙方进行职业技术、安全卫生、规章制度等必要的教育培训，乙方应认真参加甲方组织的各项教育培训。

第十四条 甲方根据国家和××市有关规定为乙方参加购买下述社会保险(________)，乙方个人缴纳部分由乙方自行承担并由甲方在工资发放时代扣代缴。

A. 城镇社会保险

B. 小城镇社会保险

C. 外来从业人员综合保险

D. 其他____________________

第十五条 乙方患病或非因工负伤，其病假工资、疾病救济费和医疗待遇按照国家和××市有关规定执行。

第十六条 乙方患职业病或因工负伤的工资和医疗保险待遇按国家和××市有关规定执行。

第十七条 甲方为乙方提供以下福利待遇：

1. ____________________________________

2. ____________________________________

3. ____________________________________

第四章 劳务报酬

第十八条 甲方每月11日前以货币形式支付乙方劳务报酬，标准为________元/月或按董事会拟定的标准额执行。乙方在试用期间的劳务报酬为转正后的80%～90%或双方约定。甲乙双方对劳务报酬的其他约定____________________。甲方在以下情况有权扣除乙方相应额度的劳务报酬：

1. 因乙方的过失给甲方造成经济损失的；

2. 乙方违反公司管理制度的；

3. 双方约定的其他情况。

第五章 合同的终止与解除

合同期满如未续签，则视为《劳务合同书》自行终止，双方应及时办理相关手续。

第十九条 经甲乙双方协商一致，本合同可以解除。

第二十条 乙方有下列情形之一，甲方可以解除本合同：

1. 在试用期间被证明不符合录用条件的；

2. 严重违反甲方有关规定及按照本合同约定可以解除劳务合同的；

3. 严重失职，营私舞弊，对甲方利益造成重大损失的；

4. 被依法追究刑事责任的。

第六章　双方约定的其他内容

第二十一条　甲乙双方约定本合同增加以下内容：

1. 乙方有义务向甲方提供真实的个人信息与相关证明，并如实填写《劳务人员登记表》，否则甲方有权随时解除本合同，并且不给予经济补偿。

2. 甲方有权对公司的有关规定进行修改、完善。修改后的内容对本合同具有同等效力。

3. 甲方可以在合同有效期内，根据需要调整乙方的岗位职责和工作范围，劳务报酬等事项也将做出相应调整。乙方愿意服从甲方的安排。

4. 乙方在合同期内承担的甲方工程项目中的工作及责任的，在该项目未结束前，乙方不得未经甲方同意擅自离职。

5. 甲方将定期或不定期对乙方进行工作绩效考核。如乙方考核不合格，甲方有权解除或终止本合同。

6. 本合同到解除日期时，乙方应按照《____________________公司员工手册》中的离职制度办理离职手续，否则甲方有权扣除或拒绝支付乙方劳务报酬。

第二十二条　本合同一式两份，甲乙双方各执一份。

甲方（盖章）：__________

法人或委托代理人签字或盖章：______________

乙方（签字）：__________

签订日期：______________

附录 2：员工培训协议

甲方（用人单位）：________________

地址：____________________________

法定代表人：______________________

乙方（劳动者）：__________________

地址：____________________________

身份证号码：______________________

为提高乙方的基本素质和职业技能，甲方决定选派乙方参加专业技术培训。为确保乙方圆满完成培训学业，并按时返回甲方工作，甲方与乙方根据《中华人民共和国劳动合同法》订立协议如下：

一、甲方同意乙方赴_____（地点）培训_____专业技术；培训期为_____年_____月_____日至_____年_____月_____日，期限为_____。

二、乙方应按甲方指定机构及专业接受培训。如需要变更，应事先及时通知甲方，并得到甲方的批准，否则以旷工论处。

三、乙方的学习培训时间，计入工作时间之内，按连续工龄累计。

四、乙方在培训学习期间工资按原工资支付；奖金视乙方的学习成绩而定，学习成绩考核优秀者，支付奖金的 100%；学习成绩良好者，支付奖金的 80%；学习成绩合格者，支付奖金的 60%；学习成绩不合格者，不支付奖金。在晋级或工资办法修订时，乙方作为在册人员处理。社会保险原则上按有关规定作为在册人员处理。乙方在受训期内不享受年休假。

五、乙方在培训期间的医药费用按在册人员对待，但由于本人过失或不正当行为而致病（伤）者除外。当乙方患有不能继续学业的疾病时，应接受甲方指令，终止学习，返回甲方，并依有关规定处理。

六、乙方在学习期间，必须于每月的最后一周向甲方人力资源部书面报告学习情况。

七、乙方应自觉遵守培训方的各项规定与要求。凡因违规违纪受到培训方处分的，甲方将追加惩处。

八、乙方的学费由甲方承担，共计××元人民币。

九、乙方接受培训后应至少为甲方服务 5 年，如不满 5 年提出辞职的，培训费用按每年 20%平摊扣除后，乙方支付未履行月份的平摊费用。

十、在培训期间，如乙方接受甲方交付的出差任务，差旅费按员工差旅费规定支付。

十一、培训结束，乙方应及时返回并向甲方报到。

十二、乙方如有逾期不归，受训期从事超越学习范围的业余活动或擅自更改培训方向与内容等行为，若涉及法律责任，由乙方自负，与甲方无关。乙方圆满完成学业，无任何违反上述规定的行为，按时返回，在向人力资源部报到后半月内，甲方予以报销除学费外的交通费、书杂费、食宿费。乙方若未通过结业考试，甲方将不予以报销上述费用。

十三、乙方在学习期间成绩优异、有杰出表现的，甲方将视情况给予奖励。

十四、本协议未尽事宜由双方协商确定。

甲方（签章）：____________

年　月　日

乙方签字：____________

年　月　日

附录3：保密协议

甲方（用人单位）：________________

法定代表人：____________________

乙方：__________________________

身份证号：______________________

甲乙双方根据《中华人民共和国反不正当竞争法》和国家及地方有关规定，就企业技术秘密要、公司及客户财产信息保护达成如下协议：

一、保密信息

1. 甲方尚未公开的发展规划、方针政策、经营决策的信息、计划、方案、指令及商业秘密；

2. 甲方的经营方法、状况及经营实力；

3. 甲方机构的设置、编制、人员名册和统计表、奖惩材料、考核材料；

4. 包括任何形式的（不限于书面的、数据的、电子的方式）规划设计方案草案、修订案、方案、技术数据、开发的软件、模型及其他信息载体或产品等。

二、乙方的权利与义务

1. 乙方未经批准，不准复印、摘抄、随意和恶意拿走甲方秘密文件等；

2. 乙方未经批准，不得向他人泄露甲方秘密、信息；

3. 乙方应妥善谨慎保管和处理甲方及其客户之机密信息资料及固定资产，如有遗失应立即报告并采取补救措施挽回损失；

4. 乙方有义务对甲方保守秘密，举报泄密或改进保密技术、措施。

三、保密期限

甲乙双方确认，乙方的保密义务自甲方对本协议第一条所述的商业秘密采取适当的保密措施并告知乙方时开始，到该商业秘密由甲方公开时止。对于一般的保密信息约定____年或____年保密期限。

四、保密费用

甲方要给乙方一定的保密费用。

五、违约责任

1. 乙方违反此协议，甲方有权无条件解除聘用合同，并取消或收回有关待遇；

2. 乙方违反此协议，造成一定经济损失，甲方将对乙方处以罚款；

3. 乙方违反此协议，造成甲方重大经济损失的，应赔偿甲方全部损失。

六、争议解决

以上违约责任的执行，超过法律法规赋予双方权限的，可申请仲裁机构仲裁或向法院提出起诉。

七、其他

1. 本协议经双方签字盖章后生效。
2. 本协议一式两份，甲乙双方各执一份。

甲方：（盖章）__________

法定代表人签名：__________

年　月　日

乙方：__________

年　月　日

附录 4：竞业禁止协议

甲方（用人单位）：________________

地址：________________________

法定代表人：__________________

乙方（劳动者）：______________

地址：________________________

身份证号码：__________________

根据《中华人民共和国劳动合同法》《中华人民共和国反不正当竞争法》等规定，鉴于乙方符合保守商业秘密及竞业禁止人员要求，甲方就保守甲方的商业秘密事项，同乙方达成一致协议。

第一条 乙方承诺未经甲方同意，在职期间不得自营或者为他人经营与公司同类的业务。

第二条 乙方不论因何种原因从公司离职，离职后 2 年内（自劳动关系解除之日起计算，到劳动关系解除 2 年后的次日止）都不得到与公司有竞争关系的单位就职。这些单位包括但不限于下列单位：____________________。

第三条 乙方不论因何种原因从公司离职，离职后 2 年内（自劳动关系解除之日起计算，到劳动关系解除 2 年后的次日止）都不得自办与公司有竞争关系的企业或者从事与公司商业秘密有关产品的生产。所谓与公司有竞争关系的企业，主要指以下几类企业：____________________。

第四条 乙方离职后，不得劝诱甲方的其他员工离职。

第五条 甲方承诺就乙方离职后承担的保密义务，向其支付保密费用。保密费用为乙方解除合同前 12 个月的工资，按月支付，每月支付相当于原工资的 50%，共 24 个月。

第六条 违约责任任何一方违反本合同规定，给对方造成损失的，应按实际损失数额承担赔偿责任。乙方违反本协议的第二条和第三条规定，应向甲方支付违约金_____万元。甲方未向乙方支付保密费用的，则乙方不受本合同中第二条、第三条的限制。

甲方（签字盖章）____________________________

法定代表人：（签字盖章）________________

签字日期： 年 月 日

乙方（签字）____________________________

签字日期： 年 月 日

附录5：变更劳动合同通知书

________先生/女士：您好！

我们双方于______年____月______日签订的劳动合同，因____________等原因，现根据《中华人民共和国劳动法》《中华人民共和国劳动合同法》及相关的法律规定，拟对原劳动合同内容作如下变更：____________________，

变更为____，

劳动合同的其他内容不变。

是否同意变更，请于七日内做出书面答复；逾期不答复的，视为同意变更劳动合同。

通知方：

（签名或盖章）

年　　月　　日

签 收 回 执

本人______已收到__________公司于______年______月______日发出的《变更劳动合同通知》。

被通知方：

（签名或盖章）：

____年______月____日

附录6：劳动合同变更协议书

根据《中华人民共和国劳动法》《中华人民共和国劳动合同法》及相关的法律规定，甲乙双方协商一致同意对____年____月____日签订的劳动合同部分内容作如下变更：

1. 第____条____项变更为：________________________________。

2. 第____条____项变更为：________________________________。

甲乙双方变更劳动合同的上述内容后，原条款不具有法律效力，双方按变更后的条款履行。

劳动合同的其他条款仍然有效，双方应一并履行。

本协议书作为劳动合同的附件，具法律效力。

甲方（盖章）____________________________

法定代表人或委托代表人：（签名）__________

签字日期：　　年　　月　　日

乙方（签名或盖章）：______________________

有效证件号：____________________________

签字日期：　　年　　月　　日

附录 7：续签劳动合同通知书

________先生/女士：您好！

我们双方之间签订的劳动合同（期限：____年____月____日至____年____月____日）将于____年____月____日到期。由于您在被派至用工单位____________工作期间表现良好，现我公司通知您于____年____月____日前到我公司按我公司要求办理续签劳动合同的相关手续。

特此通知

××公司

____年____月____日

签 收 回 执

1.（　　）本人同意与××公司续签劳动合同，同时按公司要求办理签订劳动合同手续。

2.（　　）本人同意与××公司续签劳动合同，同时按公司要求办理离职手续。原因：____________________________________。

签收人签名：____________________

签收日期：____________________

说明：若您同意续签劳动合同，在括号内打钩（√），若不同意续签劳动合同，在括号内打叉（×），最后签名写日期确认并按我公司要求办理相关手续。

附录8：终止劳动合同通知书1

________先生/女士：您好！

您于____年____月____日向公司发出了不再续签劳动合同的通知，鉴于您与公司签订的劳动合同有效期截止于____年____月____日，请于____年____月____日前将离职手续办理完毕，并到人力资源部结算工资。

同时，也非常感谢您一直以来辛勤的工作。希望您在新的工作岗位上取得更大的成绩！

本通知书一式两份，人力资源部门和员工各执一份。

××公司

人力资源部

____年____月____日

员工确认书：

本人已收悉《终止劳动合同通知书》，并将在规定的时间内办理离职手续。

员工签名：

____年____月____日

附录9：终止劳动合同通知书2

________先生/女士：您好！

经公司研究决定，在您与公司当前履行的劳动合同到期后，不再与您续签。由于您与公司签订的劳动合同有效期截止于____年____月____日，请您于______年____月____日前将离职手续办理完毕，并到人力资源部结算工资。

同时，也非常感谢您一直以来辛勤的工作。希望您在新的工作岗位上取得更大的成绩！

本通知书一式两份，人力资源部门和员工各执一份。

××公司

人力资源部

____年____月____日

员工确认书：

本人已收悉《终止劳动合同通知书》，并将在规定的时间内办理离职手续。

员工签名：

____年____月____日

附录10：解除劳动合同通知书1

________先生/女士：您好！

根据公司与您签订的《离职协议书》，公司自____年____月____日起将与您解除劳动聘用关系，终止与您的劳动合同。

解除（终止）合同的原因如下：________________________________。

请接到本通知后，在____年____月____日前将离职手续办理完毕。

同时，也非常感谢您一直以来辛勤的工作。希望您在新的工作岗位上取得更大的成绩！

本通知书一式两份，人力资源部门和员工各执一份。

××公司

人力资源部

____年____月____日

员工确认书：

本人已收悉《解除劳动合同通知书》，并将在规定的时间内办理离职手续。

员工签名：

____年____月____日

附录11：解除劳动合同通知书2

________先生/女士：您好！

基于您于____年____月____日向公司提出的离职通知，根据相关法律法规和公司具体情况，您与公司的劳动合同将在____年____月____日终止，请接到本通知后，在____年____月____日前到人力资源部办理相关离职手续。

同时，也非常感谢您一直以来辛勤的工作。希望您在新的工作岗位上取得更大的成绩！

本通知书一式两份，人力资源部门和员工各执一份。

××公司

人力资源部

____年____月____日

员工确认书：

本人已收悉《解除劳动合同通知书》，并将在规定的时间内办理离职手续。

员工签名：

____年____月____日

附录12：劳动争议调解申请书

申　请　人：________________　　　　性别：________________
地　　　址：________________　　　　职务（岗位）：__________
法定代表人：________________　　　　职务：________________
委托代理人：________________
被 申 请 人：________________　　　　性别：________________
地　　　址：________________　　　　职务（岗位）：__________
法定代表人：________________　　　　职务：________________
委托代理人：________________
事由：________________________________（事由）产生争议，申请调解。
调解请求：____
事实与理由：____为此，
向________________劳动争议调解委员会申请调解，请依法调解。
申请人：(签名或盖章)
年　　月　　日
说明____

附录 13：劳动争议调解意见书

申请人名称（姓名）：____________　　职务（岗位）：____________

法定代表人：__________________　　委托代理人：_____________

申请对方名称（姓名）：__________　　职务（岗位）：____________

法定代表人：__________________　　委托代理人：_____________

上列双方因_____引起争议，申诉人_____于_____年_____月_____日向本调解委员会申请调解，经本会主持调解，双方未能达成协议（或逾期未能调解）。现对此案提出如下意见：

1. ______________________________

2. ______________________________

3. ______________________________

×××劳动争议调解委员会

_____年_____月_____日

附录 14：劳动争议仲裁申请书

申请人				被申请人			
姓名或单位名称				姓名或单位名称			
单位性质				单位性质			
法定代表人姓　名		职务		法定代表人姓　名		职务	
性别		年龄		性别			
民族或国籍		用工性质		民族或国籍		用工性质	
工作单位				工作单位			
地址				地址			
电话				电话			
邮编				邮编			

仲裁请求____

____

事实和理由（包括证据和证据来源，证人姓名和住址等情况）：________

____

此致

××市劳动争议仲裁委员会

申请人：____________（签名或盖章）

_____年_____月_____日

附：1. 副本_____份；

2. 物证_____件；

3. 书证_____件；

注：1. 申请书应用钢笔、毛笔书写或打印。

2. 请求事项应简明扼要地写明具体要求。

3. 事实和理由部分空格不够用时，可用同样大小的纸续加中页。

4. 申请书副本份数，应按被申请人数提交。

附录 15：劳动纠纷起诉书

申诉人：________________　　姓名：______________________

性别：__________________　　年龄：______________________

被诉人：________________　　法定代表人：________________

地址：____

请求事项：____

____

事实和理由：（包括证据和证据来源，证人姓名和住址等情况）：________

____

此致

×××劳动争议仲裁委员会

申诉人：________（签名或盖章）

_____年_____月_____日

附：1. 副本________________份

2. 物证________________份

3. 书证________________份

附录16：劳动争议上诉书

上诉人：姓名、性别、出生年月、民族、文化程度、工作单位、职业、住址。（上诉人如为单位，应写明单位名称、法定代表人姓名及职务、单位地址）

被上诉人：姓名、性别、出生年月、民族、文化程度、工作单位、职业、住址。（被上诉人如为单位，应写明单位名称、法定代表人姓名及职务、单位地址）

上诉人因××××（写明案由，即纠纷的性质）一案不服××××人民法院（写明一审法院名称）×××××第×××号判决，现提出上诉，上诉请求及理由如下：____________________

请求事项：（写明提出上诉所要达到的目的）________________________

____

事实和理由：（写明上诉的事实依据和法律依据，应针对一审判决认定事实、适用法律或审判程序上存在的问题和错误陈述理由）____________________

____

此致

××人民法院

上诉人：（签名或盖章）__________

_____年_____月_____日

附：本上诉状副本__份（按被上诉人人数确定份数）。

参考文献

［1］萧鸣政．人力资源管理实验［M］．北京：北京大学出版社，2012.

［2］李亚慧，池永明．人力资源管理实验实训教程［M］．北京：经济科学出版社，2019.

［3］董克用，李超平．人力资源管理概论［M］．北京：中国人民大学出版社，2019.

［4］刘昕．薪酬管理［M］．北京：中国人民大学出版社，2021.

［5］姚裕群．人力资源开发与管理［M］.4 版．北京：中国人民大学出版社，2016.

［6］赵曙明，赵宜萱．人力资源管理：理论、方法、实务［M］．北京：人民邮电出版社，2019.

［7］李亚慧，韩燕．精编人力资源管理［M］．武汉：武汉理工大学出版社，2021.

［8］石金涛，唐宁玉．培训与开发［M］.5 版．北京：中国人民大学出版社，2021.

［9］刘远我．人才测评：方法与应用［M］.3 版．北京：电子工业出版社，2015.

［10］赵曙明，赵宜萱．人才测评：理论、方法、实务［M］．北京：人民邮电出版社，2018.

［11］伊万切维奇，科诺帕斯克．人力资源管理［M］.12 版．北京：机械工业出版社，2015.

［12］李旭旦，吴文艳．员工招聘与甄选［M］.2 版．上海：华东理工大学出版社，2014.

［13］鲍立刚．人力资源管理综合实训［M］．北京：中国人民大学出版社，2017.

［14］德鲁克．管理的实践［M］．北京：机械工业出版社，2009.

［15］任康磊．人力资源管理实操从入门到精通［M］北京：人民邮电出版社，2018.

［16］孙宗虎，姚小凤．员工培训管理实务手册［M］.4 版．北京：人民邮

电出版社，2017.

［17］翟群臻．人力资源管理实验实训教程［M］北京：清华大学出版社，2019.

［18］张庆．人员素质测评实训手册［M］．杭州：浙江大学出版社，2017.

［19］祝宝江．人力资源管理项目实训教程［M］．浙江：浙江大学出版社，2011.

［20］杨岗松．岗位分析和评价从入门到精通［M］．北京：清华大学出版社，2015.

［21］康士勇，陈高华．薪酬与福利管理实务［M］．3版．北京：中国人民大学出版社，2016.

［22］吴雪贤．薪酬管理实务［M］．北京：中国人民大学出版社，2018.

［23］林红，陈晖．人力资源管理实务［M］．2版．北京：中国人民大学出版社，2020.

［24］苏中兴．薪酬管理［M］．北京：中国人民大学出版社，2019.

［25］安峰，宋伟，王冰．人力资源管理教程［M］．北京：中国经济出版社，2016.